职业院校"十四五"规划教材
职业教育课程改革规划创新教材

# 会计手工模拟实验

刘 聪 刘洪斌 主 编
刘 艳 副主编

中国石化出版社
HTTP://WWW.SINOPEC-PRESS.COM
中国经济出版社
CHINA ECONOMIC PUBLISHING HOUSE

## 内 容 提 要

本书根据会计工作流程的特点，遵循项目化教学的思路，贯穿工作过程系统化的教学思想，按照从分项到总体的顺序编排，根据各工作任务的界限，把教材划分成四大实验项目。项目一“实验组织活动”进行项目组织实施，启发、引导学生参与到实训中来；项目二“会计数字书写训练活动”夯实学生基础书写规范，培养核心职业素养；项目三“单项实训活动”为学生创造逼真的实训条件，通过任务模块化的方式体验真实经济业务、处理实际工作流程；项目四“综合实训活动”，需要学生综合运用专业知识技能、进行完整工作流程的处理。

本书适合职业院校财经类专业学生及企业财务人员使用。

**图书在版编目(CIP)数据**

会计手工模拟实验／刘聪，刘洪斌主编．—北京：中国石化出版社，2021.5(2024.2 重印)
ISBN 978-7-5114-6298-5

Ⅰ.①会… Ⅱ.①刘… ②刘… Ⅲ.①会计学-实验 Ⅳ.①F230-33

中国版本图书馆 CIP 数据核字（2021）第 092880 号



**中国石化出版社出版发行**
地址:北京市东城区安定门外大街 58 号
邮编:100011 电话:(010)57512500
发行部电话:(010)57512575
http://www.sinopec-press.com
E-mail:press@sinopec.com
北京富泰印刷有限责任公司印刷
全国各地新华书店经销
*
787 毫米×1092 毫米 16 开本 11.75 印张 241 千字
2021 年 6 月第 1 版 2024 年 2 月第 2 次印刷
定价:48.00 元

# 《会计手工模拟实验》编委会

**主　编：**

刘　聪　武汉市第二轻工业学校

刘洪斌　重庆市渝北职业教育中心

**副主编：**

刘　艳　武汉市东西湖职业技术学校

**编　委：**

黄慧宇　广东省中山市第一职业技术学校

尹　红　湖南郴州技师学院

谢艳蕾　广东肇庆市四会中等专业学校

陈延庆　深圳市博伦职业技术学校

高雪姣　重庆市城口县职业教育中心

胡名桂　重庆市巫溪县职业教育中心

陈启娟　重庆市垫江县第一职业中学校

舒　鑫　重庆市云阳职业教育中心

袁循墙　重庆市云阳职业教育中心

蔡承臣　重庆市云阳职业教育中心

# 前言 PREFACE

本教材依据教育部最新印发的《中等职业学校专业教学标准(试行)》中关于本课程的教学要求，并参照相关的国家职业技能标准和行业职业技能鉴定规范编写而成。通过设计项目化教学模式，力求体现“职业性、实践性及开放性”，实现职业素养、实践创新与专业教育深度融合。

《会计手工模拟实验》着重体现“规范实务工作过程”“培养会计职业能力”的教育理念，课程项目开发前期阶段，充分发挥企业专家引领作用，完成专业职业能力分析、形成典型工作场景及课程标准，设计项目式任务时突出会计岗位职业技能与实战操作能力训练；项目开发实施阶段，在企业专家、专兼职教师指导帮助下完成各种教学资源搜集。以上设计思路充分体现了课程设计的职业性、实践性及开放性。

本书根据会计工作流程的特点，遵循项目化教学的思路，贯穿工作过程系统化的教学思想，按照从分项到总体的顺序编排，根据各工作任务的界限，把教材划分成“实训组织”“基础实训”“单项实训”和“综合实训”四大实验项目。在各项目内横向设置同一项目内的若干任务模块进行项目步骤细化。工作任务结束后配有实验报告表，便于学生总结复习业务操作，增强学生对手工模拟的直观感受，提升初学者的学习兴趣。综合项目中选取一个真实企业为期一个月的完整账务资料，涵盖《会计手工模拟实验》这门课需要学习的所有工作内容，学生按照会计工作顺序逐步完成各子项目，最终完成这一真实企业一个月所有会计业务，学生提交会计产品，形成项目式成果。

本书由武汉市第二轻工业学校刘聪、重庆市渝北职业教育中心刘洪斌担任主编，武汉市东西湖职业技术学校刘艳担任副主编。

限于编者的水平，本书难免存在错误和缺陷，恳请使用者不吝赐教。

编者

# 目　录 CONTENTS

# 项目一 实验组织活动

## 一、实验目的与要求

### （一）实验目的

通过会计手工仿真模拟实验，以中小企业常见的典型经济业务为主线，让学生切实体会账务处理流程。学生首先学会辨识真实的会计凭证，然后通过复式记账法处理各种经济业务，审核和填制原始凭证与记账凭证、建立和登记各种账簿、成本核算、对账、结账、财务报告的编制等整个账务处理过程，从而使学生对企业的整个会计业务流程、会计核算过程以及各个会计岗位的职责和工作内容得到一个全面认识，从而全面提升学生的职业素养和职业技能，提高学生解决经济生活中实际问题的综合能力，为升学和就业夯实基础。

### （二）实验任务

会计手工模拟实验的任务包括会计相关事务处理、账务处理和职业素养训练。

使用本书进行会计实验，学生应当完成的实验任务如下：

（1）会计阿拉伯数字书写训练；

（2）会计金额数字书写训练；

（3）识别、确认核算单位经济业务的基本情况；

（4）识别原始发票并根据原始发票判断具体的经济业务；

（5）根据经济业务的需要填制原始凭证，并进行审核；

（6）识别专用记账凭证和通用记账凭证；

（7）根据原始凭证编制记账凭证；

（8）根据记账凭证编制科目汇总表；

（9）登记日记账、明细账和总账，并进行对账和结账；

（10）编制会计报表。

### （三）实验要求

（1）模拟实验前，应提前学习本教材及其配套实训资源的知识储备内容，明确每个模拟实验的目标、要求、任务、步骤及应做的准备，并结合《基础会计》《企业财务会计》《成本会计》等教材进行认真的预习。

（2）在模拟实验过程中，教师应向学生讲明如何具体执行《会计法》《企业会计准则》《会计基础工作规范》《内部会计控制规范》以及税法有关的法规政策，熟悉各项费用的有关规定、范围和标准，努力加强学生的政策法制观念。

（3）要求学生在完成实验任务后写出一份模拟实验报告，汇总实验体会，使其进一步熟悉实验流程、掌握有关制度。

## 二、实验组织与形式

### （一）实验组织

会计模拟实验的组织包括环境布置、实验组织、人员安排。

1. 环境布置

环境布置即实验场地的布置。根据各校教学条件、参与实验人数和实验要求，实验场地应选用会计实训室，仿照真实企业财会部门进行布置，营造贴合会计职场的职业氛围，布置会计岗位责任制、会计核算流程图、多功能财会办公实训桌椅、办公用品、各类凭证、账簿报表等，以及实验用电脑。

2. 实验组织

全部模拟实验可以由一个人独立完成，也可以采取分组协同完成的组织形式；可以采取手工操作的形式，也可以采用 Excel 表格或财务软件操作记账凭证和账表的形式。可根据学校的实际情况进行选择。

3. 人员安排

模拟实验时，指导教师可以将学生分成组间能力均衡、组内强弱搭配的小组，每组 6 人，可根据实验学生人数及学生实际情况对岗位进行调整或重新划定，可以一岗多人，也可一人多岗，并进行轮岗。在进行实验练习时采取小组间竞争完成，评比标准为准确和速度。每个小组指定一个组长，配合指导教师组织本组学生进行实验，如记录本组学生考勤、分发实验用品、收集实验资料、整理实验报告等。

### （二）会计岗位设置及职责

会计各岗位主要职责如下，供分组时选择岗位角色做参考：

1. 材料会计

编制原材料、周转材料采购和入库业务的记账凭证；编制委托加工全部业务的记账凭证；编制材料付款业务的记账凭证；汇总材料采购成本；向销售会计、出纳等传递相关记账凭证；设置、登记原材料、周转材料、委托加工物资、材料成本差异、应付账款、预付账款等明细账并结账。

2. 销售会计

根据销售通知单开具发票；编制产品销售业务、产品出库业务的记账凭证；编制收款业务的记账凭证；汇总产品销售收入并提供给税务会计；向税务会计、出纳传递相关记账凭证；设置、登记应收票据、应收账款、预收账款、坏账准备、库存商品、主营业务收入、主营业务成本等明细账并结账。

3. 出纳

保管、收取与支出现金；填写支票并签章；适时从银行提现或向银行存入现金；向材料会计、销售会计、税务会计、总账会计传递相关原始凭证；设置、登记现金、银行存款日记账并结账；核对库存现金实存数与账存数；编制银行存款余额调节表并提交给银行；掌管、使用财务专用章。

4. 总账会计

编制借支、报销、现金存取业务及其他会计岗位以外业务的记账凭证；编制结转损益的记账凭证；向销售会计、税务会计、出纳传递相关记账凭证；编制科目汇总表；设置、登记其他应收款、所有者权益类、损益类明细账和总账并结账；组织对账工作；编制会计报表；掌管、使用法人代表人名章。

## 三、实训条件和用品准备

### （一）实训条件

会计手工模拟实验必须在专门的手工或电算化实训室内进行。每个组围成一圈，每组配备有计算器、电脑、票据打印机，电脑中应装有票据工厂模拟操作软件和增值税发票模拟开票软件等。

### （二）实训用品

开展实验的场所可以配备以下设备和用品：

（1）办公桌椅应根据实训的组织形式进行配备。

（2）模拟企业的公章、财务专用章、法人印章、发票专用章，参加实训学生的个人名章。

（3）会计办公用品，包括计算器、红蓝或红黑记账专用笔、划线直尺等。

（4）会计凭证类，包括原始凭证和记账凭证。原始凭证教材提供，记账凭证应准备通用记账凭证和专用记账凭证。

（5）账簿类，包括现金和银行存款日记账、总账、三栏式明细账账页、多栏式明细账账页、数量金额式明细账账页、备查账登记簿等。

（6）会计报表类，包括资产负债表、利润表等。

（7）会计信息化模拟实验的配置，包括电脑及通用财务软件的安装。

# 项目二 会计数字书写训练活动

## 一、项目目标

（1）掌握阿拉伯数字及数字金额的规范书写；

（2）掌握汉字大写金额的规范写法。

## 二、知识储备——书写的规范要求

对于如何正确、规范和流利书写阿拉伯数字金额及汉字大写金额的问题，是我国会计人员应掌握的基本功。重视会计工作中数字的训练，有助于会计人员素质的提高。《会计基础工作规范》第五十二条规定："填制会计凭证，字迹必须清晰、工整。"该规范还对填制会计凭证时阿拉伯数字、汉字大写数字和货币符号等的书写要求进行了十分具体的规定。这都是在填制会计凭证时应当严格遵守的要求。

### （一）阿拉伯数字的书写

《会计基础工作规范》规定："阿拉伯数字应当一个一个地写，不得连笔写。"连写几个"0"时，一定要单个地写，不能将几个"0"连在一起一笔写完。阿拉伯数字在书写时倾斜度在60°左右，即数字中心斜线与底平线呈60°的夹角。书写时数字紧靠横格底线，高度占凭证横格高度的1/2，以便更正时书写。

### （二）汉字大写数字的书写

《会计基础工作规范》规定：汉字大写数字金额一律用正楷或者行书体书写，不得连笔写，不得用简化字代替，排列整齐，大小均匀。汉字大写数字金额一律用正楷或者行书体书写，不得用简化字代替，不得任意自造简化字。

大写金额数字紧靠币种符号，不得留有空白，金额数字中间有"0"时，汉字大写金额要写"零"字；阿拉伯数字金额中间连续有几个"0"时，汉字大写金额中可以只写一个"零"字；阿拉伯金额数字元位是"0"，或者数字中间连续有几个"0"、元位也是"0"但角位不是"0"时，汉字大写金额可以只写一个"零"字，也可以不写"零"字。

数字金额到元或者角为止的，在"元"或者"角"字之后应当写"整"字或者"正"字。大写金额数字到分的，分字后面不写"整"字或者"正"字。

### （三）汉字大写日期的标准书写

票据的出票日期必须使用中文大写数字。在填写月、日时，月为壹、贰和壹拾的，日为壹至玖和壹拾、贰拾和叁拾的，应在其前加"零"字，日为拾壹至拾玖的，应在其前加"壹"字。

# 任务一　阿拉伯数字的书写

## 一、任务目标

掌握阿拉伯数字的标准写法，做到书写规范、清晰和流畅。

## 二、任务导入

阿拉伯数字，又称小写数字，由0、1、2、3、4、5、6、7、8、9共10个计数符号组成，阿拉伯数字最初由古印度人发明，后由阿拉伯人传向欧洲，之后再经欧洲人将其现代化，人们以为是阿拉伯发明，所以称其为“阿拉伯数字”。阿拉伯数字是世界各国通用的数字。在财会工作中，阿拉伯数字的书写方法与普通书写方法有所不同，具有一定的规格要求。

## 活动一　阿拉伯数字书写规范

### 一、任务指导

(1) 数字应当一个一个地写，不得连笔写。

(2) 字体要各自成形，大小均匀，排列整齐，字迹工整、清晰、流畅、自然。

(3) 字体要从右上方向左下方倾斜书写，数字整体倾斜度约为60°，带有弧形的，要写得圆润饱满。

(4) 对一组数字应按照自左向右的顺序进行，不可逆方向书写。

(5) 在没有印刷数字格的会计书写中，同一行相邻数字之间应空出半个阿拉伯数字的位置。

(6) 每个数字要紧靠凭证或账表行格底线书写，字体高度占行格高度的1/2以下，不能写满格，以便订正错误记录时使用。

(7) 除4、5以外的各单数字，均应一笔写成，不能人为地增加数字的数划。

(8) “2”“3”“5”“8”应各自成体，避免混同。

(9) 有圆圈的数字，如：6、8、9、0等，圆圈笔画要写得顺畅圆润且必须封口。

(10) 除6、7、9外，其他数字书写高低和大小要一致，排列整齐。

(11) 书写“6”字时比一般数字向右上方高出约1/4，下圆要明显，下端与其他数字一致。

(12) “7”“9”字上端与其他数字一致，下端要向左下方(过底线)长出约1/4。

阿拉伯数字参考字体如图1-1所示。

### 二、实验任务

按照阿拉伯数字标准写法进行书写练习，做到书写规范、流畅，指导教师认可。

图 1-1 阿拉伯数字写法参考

会计数字练习用纸如下：

**表 1-1 会计数字练习**

## 活动二 阿拉伯数字金额的书写规范

### 一、任务指导

1. 有数位分割线的会计凭证及账簿表上的标准写法

（1）对应固定的位数填写，不能写错位。

（2）只有分位金额的，在元位和角位上均不得写“0”。

（3）只有角位金额的，在元位上不得写“0”，但在分位上要写“0”。

（4）只有角分位金额的，在元位上不得写“0”。

（5）角位和分位都是“0”的，在角位和分位上各写一个“0”。

**表 1-2**

| （会计凭证及账簿表上的小写金额栏）有数位分割线 | | | | | | | | | |
|---|---|---|---|---|---|---|---|---|---|
| 千 | 百 | 十 | 万 | 千 | 百 | 十 | 元 | 角 | 分 |
| | | | | | | | | | 7 |
| | | | | | | | | 1 | 0 |
| | | | | | | | | 8 | 5 |
| | | | | | | | 1 | 5 | 0 |
| | | | | | | | 3 | 0 | 0 |
| | | | | | | 2 | 4 | 1 | 0 |
| | | | 1 | 4 | 0 | 8 | 0 | 0 | 0 |
| | | | | | 6 | 5 | 3 | 0 | 8 |

### 2. 没有数位分割线的凭证账表上的标准写法

（1）阿拉伯数字应一个个地写，不能连写。同一行相邻数字之间应空出半个阿拉伯数字的位置。

（2）阿拉伯金额前应填写币种符号。币种符号与阿拉伯金额间不得留空。

（3）常见币种符号：人民币应填写“￥”符号，美元应填写“＄”符号。

（4）凡阿拉伯数字前写有币种符号的，数字后面不再写货币单位。

（5）以元为单位的阿拉伯数字小写金额，元与角之间，要加一个小数点。

（6）没有角分的角位和分位都要写“0”，即写成“00”或者写成“-”。例如：可以写成“5. 00”或者“5. --”，但不能写成“5”。

（7）有角无分的，分位要写“0”，不得用“-”代替。例如：应该写成“4. 30”，不能写成“4. 3”或“4. 3-”。

（8）只有分位金额的，在元位和角位上各写一个“0”，并在元与角之间加一个小数点。例如“0. 05”。

（9）书写多位数字要采用 3 位分节法（包括运算中的数字），即金额数字的整数部分，从小数点起向左每三位为一组，组间要空出半个阿拉伯数字的空隙，例如：5 457 206. 55；也可以从右往左每三位一节用分位号分开书写，例如：5,457,206. 55，以便于读数和计算。

（10）在会计运算中，上下行数字金额应位数对齐，即个位对个位、十位对十位、百位对百位书写。

## 二、实验任务

（1）填写账表算。按照阿拉伯数字金额标准书写法进行书写练习，做到书写规范。

**表 1-3**

| | 一 | 二 | 三 | 四 | 五 | 合计 |
|---|---|---|---|---|---|---|
| 一 | 3,049,827 | 9,240 | 270,658 | 18,462,537 | 91,563 | |
| 二 | 8,523,409 | 40,713,598 | 9,143 | -604,921 | 59,281 | |
| 三 | 7,830 | 69,825 | 3,581,609 | 3,609 | 645,319 | |
| 四 | 316,578 | 7,136,042 | 42,813 | 79,205,416 | 68,129,075 | |
| 五 | 91,678,325 | 804,795 | 9,064,378 | 41,267 | 2,406 | |
| 六 | 60,174 | 1,263,409 | 159,826 | 5,823 | 53,607,928 | |
| 七 | 20,941,563 | 7,863 | 32,570 | 981,537 | -4,910,267 | |
| 八 | 6,245 | 591,280 | 72,561,409 | 4,097,823 | 36,781 | |
| 九 | 80,791 | 63,127,458 | 3,127 | 820,395 | 8,945,306 | |
| 十 | 6,015,429 | 80,591 | 64,082,951 | 7,608 | 281,437 | |
| 十一 | 67,891 | 6,437 | 7,136,098 | 253,041 | 95,723,014 | |
| 十二 | 390,467 | 73,490,521 | 5,283 | -84,356 | 8,479,532 | |
| 十三 | 15,243,078 | 16,294 | 694,320 | 7,058,169 | 5,603 | |
| 十四 | 4,235 | 6,285,317 | 41,578 | 93,206,548 | 280,179 | |
| 十五 | 8,140 | 147,593 | 6,278,019 | 29,368,175 | 73,240 | |
| 十六 | 2,039,168 | 38,401,679 | 607,593 | 45,201 | 2,785 | |
| 十七 | 517,293 | 2,096 | 37,148,625 | 50,943 | 6,734,981 | |
| 十八 | 53,698,271 | 5,034,821 | 18,943 | 6,170 | -405,269 | |
| 十九 | 451,769 | 67,592 | 4,025 | 3,094,817 | 49,183,076 | |
| 二十 | 70,415 | 836,715 | 78,690,452 | 7,936,281 | 9,804 | |
| 合计 | | | | | | |

（2）根据有数位分割线上的金额填写没有数位分割线上的金额。按照阿拉伯数字金额标准书写法进行书写练习，做到书写规范。会计数字金额练习用纸如下：

**表 1-4 会计数字金额练习**

| 有数位分割线 | | | | | | | | 没有数位分割线 |
|---|---|---|---|---|---|---|---|---|
| 十 | 万 | 千 | 百 | 十 | 元 | 角 | 分 | |
| | | | | | | | 7 | ¥0.07 |
| | | | | | | 1 | 0 | |
| | | | | | 5 | 0 | 0 | |
| | | | | | 4 | 0 | 7 | |
| | | | | 1 | 0 | 5 | 5 | |
| | | | | 3 | 2 | 5 | 0 | |
| | | | 2 | 7 | 6 | 8 | 1 | |
| | | 5 | 3 | 6 | 2 | 0 | 0 | |
| 6 | 2 | 4 | 4 | 5 | 7 | 1 | 0 | |

# 任务二　汉字大写金额的书写

## 一、任务目标

掌握汉字大写金额的标准写法，做到书写规范、流畅。

## 二、任务指导

正确、规范地书写汉字大写金额及日期，是我国会计人员应掌握的基本功。中文大写数字主要用于支票、发票、传票、合同数据等重要票据，中文大写数字庄重且笔画繁多，可以防止篡改，有利于避免混淆和经济损失。重视会计工作中汉字大写金额及日期的训练，有助于会计人员素质的提高。

《会计基础工作规范》规定：汉字大写数字金额一律用正楷或者行书书写，不得连笔写，不得用简化字代替，排列整齐，大小均匀。

### 活动一　汉字大写数字的标准书写

## 一、任务要求

（1）汉字大写数字要以正楷或行书字体书写，不得连笔写。

（2）字体工整、大小均匀，排列整齐。

（3）不能使用未经国务院公布的简化字或谐音字。不能使用"一、二(两)、三、四、五、六、七、八、九、十、廿、卅、另(或O)"等简化字，更不能自造简化字。

（4）金额数字书写中使用繁体字，如贰、陸、億、萬、圆也符合要求。

## 二、任务案例

| | | | | | | | | | | | | | | | | | |
|---|---|---|---|---|---|---|---|---|---|---|---|---|---|---|---|---|---|
| 零 | 壹 | 貳 | 叁 | 肆 | 伍 | 陆 | 柒 | 捌 | 玖 | 拾 | 佰 | 仟 | 万 | 亿 | 元 | 角 | 分 |
| 零 | 壹 | 贰 | 叁 | 肆 | 伍 | 陆 | 柒 | 捌 | 玖 | 拾 | 佰 | 仟 | 万 | 亿 | 元 | 角 | 分 |

图 2-1　大写数字参考字体

## 三、实验任务

（1）按照汉字大写数字的标准写法进行书写练习，直至书写规范、流畅。

（2）注意初写时不宜求快，应在规范上下功夫。

（3）字体各自成形，大小均衡，排列整齐。

（4）字迹工整、清晰。

表 2-1　汉字大写数字练习

| 零 | 壹 | 贰 | 叁 | 肆 | 伍 | 陆 | 柒 | 捌 | 玖 | 拾 | 佰 | 仟 | 万 | 亿 | 元 | 角 | 分 |
|---|---|---|---|---|---|---|---|---|---|---|---|---|---|---|---|---|---|
| | | | | | | | | | | | | | | | | | |
| | | | | | | | | | | | | | | | | | |
| | | | | | | | | | | | | | | | | | |
| | | | | | | | | | | | | | | | | | |
| | | | | | | | | | | | | | | | | | |
| | | | | | | | | | | | | | | | | | |
| | | | | | | | | | | | | | | | | | |
| | | | | | | | | | | | | | | | | | |
| | | | | | | | | | | | | | | | | | |
| | | | | | | | | | | | | | | | | | |
| | | | | | | | | | | | | | | | | | |

## 活动二　汉字大写金额的标准写法

### 一、任务要求

（1）汉字大写金额要以正楷或行书字体书写，不得连笔写。字迹工整、大小均匀，排列整齐。

（2）币种符号后应紧跟大写金额。即“人民币”后紧跟大写金额，不得留有空白。若大写金额前没有印“人民币”字样的，应在大写金额前加填“人民币”三字。

（3）中文大写金额数字到“元”为止的，在“元”之后应当写“整”字或者“正”字。例如：￥15000.00 大写金额数字应写为：人民币壹万伍仟元整。

（4）中文大写金额数字到“角”为止的，在“角”之后应当写“整”字或者“正”字。例如：￥7.50 大写金额数字应写为：人民币柒元伍角整。

（5）中文大写金额数字到“分”的，在“分”后不写“整”字或者“正”字。例如：￥23.68 大写金额数字应写为：人民币贰拾叁元陆角捌分。

（6）阿拉伯金额数字中间有“0”的，汉字大写金额要写“零”字。例如：￥706.30 大写金额数字应写为：人民币柒佰零陆元叁角整。

（7）阿拉伯金额数字中间连续有几个“0”的，中文大写金额中间可以只写一个“零”字。例如：￥9006.60 大写金额数字应写为：人民币玖仟零陆元陆角整。

（8）阿拉伯金额数字元位是“0”但角位不是“0”的，汉字大写金额可以只写一个“零”字，也可以不写。例如￥2680.42，汉字大写金额应写为：人民币贰仟陆佰捌拾元零肆角贰分，或者写为：人民币贰仟陆佰捌拾元肆角贰分。

（9）阿拉伯金额数字万位或元位是“0”，或数字中间连续有几个“0”且万位或元位也是

“0”，汉字大写金额可以只写一个“零”字，也可以不写。例如：¥8 500.23，汉字大写金额应写为：人民币捌仟伍佰元零贰角叁分，或者写为：人民币捌仟伍佰元贰角叁分。例如：¥202 500.00汉字大写金额应写为：人民币贰拾万零贰仟伍佰元整。或者写为：人民币贰拾万贰仟伍佰元整。

（10）阿拉伯金额数字金额角位是“0”，而分位不是“0”时，汉字大写金额“元”后面应写“零”字。例如：¥316.05，汉字大写金额应写为：人民币叁佰壹拾陆元零伍分。

（11）阿拉伯金额数字数位最高是“拾壹至拾玖”的，汉字大写金额前应加写“壹”字。例如¥15.80大写金额应写为：人民币壹拾伍元捌角整。又如¥165 790.00，汉字大写金额应写为：人民币壹拾陆万伍仟柒佰玖拾元整。

（12）在印有大写金额万、仟、佰、拾、元、角、分位置的凭证上书写大写金额时，金额前面如有空位，需在前面空位处划“⊗”注销。例如：¥1 453.68汉字大写金额应写为：人民币⊗万壹仟肆佰伍拾叁元陆角捌分。阿拉伯金额数字中间有几个“0”（含分位），汉字大写金额就应写几个“零”字。例如：合计金额¥1 700.50人民币大写金额应写为：合计人民币（大写）佰拾⊗万壹仟柒佰零拾零元伍角零分。

## 二、任务案例

判断以下写法是否正确，并改正

（1）¥6200.00——人民币：陆仟贰佰元整；

（2）¥1142.50——人民币壹仟壹佰肆拾贰元伍角整；

（3）¥35.52——人民币叁拾伍元伍角贰分整；

（4）¥142 358.00——人民币拾肆万贰仟叁佰伍拾捌元整；

（5）¥5.60——人民币伍元陆角；

（6）¥90012000.00——人民币玖仟万零壹万贰仟元整；

（7）小写金额75000.16元——人民币柒万伍仟零壹角陆分；

（8）小写金额84309.00元——人民币捌万肆仟叁佰另玖元整；

（9）小写金额5.00元——人民币伍元；

（10）¥219.05——人民币贰佰壹拾玖元伍分；

（11）¥1532.57——合计人民币（大写）佰 拾 万壹仟伍佰叁拾贰元伍角柒分；

（12）¥500.00——合计人民币（大写）佰 拾 万⊗仟伍佰拾元角分。

## 三、实验任务

### 1. 汉字大写金额的书写练习

要求：

（1）端正书写态度，根据大小写金额的标准字体和书写要求书写。

（2）字迹工整清晰，整齐，大小均匀。

（3）字体大小要适当，书写时不宜用浓墨粗笔。

（4）位置适当，落笔在底线上。

**表 2-2　中文大小写金额书写对照**

| 原始凭证小写金额栏（没有数位分割线） | 会计凭证和账表上的小写金额（有数位分割线） | | | | | | | | | | 原始凭证上的大写金额栏 |
|---|---|---|---|---|---|---|---|---|---|---|---|
| | 千 | 百 | 十 | 万 | 千 | 百 | 十 | 元 | 角 | 分 | |
| 例：¥2.50 | | | | | | | | 2 | 5 | 0 | 例：人民币贰元伍角整 |
| | | | | | | | | | | 6 | |
| | | | | | | | | | 4 | 0 | |
| | | | | | | | | | 3 | 5 | |
| | | | | | | | | 1 | 2 | 6 | |
| | | | | | | | | 8 | 0 | 5 | |
| | | | | | | | 7 | 0 | 1 | 0 | |
| | | | | | | | 8 | 6 | 0 | 0 | |
| | | | | | | 4 | 0 | 0 | 0 | 0 | |
| | | | | | 5 | 6 | 8 | 0 | 0 | 3 | |
| | | 2 | 0 | 0 | 0 | 8 | 0 | 0 | 0 | 0 | |
| | | | 1 | 3 | 0 | 5 | 2 | 0 | 5 | 6 | |

**表 2-3　中文大写金额书写训练**

| 原始凭证小写金额栏（没有数位分割线） | 原始凭证上印有金额位数的大写金额合计栏 |
|---|---|
| ¥236 862.50 | 例：人民币　仟⊗佰贰拾叁万陆仟捌佰陆拾贰元伍角零分 |
| ¥642.03 | 人民币　仟佰　拾　万仟佰拾元角分 |
| ¥9 802.00 | 人民币　仟佰　拾　万仟佰拾元角分 |
| ¥60.00 | 人民币　仟佰　拾　万仟佰拾元角分 |
| ¥140 060.00 | 人民币　仟佰　拾　万仟佰拾元角分 |
| ¥6 000.50 | 人民币　仟佰　拾　万仟佰拾元角分 |
| ¥236 862.37 | 人民币　仟佰　拾　万仟佰拾元角分 |
| ¥0.50 | 人民币　仟佰　拾　万仟佰拾元角分 |
| ¥261.09 | 人民币　仟佰　拾　万仟佰拾元角分 |
| ¥1.00 | 人民币　仟佰　拾　万仟佰拾元角分 |
| ¥468 720.50 | 人民币　仟佰　拾　万仟佰拾元角分 |
| ¥3 798 215.46 | 人民币　仟佰　拾　万仟佰拾元角分 |

2. 金额大小写应用

要求学生根据大小写金额的规范书写要求，进行凭证大小写金额的书及写练习。注意初写时不宜求快，应在“正确、规范”上下功夫。

任务资料：

2019 年 12 月 15 日旭日公司向华宇经贸有限责任公司购买型号为 563-2 的数控机床 250 台，单价 1 400 元/台，请同学们作为华宇经贸有限责任公司的财务人员，根据该笔经济业务内容填写表 2-4 增值税专用发票中的大小写金额。

**表 2-4　增值税专用发票**

**北疆市增值税专用发票**　　　开票日期：2019 年 12 月 15 日

<table>
<tr><td>购货单位</td><td colspan="4">购货名称：旭日公司<br>纳税人识别号：460602376508102<br>地址、电话：北疆市民建路 11 号　4698835<br>开户银行及账号：工商银行江宁分行　60845654392</td><td>密码区</td><td colspan="3"></td></tr>
<tr><td colspan="2">货物及应税名称<br>数控机床<br><br>合计：</td><td>规格型号<br>563-2</td><td>单位<br>台</td><td>数量<br>250</td><td>单价<br>1 400</td><td>金额<br>350 000<br><br>350 000</td><td>税率<br>13%<br><br>13%</td><td>税额<br>45 500<br><br>45 500</td></tr>
<tr><td colspan="2">人民币(大写)</td><td colspan="7">(小写) ¥</td></tr>
<tr><td>销货单位</td><td colspan="4">销货名称：华宇经贸有限责任公司<br>纳税人识别号：370602165010208<br>地址、电话：北疆市江海路 28 号　46816750<br>开户行及账号：工行银行北疆市分行<br>1501028899560</td><td></td><td colspan="3">华宇经贸有限责任公司财务专用章</td></tr>
</table>

收款人：王玲　　　复核：刘建宇　　　开票人：刘丽　　　销货单位：(章)

# 活动三　汉字大写日期的标准书写

## 一、任务要求

票据的出票日期必须使用中文大写数字。票据出票日期使用小写数字填写的，银行不予受理。大写日期未按要求规范填写的，银行可予受理，但由此造成损失的，由出票人自行承担。为防止变造票据的出票日期，在填写月、日时，按如下要求规范书写：

(1) 月份是 1、2、10 月的，在该月前加写“零”，例如 1 月应写为“零壹月”。

(2) 日期是 1~9 日的，在该日期前面加“零”，例如 4 日应写为“零肆日”。

(3) 日期是 11~19 日的，在该日期前加“壹”，例如 12 日应写为“壹拾贰日”。

(4) 日期是 10 日、20 日、30 日的，在前加“零”，例如 10 日应写为“零壹拾日”。

具体规范要求如表 2-5 所示。

**表 2-5**

| 小写月份 | 大写月份 | 小写日期 | 大写日期 | 小写月份 | 大写日期 | 小写月份 | 大写日期 |
|---|---|---|---|---|---|---|---|
| 1 月 | 零壹月 | 1 日 | 零壹日 | 6 月 | 陆月 | 6 日 | 零陆日 |
| 2 月 | 零贰月 | 2 日 | 零贰日 | 7 月 | 柒月 | 7 日 | 零柒日 |
| 3 月 | 叁月 | 3 日 | 零叁日 | 8 月 | 捌月 | 8 日 | 零捌日 |
| 4 月 | 肆月 | 4 日 | 零肆日 | 9 月 | 玖月 | 9 日 | 零玖日 |
| 5 月 | 伍月 | 5 日 | 零伍日 | 10 月 | 零壹拾月 | 10 日 | 零壹拾日 |

续表

| 小写月份 | 大写月份 | 小写日期 | 大写日期 | 小写月份 | 大写日期 | 小写月份 | 大写日期 |
|---|---|---|---|---|---|---|---|
| 11 月 | 壹拾壹月 | 11 日 | 壹拾壹日 | 18 日 | 壹拾捌日 | 30 | 零叁拾日 |
| 12 月 | 壹拾贰月 | 12 日 | 壹拾贰日 | 19 日 | 壹拾玖日 | 31 | 叁拾壹日 |
| 13 日 | 壹拾叁日 | 25 | 贰拾伍日 | 20 日 | 零贰拾日 | | |
| 14 日 | 壹拾肆日 | 26 | 贰拾陆日 | 21 日 | 贰拾壹日 | | |
| 15 日 | 壹拾伍日 | 27 | 贰拾柒日 | 22 日 | 贰拾贰日 | | |
| 16 日 | 壹拾陆日 | 28 | 贰拾捌日 | 23 日 | 贰拾叁日 | | |
| 17 日 | 壹拾柒日 | 29 | 贰拾玖日 | 24 日 | 贰拾肆日 | | |

## 二、任务案例

判断以下写法是否正确，并改正

(1) 2019 年 5 月 9 日——贰零壹玖年伍月玖日；

(2) 2020 年 1 月 21 日——贰零贰零年壹月贰拾壹日；

(3) 2020 年 1 月 19 日——贰零贰零年零壹月拾玖日；

(4) 2019 年 2 月 10 日——贰零壹玖年零贰月贰拾日；

(5) 2020 年 8 月 30 日——贰零贰零年捌月叁拾日；

(6) 2019 年 10 月 20 日——贰零壹玖年零壹拾月贰拾日。

## 三、实验任务

填制现金支票

2020 年 2 月 15 日，新华有限责任公司从银行提取现金 135 800 元，备发工资。

要求：

根据以上资料，按照金额大小写要求及中文大写日期的书写要求规范填写。注意支票上不得涂改，谨慎下笔，应在“正确、规范”上下功夫。

**表 2-6**

中国工商银行
现金支票存根
22415101

附加信息______

签发日期　年　月　日

收款人：新华有限责任公司

金　额：

用　途：提现

备　注：

单位主管 陆伟　会计李艳

中国工商银行　现金支票　　支票号码：22415101

出票日期(大写)　年　月　日　付款行名称：工商银行江海分行

收款人：新华有限责任公司　出票人账号：1501028899560

本支票付款期限十天

| 人民币（大写） | | 亿 | 千 | 百 | 十 | 万 | 千 | 百 | 十 | 元 | 角 | 分 |
|---|---|---|---|---|---|---|---|---|---|---|---|---|
| | | | | | | | | | | | | |

用途 提现

上列款项请从
我账户内支付
出票人签章　　　复核　　　记账

# 项目三 单项实训活动

## 任务一 填制和审核原始凭证

### 一、知识目标

(1) 熟悉理解原始凭证的基本内容；
(2) 能按照原始凭证的要求填制不同种类原始凭证；
(3) 能运用相关知识审核原始凭证并能正确处理审核结果。

### 二、技能目标

能正确填制各种原始凭证，并能根据要求审核原始凭证。

### 三、知识储备

1. 原始凭证的基本内容

根据财政部《会计基础工作规范》第四十八条的规定，原始凭证必须具备如下内容：凭证名称、填制日期、接受凭证单位名称、经济业务内容、金额、填制单位名称、填制人姓名、经办人员签名或者盖章。

2. 原始凭证填制要求

(1) 填列的内容必须合法真实，内容齐全，手续完备，书写规范，连续编号，填写及时，不随意涂改、挖补。

(2) 原始凭证的填制出现错误时，应当由开出单位重开或者更正，更正处应当加盖开出单位公章。

3. 原始凭证的审核

真实性、合法性、合理性、完整性、正确性、及时性。

### 四、任务步骤

## 活动一　认识常用原始凭证

### 一、任务目标

通过实训任务，明确原始凭证应具备的基本要素，熟悉常用原始凭证的基本格式、联次及各联次的用途。

## 二、任务导入

张文从重庆理工大学会计学院毕业后，来到重庆市万达家具厂实习，第一天，师傅带她了解企业常用的一些原始凭证，以及原始凭证的来源和用途。

## 三、任务指导

### （一）原始凭证的分类（如图 3-1 所示）

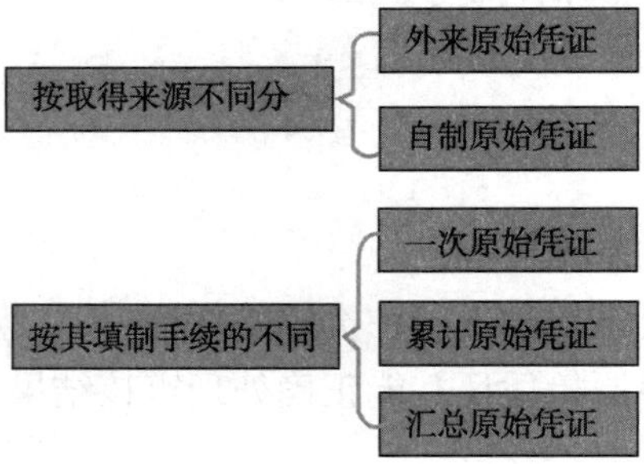


图 3-1

### （二）常用原始凭证的格式和内容

1. 增值税专用发票

（1）增值税专用发票一般一式三联（机打票），第一联为记账联，供销售方记账用；第二联为抵扣联，供购买方抵扣税款用；第三联为发票联，供购买方记账用。

（2）购买方名称填写全程，地址、电话不能省略，纳税人识别号按营业执照社会信用代码填写，开户行及账号按购买单位税务部门备案的开户银行及账号填写。

（3）货物或应税劳务、服务名称栏可填写商品名称、劳务或服务种类名称等，不同商品劳务的名称应分别填写。

（4）金额栏填写不含税的销售额；税率栏填写依据税法所确定的税率；税额栏根据金额乘以税率计算；合计行要计算金额合计和税额合计，合计数字前要写“￥”，金额栏和税额栏的空行要注销，自空行的右上角至左下角划一条斜线。价税合计栏填写金额合计与税额合计之和，并用大写填写，货币符号“￥”后面用阿拉伯数字填写价税合计。

（5）销售方各栏不能省略。

（6）“收款人”“复核”“开票人”等处由收款人、复核人、开票人分别签章，姓名不得省略填写。票样如图 3-2 所示。

2. 增值税普通发票

增值税普通发票的格式、字体、栏次、内容与增值税专用发票完全一致，按发票联次分为两联票和五联票，基本联次为两联，第一联为记账联，销售方记账凭证；第二联为发票联，购买方记账凭证。填写购买方栏时可以只填写名称和纳税人识别码，其他与增值税专票要求相同。票样如图 3-3 所示。

5000151140

**重庆　增值税专用发票**　　№ 52115973　5000151140　52115973

全国统一发票监制章　重庆　国家税务总局监制

此联不作报销、扣税凭证使用　　　　开票日期：

税总函［2016］××号××××公司

| | | | | | | | |
|---|---|---|---|---|---|---|---|
| 购买方 | 名　　称：<br>纳税人识别号：<br>地 址、电 话：<br>开户行及账号： | | | 密码区 | | | |
| 货物或应税劳务、服务名称 | 规格型号 | 单位 | 数 量 | 单 价 | 金 额 | 税率 | 税 额 |
| 合　　计 | | | | | | | |
| 价税合计（大写） | ⊗ | | | | （小写） | | |
| 销售方 | 名　　称：<br>纳税人识别号：<br>地 址、电 话：<br>开户行及账号： | | | 备注 | | | |

收款人：　　　复核：　　　开票人：　　　销售方：（章）

第一联：记账联　销售方记账凭证

科技伴随 高效学习

5000151140

**重庆　增值税专用发票**　　№ 04740597　5000151140　04740597

全国统一发票监制章　重庆　国家税务总局监制

抵扣联　　　　开票日期：

税总函［2016］××号××××公司

| | | | | | | | |
|---|---|---|---|---|---|---|---|
| 购买方 | 名　　称：<br>纳税人识别号：<br>地 址、电 话：<br>开户行及账号： | | | 密码区 | 172312-4-275〈1+46*54* 82*59*<br>181321〉〈8182*59*09618153〈/<br>〈4〈3*2702-9〉9*+153〈/0 〉2-3<br>*08/4〉*〉〉2-3*0/9/〉〉25-275〈1 | | |
| 货物或应税劳务、服务名称 | 规格型号 | 单位 | 数 量 | 单 价 | 金 额 | 税率 | 税 额 |
| 合　　计 | | | | | | | |
| 价税合计（大写） | ⊗ | | | | （小写） | | |
| 销售方 | 名　　称：<br>纳税人识别号：<br>地 址、电 话：<br>开户行及账号： | | | 备注 | | | |

收款人：　　　复核：　　　开票人：　　　销售方：（章）

第二联：抵扣联　购买方扣税凭证

科技伴随 高效学习

5000151140

**重庆　增值税专用发票**　　№ 40632814　5000151140　40632814

全国统一发票监制章　重庆　国家税务总局监制

发票联　　　　开票日期：

税总函［2016］××号××××公司

| | | | | | | | |
|---|---|---|---|---|---|---|---|
| 购买方 | 名　　称：<br>纳税人识别号：<br>地 址、电 话：<br>开户行及账号： | | | 密码区 | 172312-4-275〈1+46*54* 82*59*<br>181321〉〈8182*59*09618153〈/<br>〈4〈3*2702-9〉9*+153〈/0 〉2-3<br>*08/4〉*〉〉2-3*0/9/〉〉25-275〈1 | | |
| 货物或应税劳务、服务名称 | 规格型号 | 单位 | 数 量 | 单 价 | 金 额 | 税率 | 税 额 |
| 合　　计 | | | | | | | |
| 价税合计（大写） | ⊗ | | | | （小写） | | |
| 销售方 | 名　　称：<br>纳税人识别号：<br>地 址、电 话：<br>开户行及账号： | | | 备注 | | | |

收款人：　　　复核：　　　开票人：　　　销售方：（章）

第三联：发票联　购买方记账凭证

科技伴随 高效学习

图 3-2

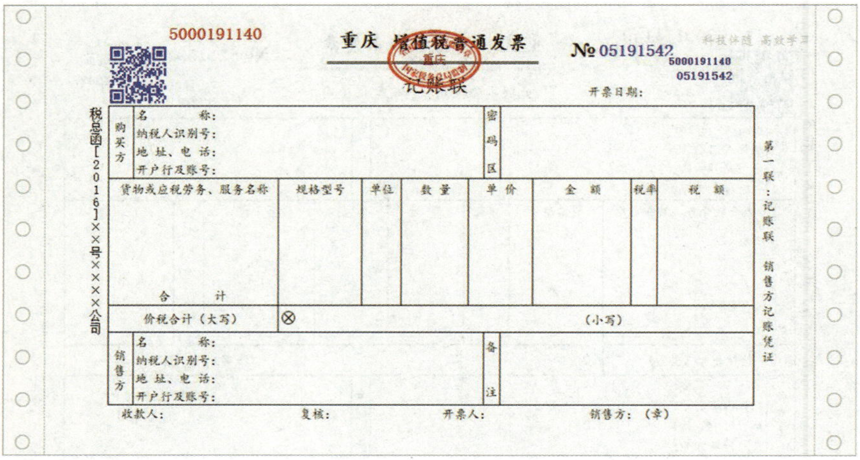

5000191140

重庆 增值税普通发票

№ 05191542

5000191140
05191542

记账联

开票日期：

| 购买方 | 名称：<br>纳税人识别号：<br>地址、电话：<br>开户行及账号： | 密码区 | | | | | |
|---|---|---|---|---|---|---|---|
| 货物或应税劳务、服务名称 | 规格型号 | 单位 | 数量 | 单价 | 金额 | 税率 | 税额 |
| 合计 | | | | | | | |
| 价税合计（大写） | ⊗ | | | | （小写） | | |
| 销售方 | 名称：<br>纳税人识别号：<br>地址、电话：<br>开户行及账号： | 备注 | | | | | |

收款人：　复核：　开票人：　销售方：（章）

税总函[2016]××号××××公司

第一联：记账联　销售方记账凭证

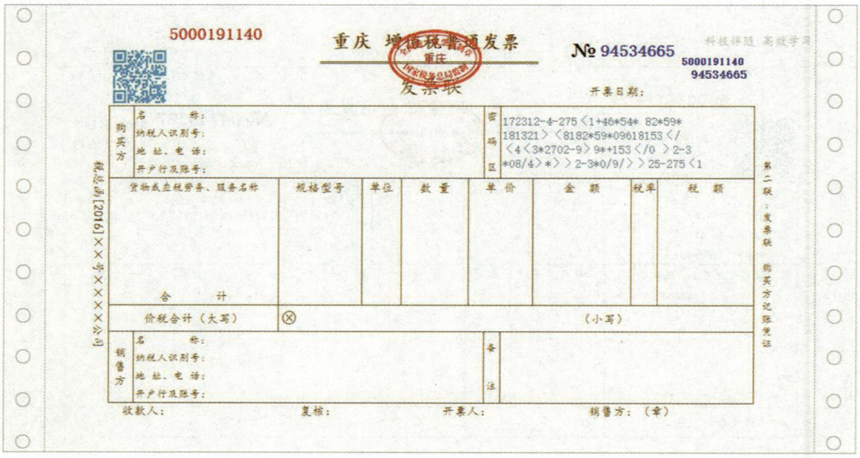

5000191140

重庆 增值税普通发票

№ 94534665

5000191140
94534665

发票联

开票日期：

| 购买方 | 名称：<br>纳税人识别号：<br>地址、电话：<br>开户行及账号： | 密码区 | 172312-4-275＜1+46*54* 82*59*<br>181321＞＜8182*59*09618153＜/<br>＜4＜3*2702-9＞9*+153＜/0 ＞2-3<br>*08/4＞*＞＞2-3*0/9/＞＞25-275＜1 | | | | |
|---|---|---|---|---|---|---|---|
| 货物或应税劳务、服务名称 | 规格型号 | 单位 | 数量 | 单价 | 金额 | 税率 | 税额 |
| 合计 | | | | | | | |
| 价税合计（大写） | ⊗ | | | | （小写） | | |
| 销售方 | 名称：<br>纳税人识别号：<br>地址、电话：<br>开户行及账号： | 备注 | | | | | |

收款人：　复核：　开票人：　销售方：（章）

税总函[2016]××号××××公司

第二联：发票联　购买方记账凭证

图 3-3

### 3. 支票

支票按正联、存根、背面的顺序填写，最后盖章。

（1）日期。支票正联的出票日期必须使用中文大写，在填写月、日时，月为壹、贰和壹拾的，日为壹至玖和壹拾、贰拾和叁拾的，应在其前加“零”；日为拾壹至拾玖的，应在其前面加“壹”。支票存根的签发日期使用小写，正联和存根联上的日期必须一致。

（2）收款人。现金支票收款人可写本单位名称，此时现金支票背面“收款人签章”栏内盖本单位的财务专用章和法定代表人章；转账支票收款人应填写对方单位名称，转账支票背面本单位不盖章，收款单位取得转账支票后，在支票背面“被背书人”栏内加盖收款单位财务专用章和法人章，填写完银行进账单后连同该支票交给收款单位的开户银行，委托银行收款。

（3）付款行名称、出票人账号，即为本单位开户银行名称和银行账号，账号小写。

（4）人民币大写金额应紧接“人民币”书写，不得留有空白，以防加填；阿拉伯小写金额数字前面，应填写人民币符号￥。

（5）盖章。支票正面加盖财务专用章和法人章，缺一不可；存根联需单位主管和会计盖章。

支票正联与存根联的用途应该一致。现金支票有一定限制，一般填“备用金”“差旅费”

“工资”等。转账支票无具体规定，可填“货款”等。

票样如图 3-4 所示。

现金支票：

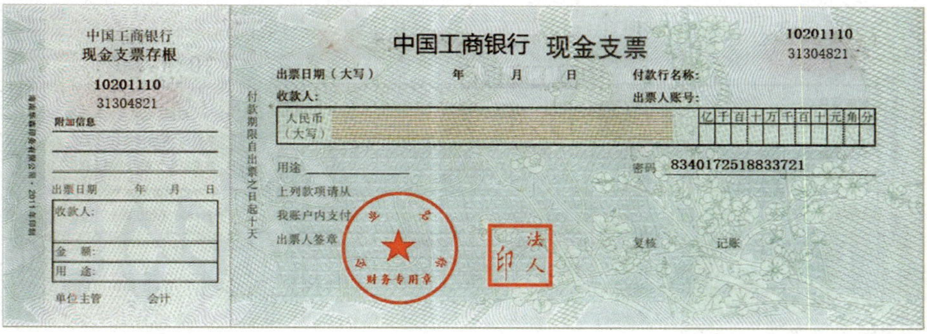

中国工商银行
现金支票存根
10201110
31304821
附加信息
出票日期　年　月　日
收款人：
金　额：
用　途：
单位主管　会计

中国工商银行　现金支票
10201110
31304821
出票日期（大写）　年　月　日　付款行名称：
收款人：　出票人账号：
人民币（大写）　亿 千 百 十 万 千 百 十 元 角 分
付款期限自出票之日起十天
用途　密码 8340172518833721
上列款项请从
我账户内支付
出票人签章　财务专用章　法人印　复核　记账

现金支票正联背面：

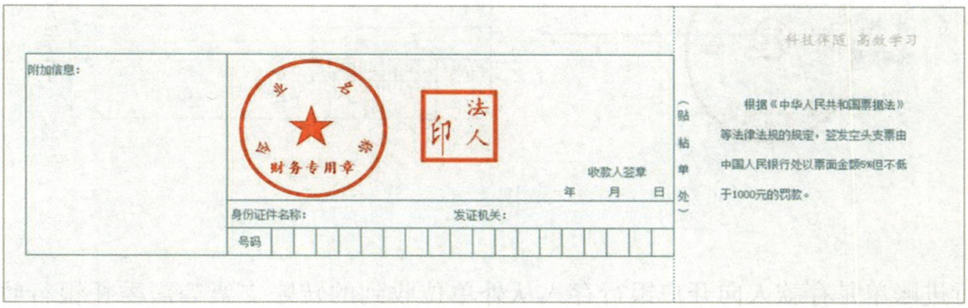

附加信息：
财务专用章　法人印
收款人签章
年　月　日
身份证件名称：　发证机关：
号码
（贴粘单处）
科技伴随 高效学习
根据《中华人民共和国票据法》等法律法规的规定，签发空头支票由中国人民银行处以票面金额5%但不低于1000元的罚款。

转账支票：

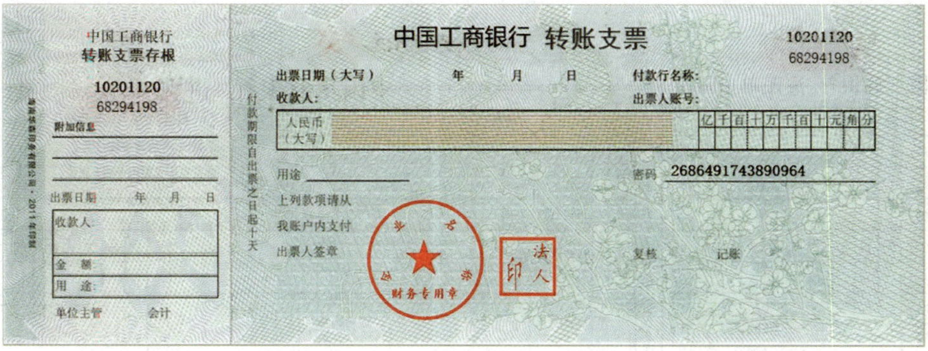

中国工商银行
转账支票存根
10201120
68294198
附加信息
出票日期　年　月　日
收款人：
金　额：
用　途：
单位主管　会计

中国工商银行　转账支票
10201120
68294198
出票日期（大写）　年　月　日　付款行名称：
收款人：　出票人账号：
人民币（大写）　亿 千 百 十 万 千 百 十 元 角 分
付款期限自出票之日起十天
用途　密码 2686491743890964
上列款项请从
我账户内支付
出票人签章　财务专用章　法人印　复核　记账

转账支票的背面有背书人和被背书人栏：

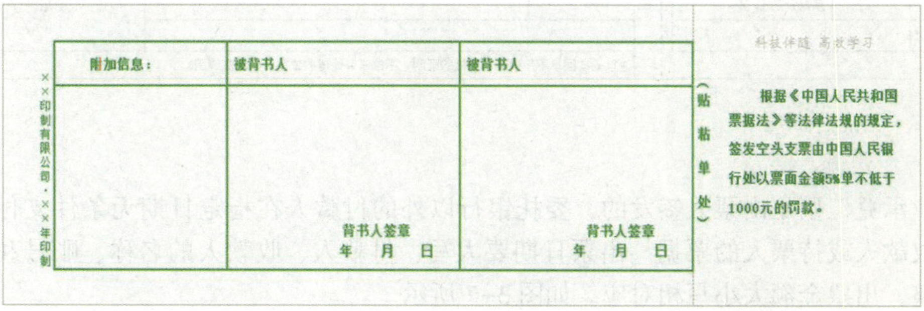

附加信息：　被背书人　被背书人
背书人签章　年　月　日
背书人签章　年　月　日
××印制有限公司·××年印制
（贴粘单处）
科技伴随 高效学习
根据《中华人民共和国票据法》等法律法规的规定，签发空头支票由中国人民银行处以票面金额5%但不低于1000元的罚款。

图 3-4

4. 银行汇票

由出票银行签发，由其在见票时按实际结算金额无条件支付给收款人或者持票人的票据。出票日期要大写，收款人要写全称，大小写金额相对应。票样如图 3-5 所示。

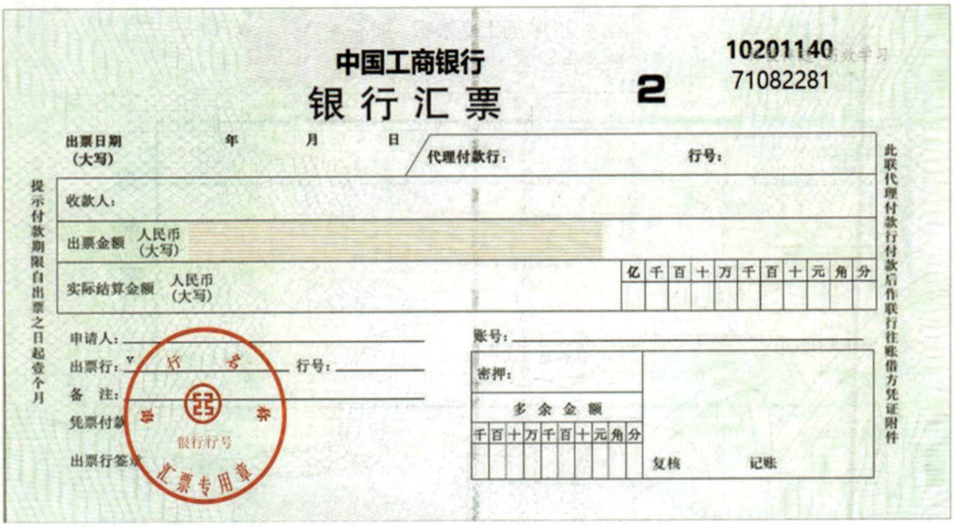
中国工商银行 银行汇票 2 10201140 71082281

出票日期（大写） 年 月 日 代理付款行： 行号：

收款人：

出票金额 人民币（大写）

实际结算金额 人民币（大写） 亿 千 百 十 万 千 百 十 元 角 分

申请人： 账号：

出票行： 行号： 密押：

备注： 多余金额

凭票付款 千 百 十 万 千 百 十 元 角 分

出票行签章 复核 记账

提示付款期限自出票之日起壹个月

此联代理付款行付款后作联行往账借方凭证附件



图 3-5

5. 银行进账单

银行进账单是存款人向开户银行存入从外单位收到的转账支票等需委托银行收款的结算凭证时填写。银行进账单的内容与支票、汇票大致相同，只是日期小写。票样如图 3-6 所示。

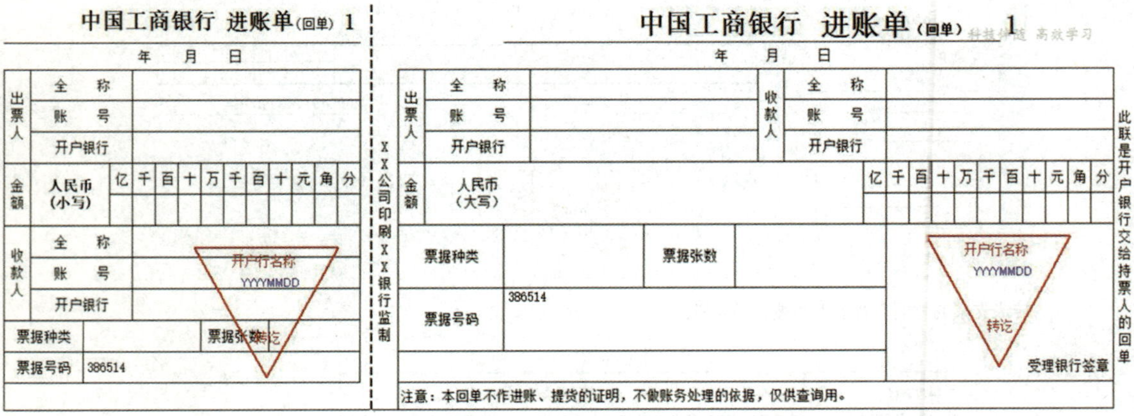
中国工商银行 进账单（回单） 1

年 月 日

出票人：全称 / 账号 / 开户银行

金额 人民币（小写） 亿 千 百 十 万 千 百 十 元 角 分

收款人：全称 / 账号 / 开户银行

票据种类 票据张数

票据号码 386514

XX公司印刷XX银行监制

中国工商银行 进账单（回单） 1

年 月 日

出票人：全称 / 账号 / 开户银行　收款人：全称 / 账号 / 开户银行

金额 人民币（大写） 亿 千 百 十 万 千 百 十 元 角 分

票据种类 票据张数

票据号码 386514

受理银行签章

注意：本回单不作进账、提货的证明，不做账务处理的依据，仅供查询用。

此联是开户银行交给持票人的回单



图 3-6

6. 商业汇票

商业承兑汇票是出票人签发的，委托银行以外的付款人在指定日期无条件支付确定的金额给收款人或持票人的票据。出票日期要大写，付款人、收款人的名称、账号和开户行要写完整，出票金额大小写相对应。如图 3-7 所示。

银行承兑汇票指由在承兑银行开立存款账户的存款人签发，向开户银行申请并经银行审查同意承兑的，保证在指定日期无条件支付确定的金额给收款人或持票人的票据。如图 3-8 所示。

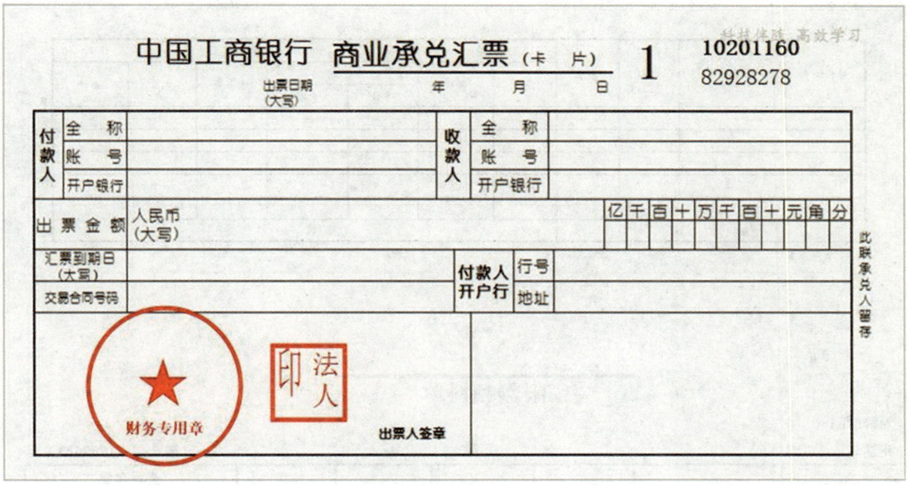

中国工商银行　商业承兑汇票（卡　片）　1　10201160　82928278

出票日期（大写）　年　月　日

| | | | | | |
|---|---|---|---|---|---|
| 付款人 | 全　称 | | 收款人 | 全　称 | |
| | 账　号 | | | 账　号 | |
| | 开户银行 | | | 开户银行 | |
| 出票金额 | 人民币（大写） | | | 亿 千 百 十 万 千 百 十 元 角 分 | |
| 汇票到期日（大写） | | | 付款人开户行 | 行号 | |
| 交易合同号码 | | | | 地址 | |

财务专用章　法人印　出票人签章

此联承兑人留存

图 3-7

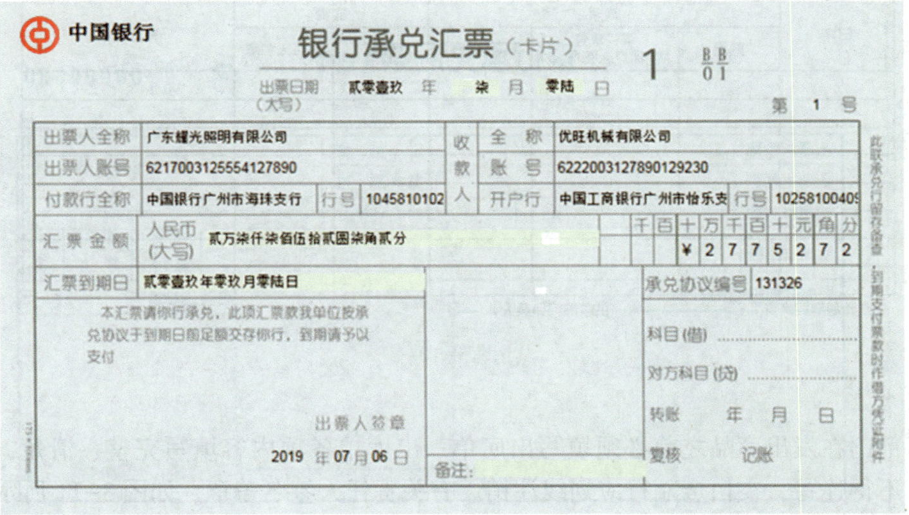

中国银行　银行承兑汇票（卡片）　1　BB 01

出票日期（大写）　贰零壹玖　年　柒　月　零陆　日　第　1　号

| | | | | | | |
|---|---|---|---|---|---|---|
| 出票人全称 | 广东耀光照明有限公司 | | | 收款人 | 全　称 | 优旺机械有限公司 |
| 出票人账号 | 6217003125554127890 | | | | 账　号 | 6222003127890129230 |
| 付款行全称 | 中国银行广州市海珠支行 | 行号 | 1045810102 | | 开户行 | 中国工商银行广州市怡乐支　行号　10258100409 |
| 汇票金额 | 人民币（大写）贰万柒仟柒佰伍拾贰圆柒角贰分 | | | | 千 百 十 万 千 百 十 元 角 分 | ¥ 2 7 7 5 2 7 2 |
| 汇票到期日 | 贰零壹玖年零玖月零陆日 | | | | 承兑协议编号 | 131326 |

本汇票请你行承兑，此项汇票款我单位按承兑协议于到期日前足额交存你行，到期请予以支付

出票人签章

2019 年 07 月 06 日

备注：

科目（借）

对方科目（贷）

转账　年　月　日

复核　记账

此联承兑行留存备查，到期支付票款时作借方凭证附件

图 3-8

7. 收料单

收料单是指在外购的材料物资验收入库时填制的凭证，实际工作中根据购买材料发票填写。一联由验收人员留存，一联交仓库保管员据以登记明细账，一联连同发票交财会部门办理结算。日期小写、内容填写完整，单位负责人、领料人和发料人均需在领料单上签字。如图 3-9 所示。

8. 限额领料单

限额领料单是一种一次开设、多次使用、领用限额已定的累计凭证。在有效期内（一般为一个月），只要领用数量不超过累计限额就可以连续使用。内容主要有领料部门、用途、时间、请领、实领、限额结余及相关责任人签字，如图 3-10 所示。

科技伴随 高效学习

**收 料 单**

供应单位：　　　　　　　　　　　　　　　　　　　　　　　　收料单编号：

材料类别：　　　　　　　　年　　　月　　　日　　　　　　　收料仓库：

| 材料编号 | 名称 | 规格 | 单位 | 数量 | | 实际成本 | | | | |
|---|---|---|---|---|---|---|---|---|---|---|
| | | | | 应收 | 实收 | 买价 | | 运杂费 | 其他 | 合计 |
| | | | | | | 单价 | 金额 | | | |
| | | | | | | | | | | |
| | | | | | | | | | | |
| | | | | | | | | | | |
| | | | | | | | | | | |
| 合　计 | | | | | | | | | | |
| 备　注 | | | | | | | | | | |

第三联 记账联

仓库主管：　　　　记账：　　　　收料：　　　　制单：

图 3-9

科技伴随 高效学习

**限额领料单**

领料部门：

用途：　　　　　　　　年　　　月　　　　　　　编号：71959423

| 材料类别 | 材料名称 | 规格 | 计量单位 | 单价 | 领用限额 | 全月实领 | |
|---|---|---|---|---|---|---|---|
| | | | | | | 数量 | 金额 |
| | | | | | | | |

| 日期 | 请领 | | | 实发 | | 限额结余 |
|---|---|---|---|---|---|---|
| | 数量 | 领料单位负责人签章 | 领料人签章 | 数量 | 发料人签章 | |
| | | | | | | |
| | | | | | | |
| | | | | | | |
| | | | | | | |
| | | | | | | |
| | | | | | | |
| | | | | | | |
| 合计 | | | | | | |

生产计划部门负责人：　　　　供应部门负责人：　　　　仓库管理员：

图 3-10

9. 出库单

销售部门在发出商品之前必须填写出库单。出库单各项内容填写完整、清楚，书写规范，数字不得连写，空白金额行应划线注销。有关责任人签名盖章。如图 3-11 所示。

科技伴随 高效学习

**出 库 单**　　　　No. 29796324

购货单位：　　　　　　　　年　　月　　日

| 编号 | 品名 | 规格 | 单位 | 数量 | 单价 | 金额 | 备注 |
|---|---|---|---|---|---|---|---|
| | | | | | | | |
| | | | | | | | |
| | | | | | | | |
| | | | | | | | |
| | | | | | | | |
| 合　计 | | | | | | | |

第一联 存根联

仓库主管：　　　　记账：　　　　保管：　　　　经手人：　　　　制单：

图 3-11

10. 差旅费报销单

差旅费报销单为自制原始凭证，主要内容包括：报销部门、报销人、出差事由、出差地、到达地，交通工具、住宿餐饮、金额大小写、原借金额、补退金额和相关人员签字等项目。如图 3-12 所示。



**差旅费报销单**

报销部门：　　　　　　　　　　　　报销日期：　　年　　月　　日

出差人：　　　　　　　　　　　　出差事由：

| 出差日期：　年　月　日 至　年　月　日 共计：　天 | | | | | | | |
|---|---|---|---|---|---|---|---|
| 车船费 | | | | | 其他费用 | | |
| 出发地 | 到达地 | 交通工具 | 附件张数 | 金额 | 项目 | 附件张数 | 金额 |
| | | | | | 住宿 | | |
| | | | | | 餐饮 | | |
| | | | | | 市内交通 | | |
| | | | | | 通讯费 | | |
| | | | | | 其他 | | |
| | | | | | | | |
| 合计 | | | | | 合计 | | |
| 费用合计：　元　大写(人民币)： | | | | | | | |
| 预借差旅：　元　补领金额：　元　退还金额：　元 | | | | | | | |
| 核实后报销金额：　元　大写(人民币)： | | | | | | | |

审批：　　财务主管：　　会计：　　部门主管：　　领款人：

图 3-12

11. 收据

收据是表明企业收到外单位或本单位职工交来的各种赔款、罚款、押金、归还借款等的凭据，为企业自制凭证，没有固定格式。主要内容有：时间(小写)、交款单位(个人)、交款事由、大小写金额、相关人员签字和收款单位盖章。收据由收款人签字并在票据第二联收款单位(印章)处加盖财务专用章，收到现金时还要在记账联加盖“现金收讫”章。如图 3-13 所示。

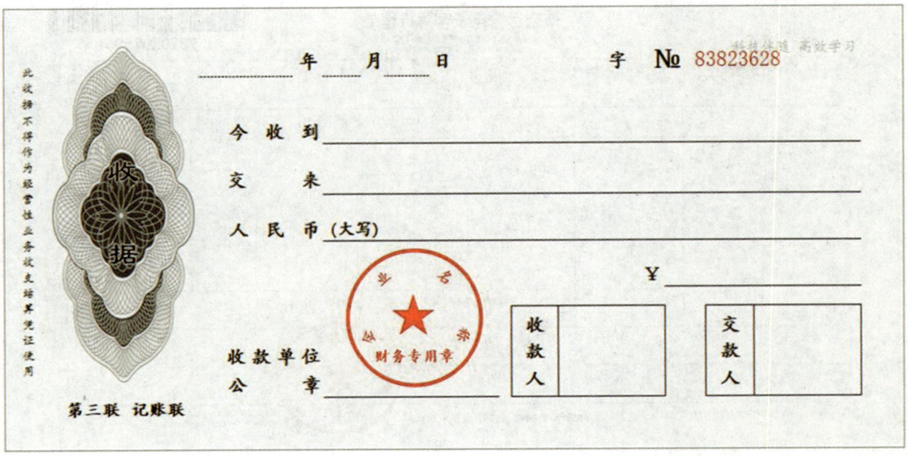


图 3-13

12. 交通类票据

交通票据有船票(如图 3-14 所示)、火车票(如图 3-15 所示)和机票(如图 3-16 所示)等。

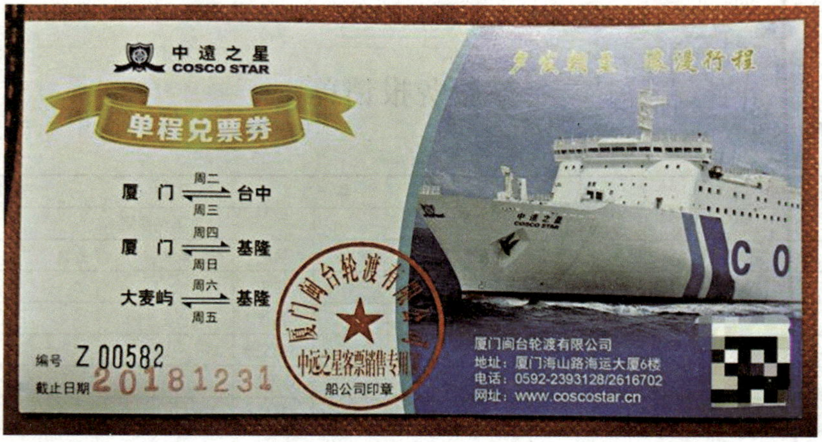


图 3-14

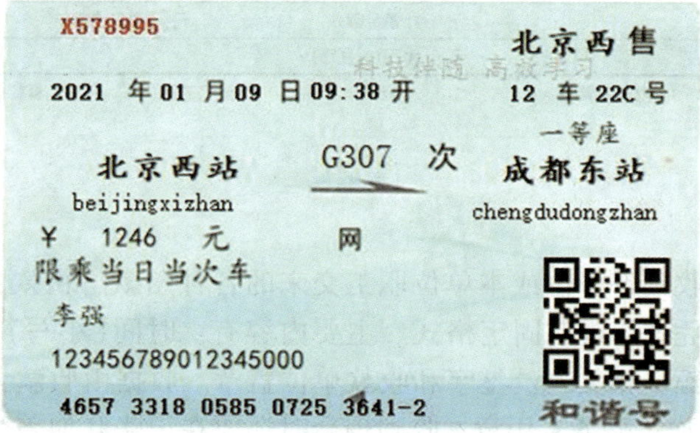


图 3-15

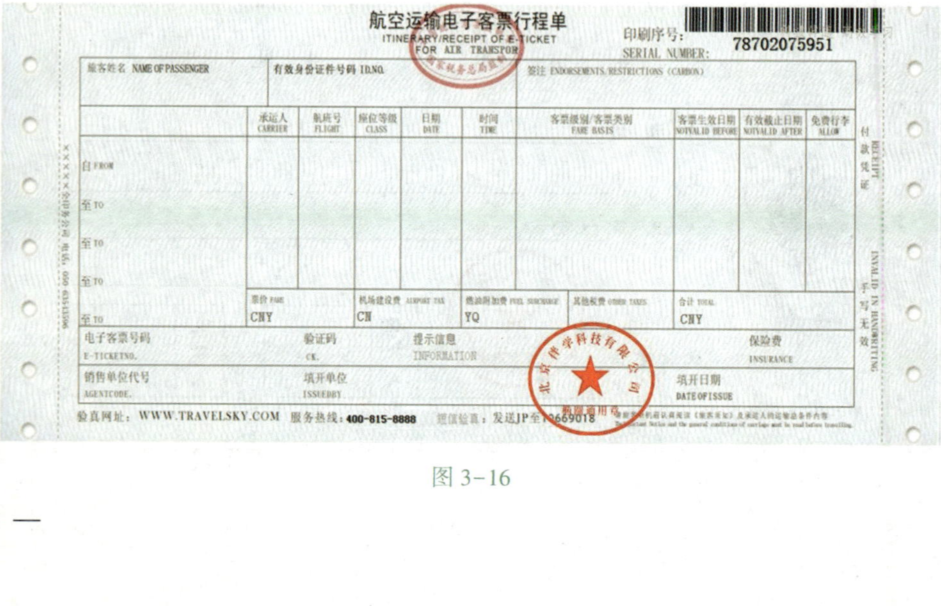


图 3-16

# 活动二　填制原始凭证的方法

## 一、任务目标

通过实训任务，依据填制范例，熟悉常用原始凭证填制样式，掌握原始凭证填制的基本操作方法。

## 二、任务导入

工作第二天，师傅带张文了解到企业常用的一些原始凭证后，张文开始尝试填写原始凭证。

## 三、任务指导：常用原始凭证的填制方法

### 1. 支票的填写

步骤：

（1）出示空白的支票(如图 3-17 所示)。

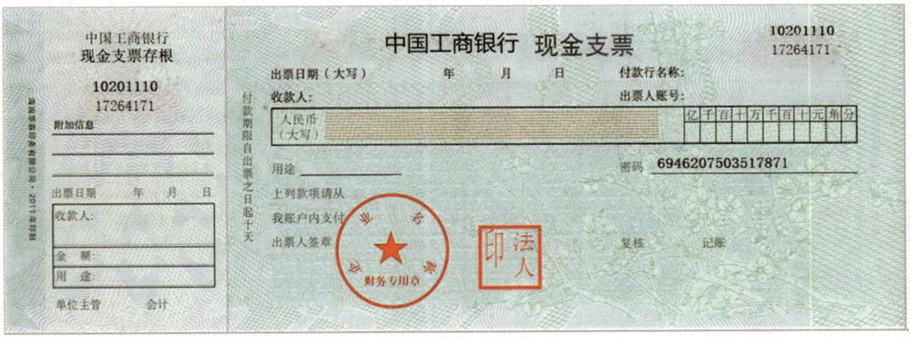
中国工商银行
现金支票存根
10201110
17264171
附加信息
出票日期　年　月　日
收款人：
金　额：
用　途：
单位主管　会计

中国工商银行　现金支票
10201110
17264171
出票日期（大写）　年　月　日
付款行名称：
收款人：
出票人账号：
人民币（大写）
亿 千 百 十 万 千 百 十 元 角 分
付款期限自出票之日起十天
用途
密码　6946207503517871
上列款项请从
我账户内支付
出票人签章
财务专用章
法人印
复核　记账

图 3-17

（2）引导填写，如表 3-1 所示。

**表 3-1**

| 名称 | 内容 | 注意事项 |
|---|---|---|
| 存根部分 | 出票日期 | 填写阿拉伯数字 |
| | 收款人 | 可填写本单位 |
| | 金额 | 小写前面加 ¥ |
| | 用途 | 简明清晰 |
| 支票部分 | 出票日期 | 用必须用碳素墨水书写、汉字大写 |
| | 大写金额 | 必须顶格写，不能空格 |
| | 小写金额 | 应在前一格写“ ¥ ” |
| | 用途 | 简明清晰 |
| | 出票人签章 | 必须与预留印鉴相符 |
| 支票背面 | 收款人签章时间 | 背书时要填写清楚、完整 |
| | 证件名称、发证机关号码 | 填写完整 |

（3）关注填制易错项并强调：日期大写；墨水要求；金额大写顶格；小写前加 ¥；支票正面盖财务专用章和法人章，缺一不可，印泥为红色，印章必须清晰可见（即为本单位在银行的预留印鉴）。

（4）正确的支票展示（如图 3-18 所示）。

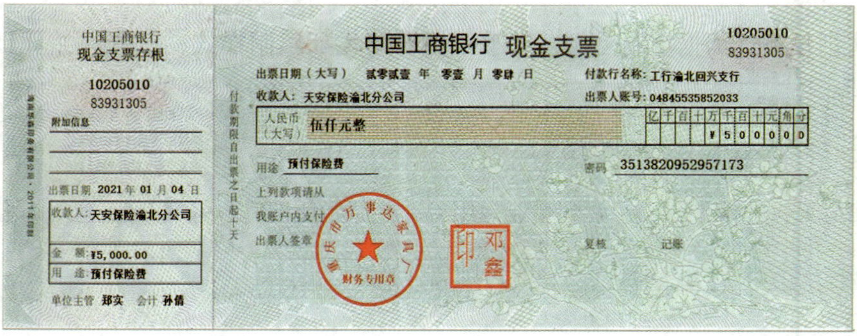
中国工商银行
现金支票存根
10205010
83931305
附加信息
出票日期 2021 年 01 月 04 日
收款人：天安保险渝北分公司
金 额：¥5,000.00
用 途：预付保险费
单位主管 郑实 会计 孙倩

中国工商银行 现金支票
10205010
83931305
出票日期（大写） 贰零贰壹 年 零壹 月 零肆 日
付款行名称：工行渝北回兴支行
收款人：天安保险渝北分公司
出票人账号：04845535852033
付款期限自出票之日起十天
人民币（大写） 伍仟元整
亿 千 百 十 万 千 百 十 元 角 分
¥ 5 0 0 0 0 0
用途 预付保险费
密码 3513820952957173
上列款项请从
我账户内支付
出票人签章
重庆市万事达家具厂 财务专用章
邓鑫印
复核 记账

图 3-18

另外，支票背面展示如图 3-19 所示。

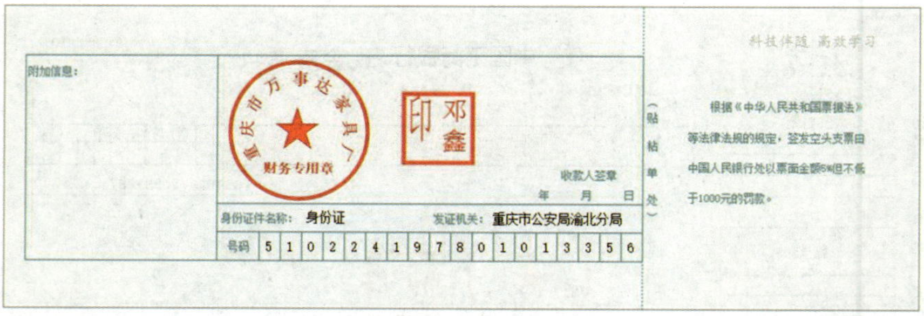
附加信息：
重庆市万事达家具厂 财务专用章
邓鑫印
收款人签章
年 月 日
身份证件名称：身份证 发证机关：重庆市公安局渝北分局
号码 5 1 0 2 2 4 1 9 7 8 0 1 0 1 3 3 5 6
（贴粘单处）
根据《中华人民共和国票据法》等法律法规的规定，签发空头支票由中国人民银行处以票面金额5%但不低于1000元的罚款。

图 3-19

2. 增值税票据的填制

步骤：

（1）出示一张空白的增值税专用发票，如图 3-20 所示。

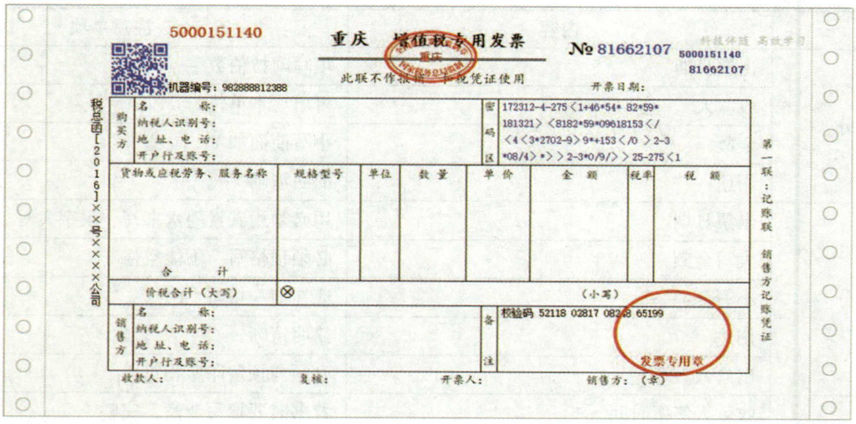
5000151140
重庆 增值税专用发票
№ 81662107
5000151140
81662107
此联不作报销、扣税凭证使用
机器编号：982888812388
开票日期：
税总函[2016]××号××××公司
购买方 名 称：
纳税人识别号：
地 址、电 话：
开户行及账号：
密码区 172312-4-275＜1+46*54* 82*59*
181321＞＜8182*59*09618153＜/
＜4＜3*2702-9＞9*+153＜/0 ＞2-3
*08/4＞*＞＞2-3*0/9/＞＞25-275＜1
货物或应税劳务、服务名称 规格型号 单位 数量 单价 金额 税率 税额
合 计
价税合计（大写） ⊗ （小写）
销售方 名 称：
纳税人识别号：
地 址、电 话：
开户行及账号：
备注 校验码 52118 02817 08248 65199
发票专用章
收款人： 复核： 开票人： 销售方：（章）
第一联：记账联 销售方记账凭证

图 3-20

（2）引导填写，如表 3-2 所示。

**表 3-2**

| 名称 | 内容 | 注意事项 |
|---|---|---|
| 开票时间 | 年 月 日 | 要填写阿拉伯数字 |
| 购买方 | 名称 | 全称（印章上文字） |
| | 纳税人识别码（社会信用码） | 必须是 18 位，不能少、错 |
| | 地址及电话 | 写全，不能简写 |
| | 开户行及账号 | 要写正确 |
| 货物或应税劳务、服务名称 | 规格型号 | 写清楚 |
| | 单位 | 填写完整 |
| | 数量 | 填写正确 |
| | 单价 | 区分含税，要换成不含税 |
| | 税率及税额 | 税率不能错，金额计算正确 |
| 销售方 | 名称 | 全称（印章上文字） |
| | 纳税人识别码（社会信用码） | 必须是 18 位，不能少、错 |
| | 地址及电话 | 写全，不能简写 |
| | 开户行及账号 | 要写正确 |
| 其他 | 开票人、收款人、复核人 | 填写完整 |
| | 密码和机器码 | 自动生成 |
| | 发票号 | 打印时要与开票软件上一致 |

（3）出示正确的发票，如图 3-21 所示。

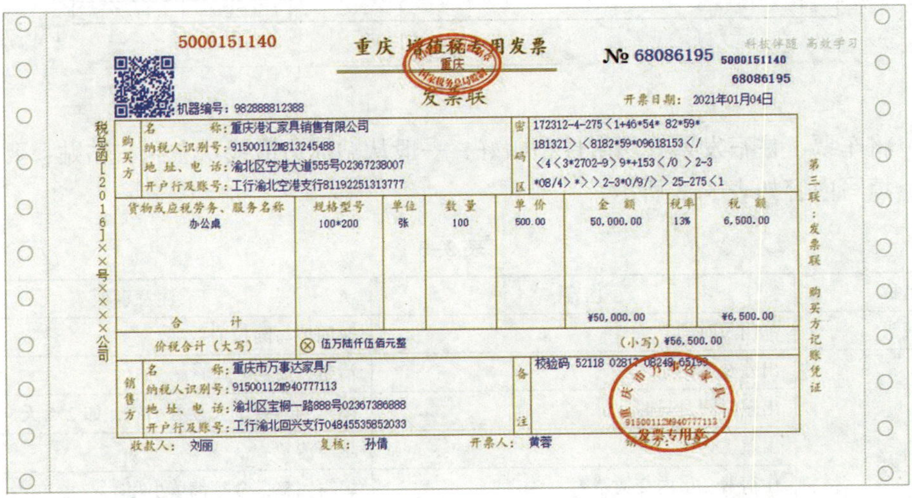
5000151140
重庆增值税专用发票
№ 68086195 5000151140
68086195
发票联
机器编号：982888812388
开票日期：2021年01月04日
税总函[2016]××号××××公司

| 购买方 | 名　称：重庆港汇家具销售有限公司<br>纳税人识别号：91500112M813245488<br>地 址、电 话：渝北区空港大道555号02367238007<br>开户行及账号：工行渝北空港支行81192251313777 | 密码区 | 172312-4-275<1+46*54* 82*59*<br>181321><8182*59*09618153</<br><4<3*2702-9>9*+153</0 >2-3<br>*08/4>*>>2-3*0/9/>>25-275<1 |
|---|---|---|---|

| 货物或应税劳务、服务名称 | 规格型号 | 单位 | 数量 | 单价 | 金额 | 税率 | 税额 |
|---|---|---|---|---|---|---|---|
| 办公桌 | 100*200 | 张 | 100 | 500.00 | 50,000.00 | 13% | 6,500.00 |
| 合　计 | | | | | ¥50,000.00 | | ¥6,500.00 |
| 价税合计（大写） | ⊗伍万陆仟伍佰元整 | | | | （小写）¥56,500.00 | | |

| 销售方 | 名　称：重庆市万事达家具厂<br>纳税人识别号：91500112M940777113<br>地 址、电 话：渝北区宝桐一路888号02367386888<br>开户行及账号：工行渝北回兴支行04845535852033 | 备注 | 校验码 52118 02813 08248 65199 |
|---|---|---|---|

收款人：刘丽　复核：孙倩　开票人：黄蓉　销售方：（章）
第三联：发票联　购买方记账凭证

图 3-21

（4）注意增值税专用发票购货时发票联和抵扣联要保管完好。

（5）增值税普通发票，填写主要区分两处：购货方可以只填名称和纳税识别码；金额填写一定要区别含税和不含税。填写规范如图 3-22 所示。

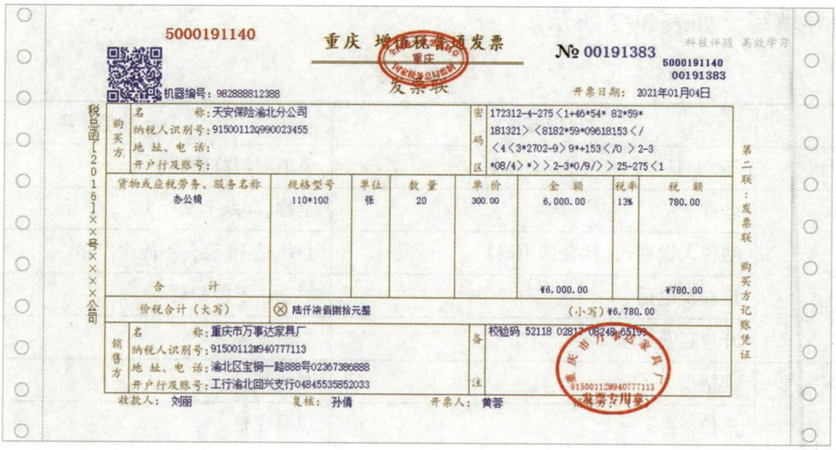
5000191140
重庆增值税普通发票
№ 00191383
5000191140
00191383
发票联
机器编号：982888812388
开票日期：2021年01月04日
购买方 名称：天安保险渝北分公司
纳税人识别号：91500112Q990023455
地址、电话：
开户行及账号：
密码区 172312-4-275＜1+46*54* 82*59* 181321＞＜8182*59*09618153＜/ ＜4＜3*2702-9＞9*+153＜/0 ＞2-3 *08/4＞*＞＞2-3*0/9/＞＞25-275＜1

| 货物或应税劳务、服务名称 | 规格型号 | 单位 | 数量 | 单价 | 金额 | 税率 | 税额 |
|---|---|---|---|---|---|---|---|
| 办公椅 | 110*100 | 张 | 20 | 300.00 | 6,000.00 | 13% | 780.00 |
| 合计 | | | | | ¥6,000.00 | | ¥780.00 |
| 价税合计（大写） | ⊗陆仟柒佰捌拾元整 | | | | （小写）¥6,780.00 | | |

销售方 名称：重庆市万事达家具厂
纳税人识别号：91500112M940777113
地址、电话：渝北区宝桐一路888号02367386888
开户行及账号：工行渝北回兴支行04845535852033
备注 校验码 52118 02817 08248 65199
收款人：刘丽 复核：孙倩 开票人：黄蓉
税总函[2016]××号××××公司
第二联：发票联 购买方记账凭证

图 3-22

### 3. 差旅报销单的填制

步骤：

（1）出示空白票据，如图 3-23 所示。

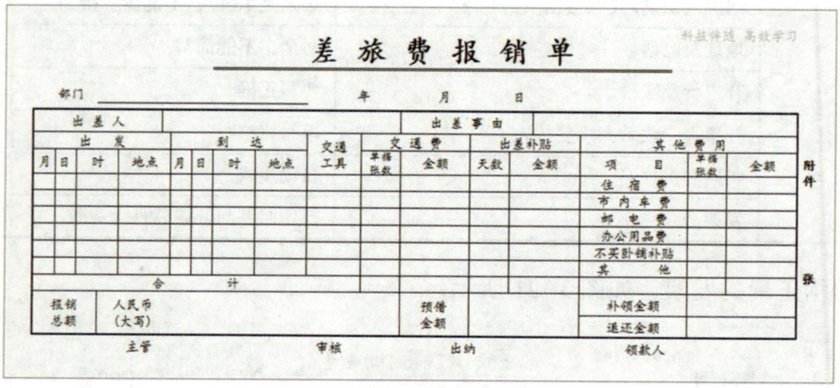
差旅费报销单
部门 年 月 日

| 出差人 | | | | | | | | 出差事由 | | | | | | | |
|---|---|---|---|---|---|---|---|---|---|---|---|---|---|---|---|
| 出发 | | | | 到达 | | | | 交通工具 | 交通费 | | 出差补贴 | | 其他费用 | | |
| 月 | 日 | 时 | 地点 | 月 | 日 | 时 | 地点 | | 单据张数 | 金额 | 天数 | 金额 | 项目 | 单据张数 | 金额 |
| | | | | | | | | | | | | | 住宿费 | | |
| | | | | | | | | | | | | | 市内车费 | | |
| | | | | | | | | | | | | | 邮电费 | | |
| | | | | | | | | | | | | | 办公用品费 | | |
| | | | | | | | | | | | | | 不买卧铺补贴 | | |
| | | | | | | | | | | | | | 其他 | | |
| 合计 | | | | | | | | | | | | | | | |
| 报销总额 | 人民币（大写） | | | | | | | 预借金额 | | | | | 补领金额 | | |
| | | | | | | | | | | | | | 退还金额 | | |

附件 张
主管 审核 出纳 领款人

图 3-23

（2）将车票、住宿发票等用附件粘贴好，一般从贴标边沿线从左到右粘贴，要规范。

（3）填写内容如表 3-3 所示。

**表 3-3**

| 名称 | 内容 | 注意事项 |
|---|---|---|
| 表头 | 部门及时间 | 时间填写阿拉伯数字 |
| 表内 | 出差及事由 | 清楚、简洁 |
| | 出差时间月日时 | 填写到时点，天数可小数，如 2.5 天 |
| | 出差工具 | 填写清楚 |
| | 住宿费、市内交通费等 | 填写完整，金额都填小写 |
| | 合计大小写金额 | 要一致，大写不能留空，小写前加 ¥ |
| | 预借、补、退金额 | 要填写完整 |
| 表尾 | 附件 | 填写张数要正确 |
| | 相关人员签字 | 要完整 |

(4) 差旅报销单据填写还要特别注意：公司规定补助标准住宿费，只能少，不能超；飞机只能是经济舱、火车票只能是高铁二等、硬卧以下，也只能填写标准及以下金额。

(5) 示范如图 3-24 所示。

**差旅费报销单**

部门 销售部　　2021 年 01 月 04 日

| 出差人 | | | 张林 | | | | | | | | 出差事由 | | 到成都参加商品展销会 | | |
|---|---|---|---|---|---|---|---|---|---|---|---|---|---|---|---|
| 出发 | | | | 到达 | | | | 交通工具 | 交通费 | | 出差补贴 | | 其他费用 | | |
| 月 | 日 | 时 | 地点 | 月 | 日 | 时 | 地点 | | 单据张数 | 金额 | 天数 | 金额 | 项目 | 单据张数 | 金额 |
| 01 | 01 | 8:00 | 重庆 | 01 | 01 | 12:00 | 成都 | 火车 | 1 | 100.00 | 1 | 100.00 | 住宿费 | | |
| 01 | 01 | 16:00 | 成都 | 01 | 01 | 20:00 | 重庆 | 火车 | 1 | 100.00 | | | 市内车费 | | |
| | | | | | | | | | | | | | 邮电费 | | |
| | | | | | | | | | | | | | 办公用品费 | | |
| | | | | | | | | | | | | | 不买卧铺补贴 | | |
| | | | | | | | | | | | | | 其他 | | |
| 合计 | | | | | | | | | 2 | ¥200.00 | | ¥100.00 | | | |
| 报销总额 | 人民币（大写） | 叁佰元整 | | | | | | | | 预借金额 | ¥1,000.00 | | 补领金额 | | |
| | | | | | | | | | | | | | 退还金额 | ¥700.00 | |

附件 2 张

主管 李达　　审核 郑实　　出纳 黄蓉　　领款人 张林

图 3-24

## 4. 填银行进账单

步骤：

(1) 收到销售货款的银行转账支票一张如图 3-25 所示。

(2) 根据银行转账支票的信息填写进账单如图 3-26 所示。

中国银行　转账支票　55212503 16686289

出票日期（大写）贰零壹柒年 零壹 月 壹拾陆 日　付款行名称：中国银行上海路支行

收款人：武汉蓝天窗帘有限公司　出票人账号：17028524320

人民币（大写）叁万伍仟壹佰元整　亿千百十万千百十元角分 ¥3510000

用途 货款　密码

上列款项请从　行号

我账户内支付

出票人签章　复核　记账

付款期限自出票之日起十天

⑈080880⑈ 0012⑉887⑉5⑆ 092000131170⑈ 00

附加信息　被背书人 中国工商银行琴天支行　被背书人

背书人签章 2017 年 01 月 16 日　背书人签章 年 月 日

（贴粘单处）

图 3-25

## 5. 填写费用报销单

填写费用报销单如图 3-27。

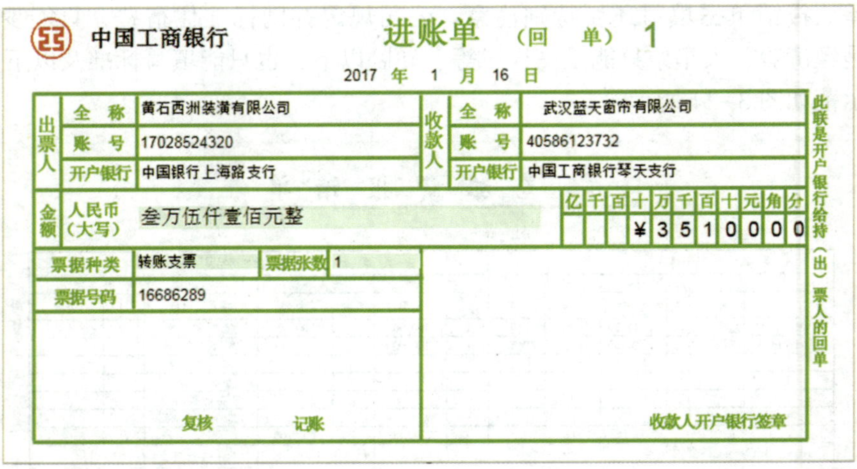
中国工商银行　进账单（回　单）　1

2017 年 1 月 16 日

| | | | | | |
|---|---|---|---|---|---|
| 出票人 | 全　称 | 黄石西洲装潢有限公司 | 收款人 | 全　称 | 武汉蓝天窗帘有限公司 |
| | 账　号 | 17028524320 | | 账　号 | 40586123732 |
| | 开户银行 | 中国银行上海路支行 | | 开户银行 | 中国工商银行琴天支行 |
| 金额 | 人民币（大写） | 叁万伍仟壹佰元整 | | 亿千百十万千百十元角分 | ¥3510000 |
| 票据种类 | 转账支票 | 票据张数 1 | | | |
| 票据号码 | 16686289 | | | | |
| | 复核 | 记账 | | 收款人开户银行签章 | |

此联是开户银行给持（出）票人的回单

图 3-26

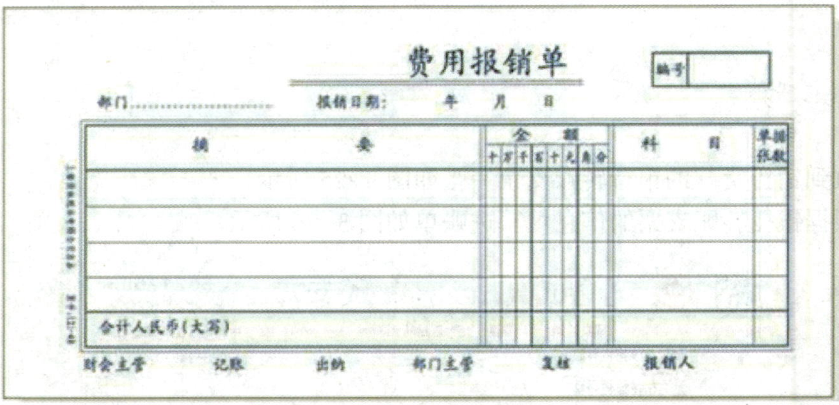
费用报销单　编号

部门……　报销日期：　年　月　日

| 摘　　要 | 金额（十万千百十元角分） | 科　目 | 单据张数 |
|---|---|---|---|
| | | | |
| | | | |
| | | | |
| | | | |
| 合计人民币（大写） | | | |

财会主管　记账　出纳　部门主管　复核　报销人

图 3-27

步骤：

（1）填写所报销的部门，日期为当天报销日期，如图 3-28。

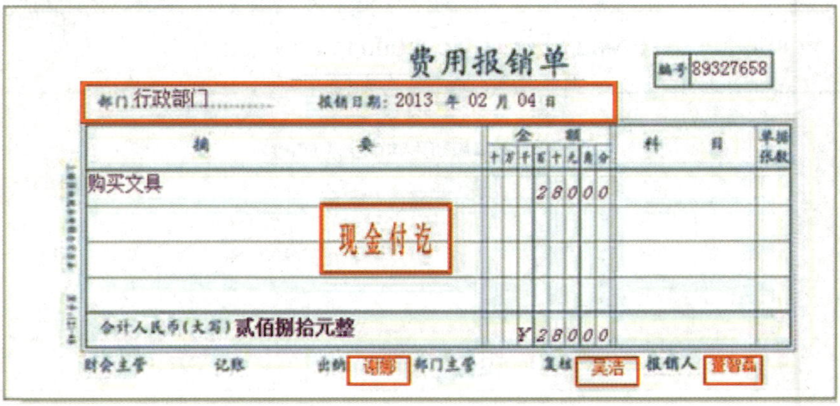
费用报销单　编号 89327658

部门 行政部门……　报销日期：2013 年 02 月 04 日

| 摘　　要 | 金额（十万千百十元角分） | 科　目 | 单据张数 |
|---|---|---|---|
| 购买文具 | 28000 | | |
| 现金付讫 | | | |
| | | | |
| | | | |
| 合计人民币（大写）贰佰捌拾元整 | ¥28000 | | |

财会主管　记账　出纳　部门主管　复核　报销人

图 3-28

（2）填写所报销的事项、金额、所附的单据张数，销单经过审批后，付款并加盖现金付讫章，如图 3-29。

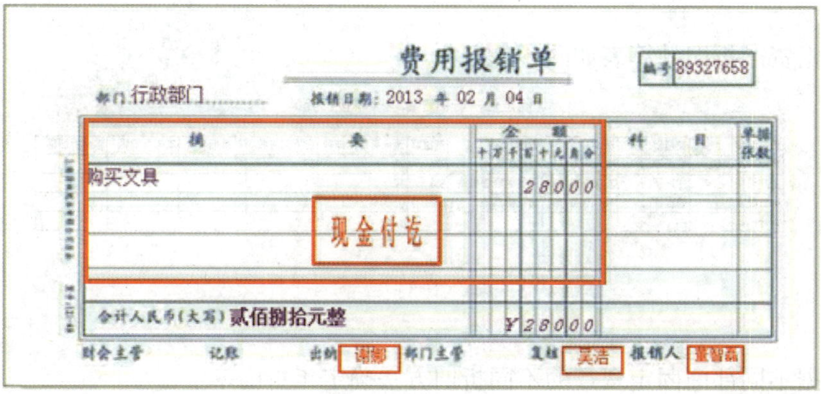
费用报销单

编号 89327658

部门 行政部门　　报销日期：2013 年 02 月 04 日

| 摘要 | 金额 | 科目 | 单据张数 |
|---|---|---|---|
| 购买文具 | 28000 | | |
| | | | |
| | | | |
| 合计人民币（大写）贰佰捌拾元整 | ¥28000 | | |

现金付讫

财会主管　　记账　　出纳　　部门主管　　复核　　报销人

图 3-29

## 6. 填银行承兑汇票

步骤：

（1）填写汇票申请书，如图 3-30。

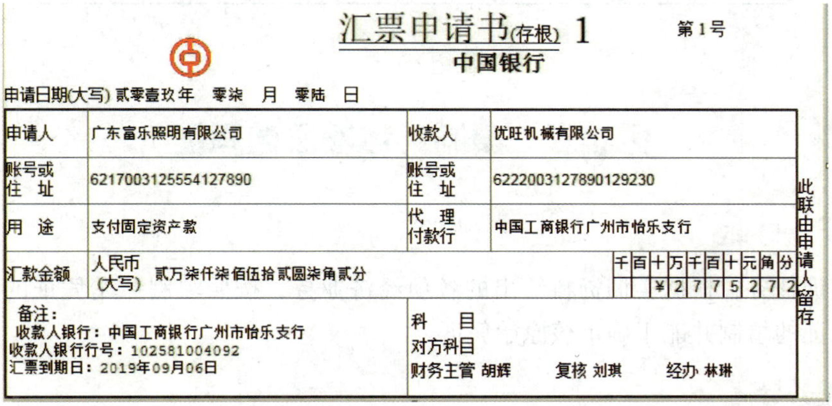
汇票申请书(存根) 1　　第 1 号

中国银行

申请日期(大写) 贰零壹玖 年　零柒　月　零陆　日

| | | | |
|---|---|---|---|
| 申请人 | 广东富乐照明有限公司 | 收款人 | 优旺机械有限公司 |
| 账号或住址 | 6217003125554127890 | 账号或住址 | 6222003127890129230 |
| 用途 | 支付固定资产款 | 代理付款行 | 中国工商银行广州市怡乐支行 |
| 汇款金额 | 人民币（大写）贰万柒仟柒佰伍拾贰圆柒角贰分 | 千百十万千百十元角分 | ¥2775272 |
| 备注：<br>收款人银行：中国工商银行广州市怡乐支行<br>收款人银行行号：102581004092<br>汇票到期日：2019年09月06日 | | 科目<br>对方科目<br>财务主管 胡群　复核 刘琪　经办 林琳 | |

此联由申请人留存

图 3-30

（2）根据汇票申请书填写银行承兑汇票的详细信息，如图 3-31。

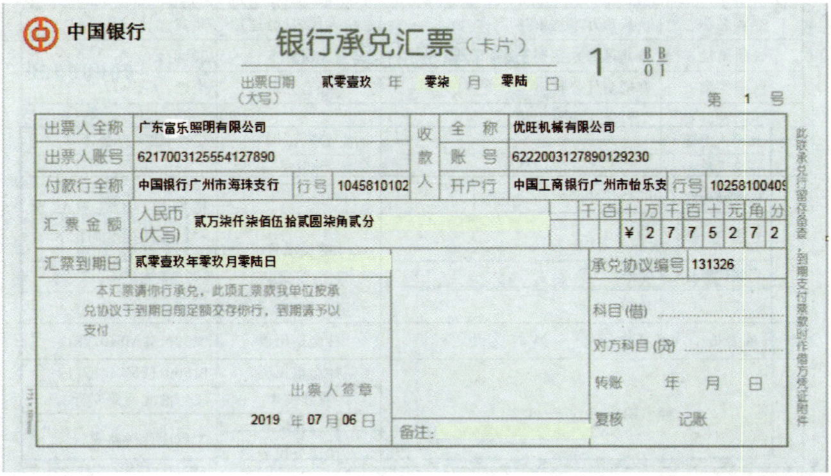
中国银行

银行承兑汇票（卡片） 1　BB 01

出票日期（大写）　贰零壹玖 年　零柒 月　零陆 日

第 1 号

| | | | | | |
|---|---|---|---|---|---|
| 出票人全称 | 广东富乐照明有限公司 | 收款人 | 全称 | 优旺机械有限公司 | |
| 出票人账号 | 6217003125554127890 | | 账号 | 6222003127890129230 | |
| 付款行全称 | 中国银行广州市海珠支行　行号 1045810102 | | 开户行 | 中国工商银行广州市怡乐支 | 行号 102581004092 |
| 汇票金额 | 人民币（大写）贰万柒仟柒佰伍拾贰圆柒角贰分 | | 千百十万千百十元角分 | ¥2775272 | |
| 汇票到期日 | 贰零壹玖年零玖月零陆日 | | 承兑协议编号 | 131326 | |

本汇票请你行承兑，此项汇票款我单位按承兑协议于到期日前足额交存你行，到期请予以支付

出票人签章

2019 年 07 月 06 日

备注：

科目(借)

对方科目(贷)

转账　年　月　日

复核　记账

此联承兑行留存备查，到期支付票款时作借方凭证附件

图 3-31

### 7. 填固定资产折旧计算表

填写固定资产折旧计算表如图 3-32。

固定资产折旧计算表（单位：元）

| 资产名称 | 使用部门 | 原值 | 折旧方法 | 残值率 | 预计可使用年数 | 已折旧月数 | 年折旧率 | 本年折旧额 | 本月折旧额 |
|---|---|---|---|---|---|---|---|---|---|
| 房屋及建筑物 | 管理部门 | 6800000.00 | 直线折旧法 | 5% | 20 | 54 | | | |
| 生产设备 | 生产部门 | 2400000.00 | 双倍余额递减法 | 5% | 10 | 54 | | | |
| 办公设备 | 管理部门 | 1800000.00 | 直线折旧法 | 5% | 5 | 54 | | | |
| 合计 | - | - | - | - | - | - | - | | |

图 3-32

步骤：

（1）根据不同部门固定资产的不同折旧方法确定年折旧率。

（2）根据年折旧率确定本年折旧额，并折算成本月折旧额，进行填报。如图 3-33。

固定资产折旧计算表（单位：元）

| 资产名称 | 使用部门 | 原值 | 折旧方法 | 残值率 | 预计可使用年数 | 已折旧月数 | 年折旧率 | 本年折旧额 | 本月折旧额 |
|---|---|---|---|---|---|---|---|---|---|
| 房屋及建筑物 | 管理部门 | 6800000.00 | 直线折旧法 | 5% | 20 | 54 | 4.75% | 323000.00 | 26916.67 |
| 生产设备 | 生产部门 | 2400000.00 | 双倍余额递减法 | 5% | 10 | 54 | 20.00% | 196608.00 | 16384.00 |
| 办公设备 | 管理部门 | 1800000.00 | 直线折旧法 | 5% | 5 | 54 | 19.00% | 342000.00 | 28500.00 |
| 合计 | - | - | - | - | - | - | - | 861608.00 | 71800.67 |

图 3-33

# 活动三　填制并审核原始凭证

## 一、任务目标

通过实训任务，根据实训资料给出的各项经济业务，按照填制原始凭证的要求，掌握常用原始凭证的填制并能正确审核原始凭证。

## 二、任务导入

实训资料：张文在认识和熟悉原始凭证后，现接手会计孙倩的工作，张文所实习的重庆市万达家具厂为增值税一般纳税人，企业基本信息如图 3-34 所示。

<table>
<tr><td>企业名称</td><td>重庆市万事达家具厂</td><td>法人代表(经理)</td><td>邓鑫</td></tr>
<tr><td>注册地址</td><td>渝北区回兴宝桐一路 888 号</td><td>注册资本</td><td>50 万元</td></tr>
<tr><td>经济类型</td><td>有限责任公司</td><td>经营方式</td><td>生产、加工</td></tr>
<tr><td>开户银行帐号</td><td>工行渝北回兴支行</td><td rowspan="2">经营范围</td><td rowspan="2">生产、加工办公家具</td></tr>
<tr><td>银行账号</td><td>6289881234567800001</td></tr>
<tr><td>联系电话</td><td>02367386888</td><td rowspan="4">纳税项目</td><td rowspan="4">增值税 13%、城建税 7%、教育费附加税 3%、地方教育附加 2%、所得税 25%</td></tr>
<tr><td>会计主管</td><td>郑实</td></tr>
<tr><td>出纳员</td><td>黄蓉</td></tr>
<tr><td>会计</td><td>孙倩</td></tr>
<tr><td>库管员</td><td>吴故</td><td>社会信用码</td><td>91500112M94077713</td></tr>
<tr><td colspan="2" rowspan="3">经营期限：2017—2022</td><td>社会信用码</td><td>91500112M94077713</td></tr>
<tr><td>收款国库</td><td>工行渝北两路支行</td></tr>
<tr><td>社会保险和住房公积金</td><td>工行渝北两路支行</td></tr>
</table>

图 3-34

## 三、任务指导

该企业 2020 年 12 月发生如下业务：

【业务 1】12 月 1 日，开出现金支票从银行提现 1 000 元备用。

步骤：

（1）展示空白现金支票如图 3-35 所示。

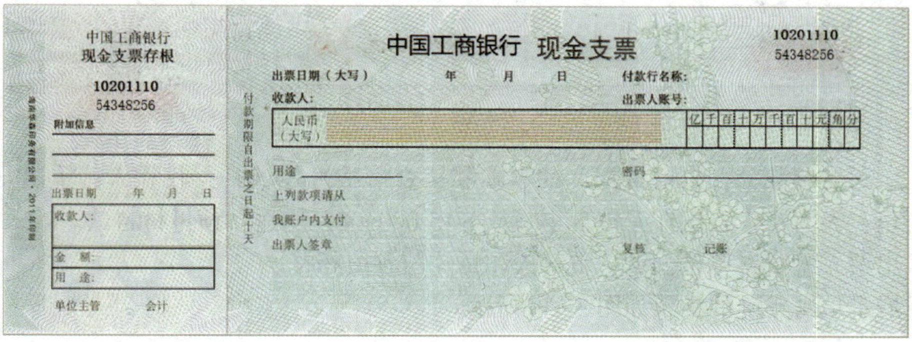


图 3-35

（2）填写存根部分：出票日期：2020 年 12 月 01 日；收款人：重庆市万达家具厂；金额：¥1 000.00；用途：备用金。

（3）填写支票部分：出票日期：贰零贰零年壹拾贰月零壹日；收款人：重庆市万达家具厂；大写：壹仟元整；小写：¥1 000.00；用途：备用金。

（4）出票人签章：单位公章、负责人印章均与预留相符。

（5）展示填写正确的支票如图 3-36 所示。

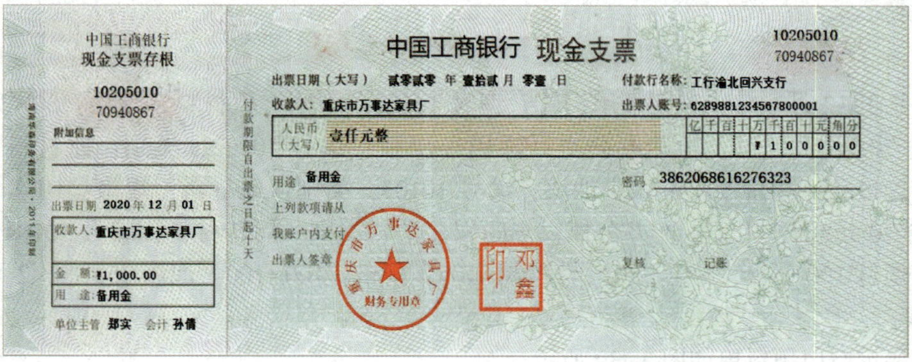


图 3-36

【业务 2】12 月 2 日，签发转账支票一张，向重庆马家岩建材有限公司预付购买材料款 15 000 元。

步骤：

（1）展示空白转账支票如图 3-37 所示。

（2）填写存根部分：出票日期：2020 年 12 月 02 日；收款人：重庆马家岩建材有限公司；金额：¥15 000.00；用途：预付材料款。

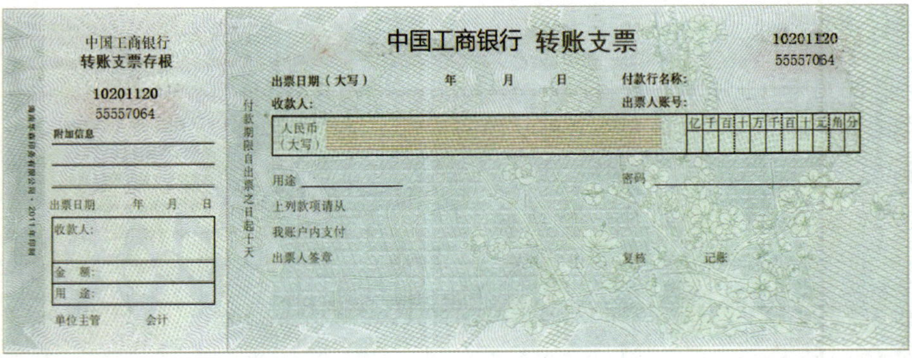
中国工商银行
转账支票存根
10201120
55557064
附加信息
出票日期 年 月 日
收款人:
金 额:
用 途:
单位主管 会计

中国工商银行 转账支票
10201120
55557064
出票日期（大写） 年 月 日
付款行名称:
收款人:
出票人账号:
人民币（大写）
亿 千 百 十 万 千 百 十 元 角 分
付款期限自出票之日起十天
用途
密码
上列款项请从
我账户内支付
出票人签章
复核 记账

图 3-37

(3) 填写支票部分：出票日期：贰零贰零年壹拾贰月零贰日；收款人：重庆马家岩建材有限公司；大写：壹万伍仟元整；小写：¥15 000.00；用途：预付材料款。

(4) 出票人签章：单位公章、负责人印章均与预留相符。

(5) 展示填写正确的支票如图 3-38 所示。

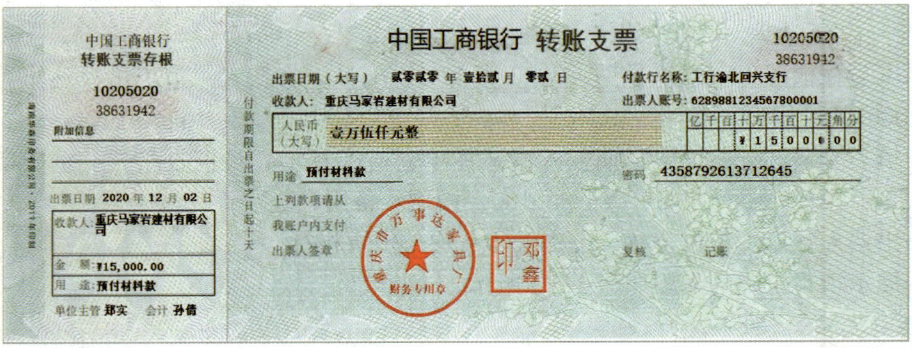
中国工商银行
转账支票存根
10205020
38631942
附加信息
出票日期 2020 年 12 月 02 日
收款人: 重庆马家岩建材有限公司
金 额: ¥15,000.00
用 途: 预付材料款
单位主管 郑实 会计 孙倩

中国工商银行 转账支票
10205020
38631942
出票日期（大写） 贰零贰零 年 壹拾贰 月 零贰 日
付款行名称: 工行渝北回兴支行
收款人: 重庆马家岩建材有限公司
出票人账号: 6289881234567800001
人民币（大写） 壹万伍仟元整
¥ 1 5 0 0 0 0 0
付款期限自出票之日起十天
用途 预付材料款
密码 4358792613712645
上列款项请从
我账户内支付
出票人签章
财务专用章
邓鑫印
复核 记账

图 3-38

【业务 3】12 月 6 日，车间领用钢管，编号 10101，类别：原材料，规格：30×30,1 000 根，单价 20 元/根，用于生产办公桌；领用三层板，编号 10102，类别：原材料；规格：200×300,800 张，单价 50 元/张；油漆，编号 10103，类别：原材料，规格：10 公斤，100 桶，单价 20 元/桶，用于生产办公椅；车间间接消耗类别：周转材料，编号 10104，规格：2 厘米，螺钉 100 公斤，5 元/公斤，编号 10105，规格：100×100，泡沫 250 张，2 元/张。

步骤：

(1)展示空白领料单如图 3-39 所示。

(2) 表头部分填写：领用部门：车间；时间：2020 年 12 月 06 日；

(3) 表内部分填写：编号：10101；类别：原材料；材料名称：钢管；规格：30×30；单位：根；请领、实领：1 000；单价：20；金额：20 000；

(4) 用途：用于生产办公桌；其他相关人员签字。

(5) 展示填写正确的领料单如图 3-40 所示。

(6) 同理完成原材料三层板、油漆的领料单如图 3-41 所示。

(7) 同理完成周转材料螺钉和泡沫的领料单如图 3-42 所示。

领　料　单

科技伴随 高效学习

领用部门：

仓库：　　　　　年　　月　　日　　　　编号：787

| 编　号 | 类　别 | 材料名称 | 规　格 | 单　位 | 数　量 | | 实际成本 | |
|---|---|---|---|---|---|---|---|---|
| | | | | | 请领 | 实发 | 单价 | 金额 |
| | | | | | | | | |
| | | | | | | | | |
| | | | | | | | | |
| | | | | | | | | |
| | | | | | | | | |
| | | | | | | | | |
| | | | | | | | | |
| | | | | | | | | |
| | | | | | | | | |
| | | | | | | | | |
| | | | | | | | | |
| | | | | | | | | |
| | 合 | | 计 | | | | | |
| 用　途 | | | | | 领料部门 | | 发料部门 | |
| | | | | | 负责人 | 领料人 | 核准人 | 发料人 |
| | | | | | | | | |

第三联　记账联

图 3-39

领　料　单

科技伴随 高效学习

领用部门：车间

仓库：　　　　2020 年 12 月 06 日　　　　编号：787

| 编　号 | 类　别 | 材料名称 | 规　格 | 单　位 | 数　量 | | 实际成本 | |
|---|---|---|---|---|---|---|---|---|
| | | | | | 请领 | 实发 | 单价 | 金额 |
| 10101 | 原材料 | 钢管 | 30×30 | 根 | 1000 | 1000 | 20.00 | 20,000.00 |
| | | | | | | | | |
| | | | | | | | | |
| | | | | | | | | |
| | | | | | | | | |
| | | | | | | | | |
| | | | | | | | | |
| | | | | | | | | |
| | | | | | | | | |
| | | | | | | | | |
| | | | | | | | | |
| | | | | | | | | |
| | 合 | | 计 | | 1000 | 1000 | | 20,000.00 |
| 用　途 | 生产办公桌 | | | | 领料部门 | | 发料部门 | |
| | | | | | 负责人 | 领料人 | 核准人 | 发料人 |
| | | | | | 高凯心 | 赵武 | 吴故 | 赵武 |

第三联　记账联

图 3-40

# 领 料 单

科技伴随 高效学习

领用部门：车间

仓库：　　2020 年 12 月 06 日　　编号：787

| 编号 | 类别 | 材料名称 | 规格 | 单位 | 数量 | | 实际成本 | |
|---|---|---|---|---|---|---|---|---|
| | | | | | 请领 | 实发 | 单价 | 金额 |
| 10102 | 原材料 | 三层板 | 200×300 | 张 | 800 | 800 | 50.00 | 40,000.00 |
| 10103 | 原材料 | 油漆 | 10Kg | 桶 | 100 | 100 | 20.00 | 2,000.00 |
| 合 | | | 计 | | 900 | 900 | | 42,000.00 |
| 用途 | 生产办公椅 | | | | 领料部门 | | 发料部门 | |
| | | | | | 负责人 | 领料人 | 核准人 | 发料人 |
| | | | | | 高凯心 | 赵武 | 吴故 | 赵武 |

第三联 记账联

图 3-41

# 领 料 单

科技伴随 高效学习

领用部门：车间

仓库：　　2020 年 12 月 06 日　　编号：787

| 编号 | 类别 | 材料名称 | 规格 | 单位 | 数量 | | 实际成本 | |
|---|---|---|---|---|---|---|---|---|
| | | | | | 请领 | 实发 | 单价 | 金额 |
| 10104 | 周转材料 | 螺钉 | 2cm | 公斤 | 100 | 100 | 5.00 | 500.00 |
| 10105 | 周转材料 | 泡沫 | 100×100 | 张 | 250 | 250 | 2.00 | 500.00 |
| 合 | | | 计 | | 350 | 350 | | 1,000.00 |
| 用途 | 车间间接消耗 | | | | 领料部门 | | 发料部门 | |
| | | | | | 负责人 | 领料人 | 核准人 | 发料人 |
| | | | | | 高凯心 | 赵武 | 吴故 | 赵武 |

第三联 记账联

图 3-42

【业务 4】12 月 8 日，收到渝北天安保险公司 3 000 元，已入账。

步骤：

（1）展示空白进账单如图 3-43 所示。

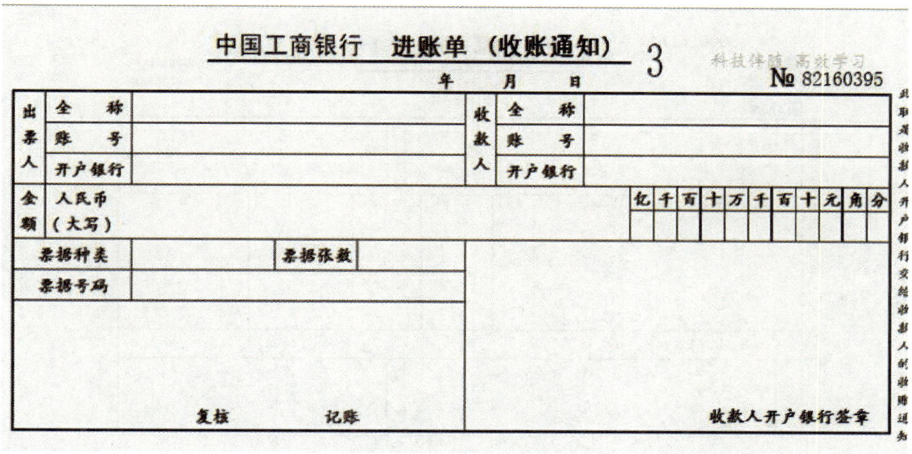
中国工商银行　进账单（收账通知）　3

科技伴随 高效学习

年　月　日　№ 82160395

| | | | | | |
|---|---|---|---|---|---|
| 出票人 | 全　称 | | 收款人 | 全　称 | |
| | 账　号 | | | 账　号 | |
| | 开户银行 | | | 开户银行 | |
| 金额 | 人民币（大写） | | 亿 千 百 十 万 千 百 十 元 角 分 | | |
| 票据种类 | | 票据张数 | | | |
| 票据号码 | | | | | |
| 复核　记账 | | | 收款人开户银行签章 | | |

此联是收款人开户银行交给收款人的收账通知

图 3-43

（2）表头：时间：2020 年 12 月 08 日。

（3）出票人：全称：天安保险渝北分公司，账号：6226000012345556777 开户银行：工行两路支行。

（4）收款人：重庆市万事达家具厂，账号：6289881234567800001 开户银行：工行渝北回兴支行。

（5）金额：大写：叁仟元整，小写：￥3 000.00；印章等。

（6）展示填写正确的进账单如图 3-44 所示。

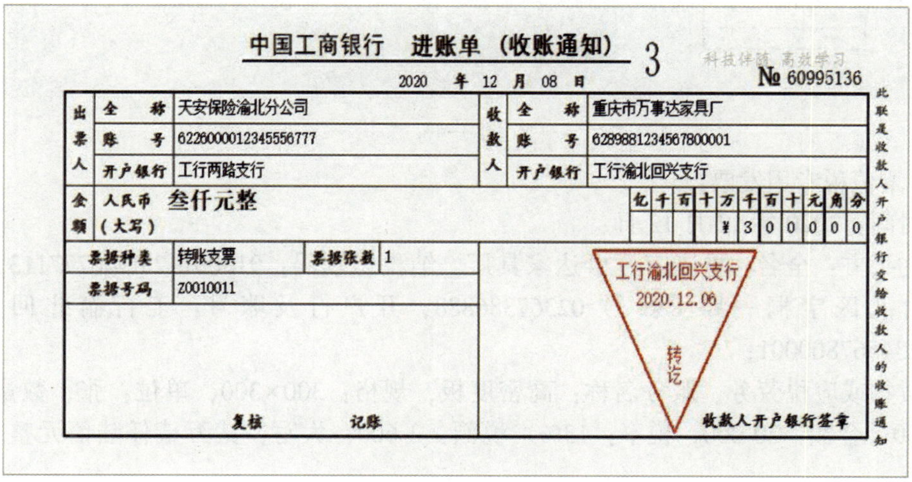
中国工商银行　进账单（收账通知）　3

科技伴随 高效学习

2020 年 12 月 08 日　№ 60995136

| | | | | | |
|---|---|---|---|---|---|
| 出票人 | 全　称 | 天安保险渝北分公司 | 收款人 | 全　称 | 重庆市万事达家具厂 |
| | 账　号 | 6226000012345556777 | | 账　号 | 6289881234567800001 |
| | 开户银行 | 工行两路支行 | | 开户银行 | 工行渝北回兴支行 |
| 金额 | 人民币（大写） | 叁仟元整 | 亿 千 百 十 万 千 百 十 元 角 分 | ￥ 3 0 0 0 0 0 | |
| 票据种类 | 转账支票 | 票据张数 | 1 | | |
| 票据号码 | Z0010011 | | | | |
| 复核　记账 | | | 收款人开户银行签章 | | |



此联是收款人开户银行交给收款人的收账通知

图 3-44

【业务 5】12 月 12 日，按照预付货款合同，家具厂从重庆马家岩建材公司（纳税识别码：91500106M869832488，地址、电话：沙坪坝区碧顺路 712 号 02365667890，开户行及账号：工行沙坪坝区汇逸路支行 96851961378242）购入高密度板（编号 10106，类别：原材料，规格：300×300）200 张，单价 100 元/张，转账支付余款，材料已验收入库。

步骤：

（1）展示空白增值税专用发票、转账支票、入库单如图 3-45～图 3-47 所示。

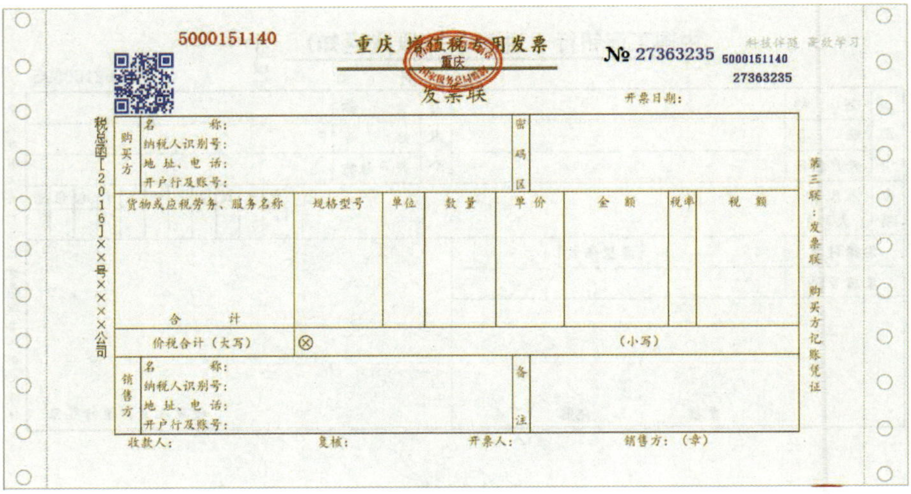
5000151140
重庆增值税专用发票
№ 27363235 5000151140 27363235
发票联
开票日期：
购买方 名称：
纳税人识别号：
地址、电话：
开户行及账号：
密码区
货物或应税劳务、服务名称 | 规格型号 | 单位 | 数量 | 单价 | 金额 | 税率 | 税额
合计
价税合计（大写） ⊗ （小写）
销售方 名称：
纳税人识别号：
地址、电话：
开户行及账号：
备注
收款人： 复核： 开票人： 销售方：（章）
第三联：发票联 购买方记账凭证

图 3-45

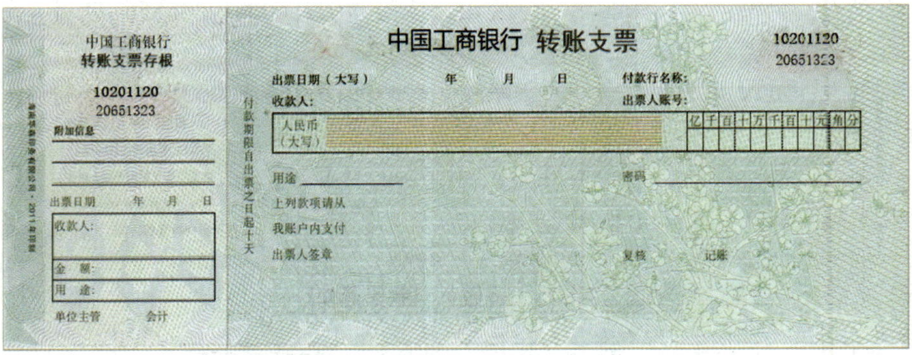
中国工商银行
转账支票存根
10201120
20651323
附加信息
出票日期 年 月 日
收款人：
金额：
用途：
单位主管 会计
中国工商银行 转账支票
10201120
20651323
出票日期（大写） 年 月 日 付款行名称：
收款人： 出票人账号：
人民币（大写） 亿 千 百 十 万 千 百 十 元 角 分
付款期限自出票之日起十天
用途 密码
上列款项请从
我账户内支付
出票人签章 复核 记账

图 3-46

（2）增值税专用发票：

① 时间：2020 年 12 月 12 日；

② 购买方：全名：重庆市万事达家具厂，纳税识别码：91500112M940777113，地址、电话：渝北区宝桐一路 888 号 02367386888，开户行及账号：工行渝北回兴支行 6289881234567800001；

③ 货物或应税劳务、服务名称：高密度板，规格：300×300，单位：张，数量：200，单价：100，金额：20 000，税率：13%，税额：2 600，大写：贰万贰仟陆佰元整，小写：￥22 600；

④ 销货方：全名：重庆马家岩建材有限公司，纳税识别码：91500106M869832488，地址、电话：沙坪坝区碧顺路 712 号 02365667890，开户行及账号：工行沙坪坝区汇逸路支行 96851961378242。

（3）展示填写正确的增值税发票如图 3-48 所示。

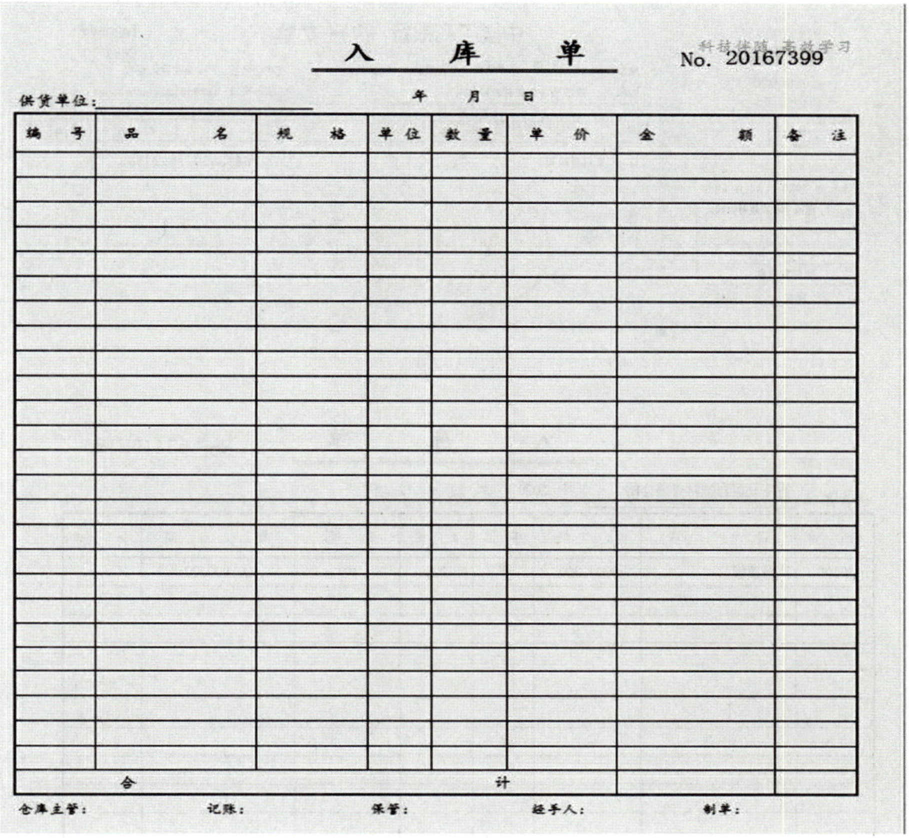

入　库　单　No. 20167399



供货单位：＿＿＿＿＿＿　年　月　日

| 编号 | 品名 | 规格 | 单位 | 数量 | 单价 | 金额 | 备注 |
|---|---|---|---|---|---|---|---|
| | | | | | | | |
| 合 | | | 计 | | | | |

仓库主管：　记账：　保管：　经手人：　制单：

图 3-47

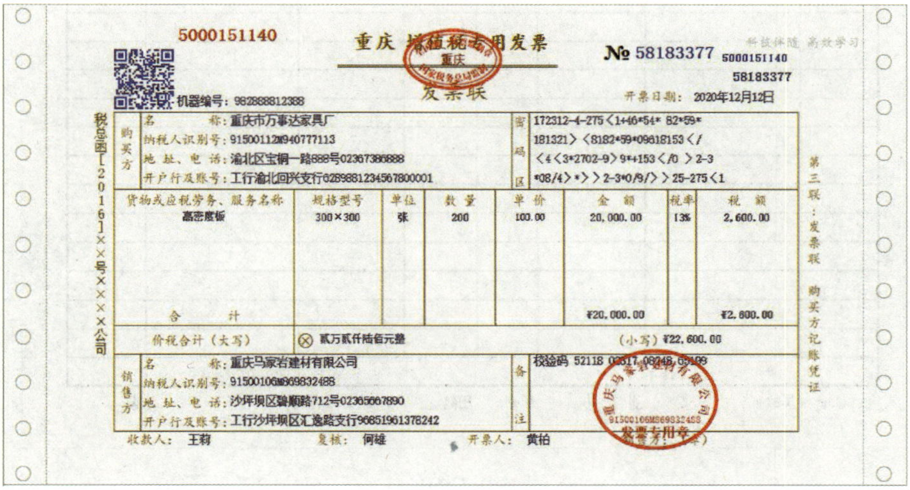

5000151140　重庆增值税专用发票　№ 58183377　5000151140　58183377



发票联

机器编号：982888812388　开票日期：2020年12月12日

税总函[2016]××号×××公司

| 购买方 | 名　称：重庆市万事达家具厂<br>纳税人识别号：91500112M940777113<br>地址、电话：渝北区宝桐一路888号02367386888<br>开户行及账号：工行渝北回兴支行6289881234567800001 | 密码区 | 172312-4-275<1+46*54* 82*59*<br>181321><8182*59*09818153</<br><4<3*2702-9>9*+153</0 >2-3<br>*08/4>*>>2-3*0/9/>>25-275<1 |
|---|---|---|---|

| 货物或应税劳务、服务名称 | 规格型号 | 单位 | 数量 | 单价 | 金额 | 税率 | 税额 |
|---|---|---|---|---|---|---|---|
| 高密度板 | 300×300 | 张 | 200 | 100.00 | 20,000.00 | 13% | 2,600.00 |
| 合计 | | | | | ¥20,000.00 | | ¥2,600.00 |
| 价税合计（大写） | ⊗贰万贰仟陆佰元整 | | | | （小写）¥22,600.00 | | |

| 销售方 | 名　称：重庆马家岩建材有限公司<br>纳税人识别号：91500106M869832488<br>地址、电话：沙坪坝区碧顺路712号02365667890<br>开户行及账号：工行沙坪坝区汇逸路支行96851961378242 | 备注 | 校验码 52118 08517 08248 65199 |
|---|---|---|---|

收款人：王莉　复核：何雄　开票人：黄柏　销售方：（章）

第三联：发票联　购买方记账凭证

图 3-48

（4）转账支票：填写正确的余款 22 600－15 000（预付了的）= 7 600 元，补付的金额。如图 3-49 所示。

（5）入库单的填写：类同领料单。正确填写如图 3-50 所示。

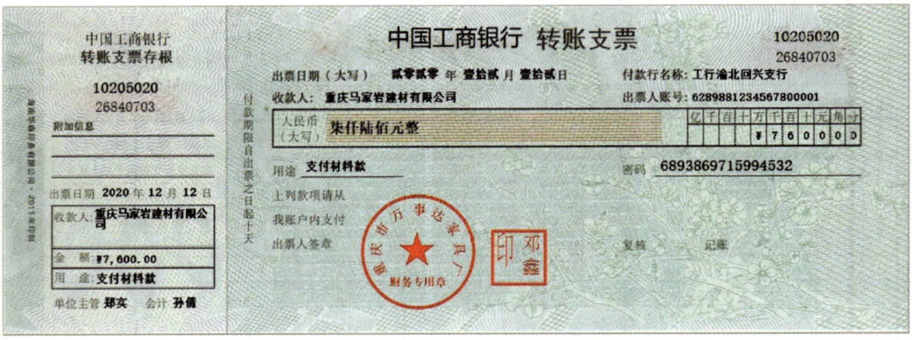

中国工商银行
转账支票存根
10205020
26840703
附加信息
出票日期 2020 年 12 月 12 日
收款人：重庆马家岩建材有限公司
金 额：¥7,600.00
用 途：支付材料款
单位主管 郑实 会计 孙倩

中国工商银行 转账支票 10205020 26840703
出票日期（大写） 贰零贰零 年 壹拾贰 月 壹拾贰 日 付款行名称：工行渝北回兴支行
收款人：重庆马家岩建材有限公司 出票人账号：6289881234567800001
付款期限自出票之日起十天
人民币（大写） 柒仟陆佰元整 ¥760000
用途 支付材料款 密码 6893869715994532
上列款项请从
我账户内支付
出票人签章 复核 记账
重庆市万事达家具厂 财务专用章
邓鑫 印

图 3-49

## 入　库　单

No. 58416516

供货单位：重庆马家岩建材有限公司　2020 年 12 月 12 日

| 编号 | 品名 | 规格 | 单位 | 数量 | 单价 | 金额 | 备注 |
|---|---|---|---|---|---|---|---|
| 10106 | 高密度板 | 300×300 | 张 | 200 | 100 | 20,000.00 | |
| 合 | | | | | 计 | 20,000.00 | |

仓库主管：吴故　记账：孙倩　保管：田略　经手人：张明　制单：孙倩

图 3-50

【业务 6】原始凭证的审核

例解：审核下列原始凭证，并提出处理建议。

任务分析：

（1）图 3-51 中存在内容不完整：缺开票时间，购买方无纳税识别码，无销货方信息。

处理补充完整。

（2）图 3-52 中存在内容不完整：缺销售货物的单位：套，另外金额不对。处理必须重新开具。

（3）图 3-53 中存在的问题：内容不完整，购买方是一般纳税人开票必须填写完整的地址及电话、开户行及账号。处理补充完整。

（4）图 3-54 存在的问题：内容不完整，无销售货物的单位，且电脑票号与发票号码不一致。处理必须重新开具。

小结：原始的审核主要从真实性、合法性、合理性、完整性、正确性和及时性方面考虑。这项任务中，主要介绍了常见原始凭证的填制方法和审核要点。

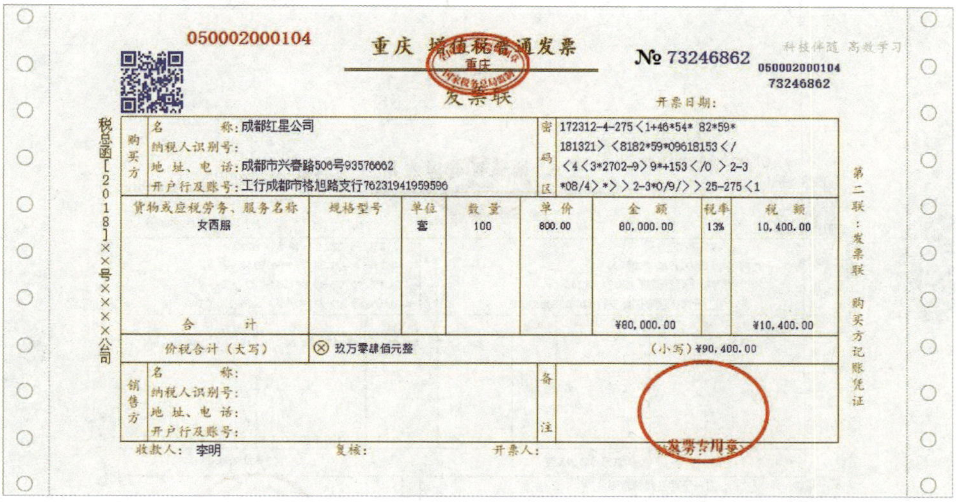

050002000104　重庆增值税普通发票　№ 73246862　050002000104 73246862

发票联　开票日期：

购买方　名称：成都红星公司；纳税人识别号：；地址、电话：成都市兴春路506号93576662；开户行及账号：工行成都市格旭路支行76231941959596

密码区：172312-4-275＜1+46*54* 82*59* 181321＞＜8182*59*09618153＜/ ＜4＜3*2702-9＞9*+153＜/0 ＞2-3 *08/4＞*＞＞2-3*0/9/＞＞25-275＜1

| 货物或应税劳务、服务名称 | 规格型号 | 单位 | 数量 | 单价 | 金额 | 税率 | 税额 |
|---|---|---|---|---|---|---|---|
| 女西服 | | 套 | 100 | 800.00 | 80,000.00 | 13% | 10,400.00 |
| 合计 | | | | | ¥80,000.00 | | ¥10,400.00 |

价税合计（大写）ⓧ玖万零肆佰元整　（小写）¥90,400.00

销售方　名称：；纳税人识别号：；地址、电话：；开户行及账号：　备注

收款人：李明　复核：　开票人：

第二联：发票联　购买方记账凭证

图 3-51

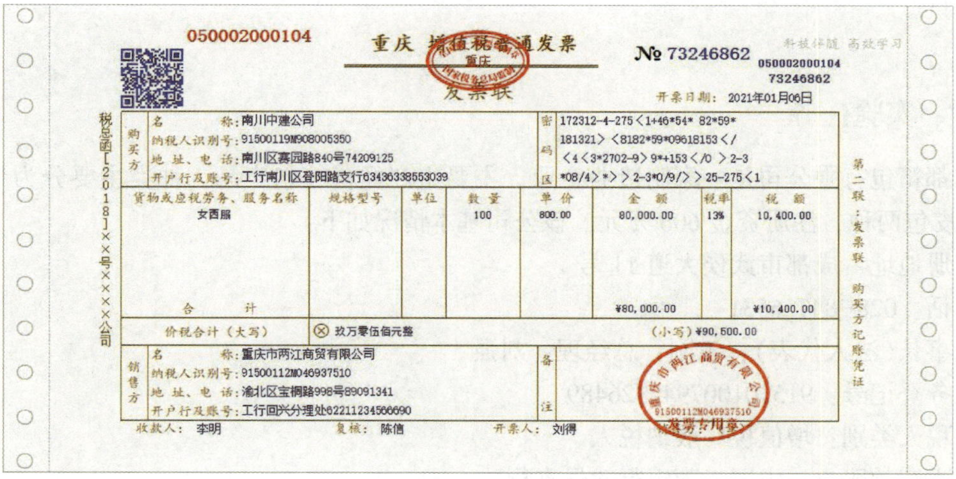

050002000104　重庆增值税普通发票　№ 73246862　050002000104 73246862

发票联　开票日期：2021年01月06日

购买方　名称：南川中建公司；纳税人识别号：91500119M908005350；地址、电话：南川区赛园路840号74209125；开户行及账号：工行南川区登阳路支行63436338553039

密码区：172312-4-275＜1+46*54* 82*59* 181321＞＜8182*59*09618153＜/ ＜4＜3*2702-9＞9*+153＜/0 ＞2-3 *08/4＞*＞＞2-3*0/9/＞＞25-275＜1

| 货物或应税劳务、服务名称 | 规格型号 | 单位 | 数量 | 单价 | 金额 | 税率 | 税额 |
|---|---|---|---|---|---|---|---|
| 女西服 | | | 100 | 800.00 | 80,000.00 | 13% | 10,400.00 |
| 合计 | | | | | ¥80,000.00 | | ¥10,400.00 |

价税合计（大写）ⓧ玖万零伍佰元整　（小写）¥90,500.00

销售方　名称：重庆市两江商贸有限公司；纳税人识别号：91500112M046937510；地址、电话：渝北区宝桐路998号89091341；开户行及账号：工行回兴分理处62211234566690　备注

收款人：李明　复核：陈信　开票人：刘得

第二联：发票联　购买方记账凭证

图 3-52

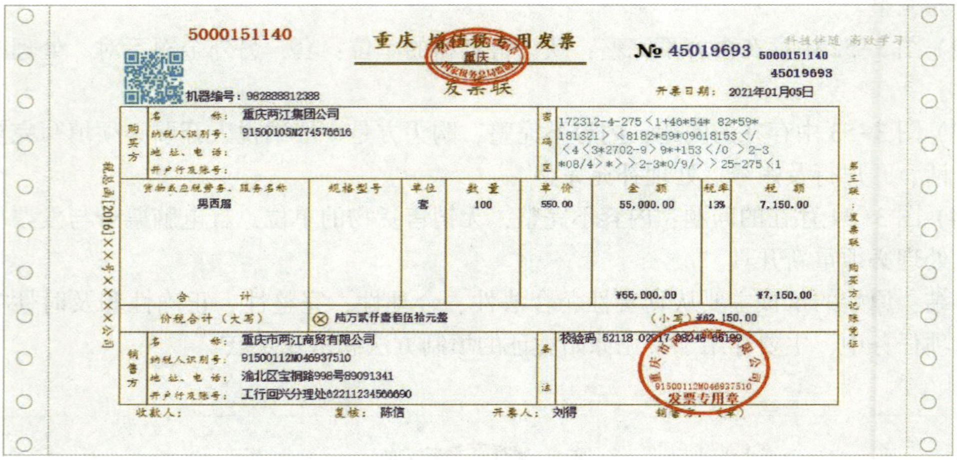
5000151140

重庆 增值税专用发票

发票联

№ 45019693 5000151140 45019693

机器编号：982888812388

开票日期：2021年01月05日

| | | | | | | | |
|---|---|---|---|---|---|---|---|
| 购买方 | 名　　称：重庆两江集团公司<br>纳税人识别号：91500105N274576616<br>地 址、电 话：<br>开户行及账号： | | | | 密码区 | 172312-4-275＜1+46*54* 82*59*<br>181321＞＜8182*59*09618153＜/<br>＜4＜3*2702-9＞9*+153＜/0 ＞2-3<br>*08/4＞*＞＞2-3*0/9/＞＞25-275＜1 | |
| 货物或应税劳务、服务名称 | 规格型号 | 单位 | 数量 | 单价 | 金额 | 税率 | 税额 |
| 男西服 | | 套 | 100 | 550.00 | 55,000.00 | 13% | 7,150.00 |
| 合　　计 | | | | | ¥55,000.00 | | ¥7,150.00 |
| 价税合计（大写） | ⊗ 陆万贰仟壹佰伍拾元整 | | | | （小写）¥62,150.00 | | |
| 销售方 | 名　　称：重庆市两江商贸有限公司<br>纳税人识别号：91500112M046937510<br>地 址、电 话：渝北区宝桐路998号89091341<br>开户行及账号：工行回兴分理处62211234566690 | | | | 备注 | 校验码 52118 02917 08248 66199 | |

收款人：　复核：陈信　开票人：刘得　销售方：（章）

税总函[2016]××号××××公司

第三联：发票联　购买方记账凭证

图 3-53

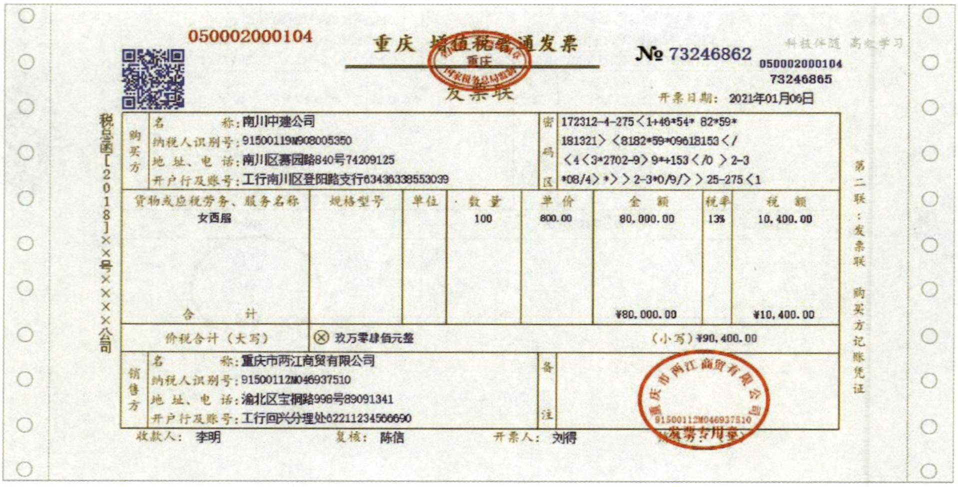
050002000104

重庆 增值税普通发票

发票联

№ 73246862 050002000104 73246865

开票日期：2021年01月06日

| | | | | | | | |
|---|---|---|---|---|---|---|---|
| 购买方 | 名　　称：南川中建公司<br>纳税人识别号：91500119M908005350<br>地 址、电 话：南川区赛园路840号74209125<br>开户行及账号：工行南川区登阳路支行63436338553039 | | | | 密码区 | 172312-4-275＜1+46*54* 82*59*<br>181321＞＜8182*59*09618153＜/<br>＜4＜3*2702-9＞9*+153＜/0 ＞2-3<br>*08/4＞*＞＞2-3*0/9/＞＞25-275＜1 | |
| 货物或应税劳务、服务名称 | 规格型号 | 单位 | 数量 | 单价 | 金额 | 税率 | 税额 |
| 女西服 | | | 100 | 800.00 | 80,000.00 | 13% | 10,400.00 |
| 合　　计 | | | | | ¥80,000.00 | | ¥10,400.00 |
| 价税合计（大写） | ⊗ 玖万零肆佰元整 | | | | （小写）¥90,400.00 | | |
| 销售方 | 名　　称：重庆市两江商贸有限公司<br>纳税人识别号：91500112M046937510<br>地 址、电 话：渝北区宝桐路998号89091341<br>开户行及账号：工行回兴分理处62211234566690 | | | | 备注 | | |

收款人：李明　复核：陈信　开票人：刘得

税总函[2018]××号××××公司

第二联：发票联　购买方记账凭证

图 3-54

## 四、实验任务

成都箱包有限公司是一家制造业企业，主要生产经营箱包产品，种类主要分为牛皮包和PU皮包两种，注册资金600万元。该公司基本情况如下：

注册地址：成都市武侯大道11号

电话：028-84726531

董事长(法人代表)：王刚；总经理：刘强

税务登记号：915101007942326489

纳税人类别：增值税一般纳税人

基本存款账户：中国工商银行武侯支行

账号：663498752134

部门设置：行政办公室、技术部、财务部、供应部、销售部、基本生产车间和仓库。

会计：张芳；出纳：李彩桦；审核：李可

增值税适用税率：13%；企业所得税适用税率：25%

(1) 2021 年 8 月 3 日，财务科出纳员李彩桦开出现金支票一张，金额 5 000 元，从银行提取现金，以备用。如图 3-55 所示。

**支票申请单**

2021年 08 月

| | |
|---|---|
| 事由： | 提现备用 |
| 支票号码： | 12568311 |
| 支票内容收款人： | 成都箱包有限公司 |
| 金额： | 人民币伍仟元整 |
| 其他要求： | 现金支票 |
| 支票开票时间： | 2021年08月03日 |
| 单位负责人签名： | 王刚 |

制表：李彩桦　　　　审核：李可

图 3-55

要求：根据支票申请单填写正确的现金支票。如图 3-56 所示。

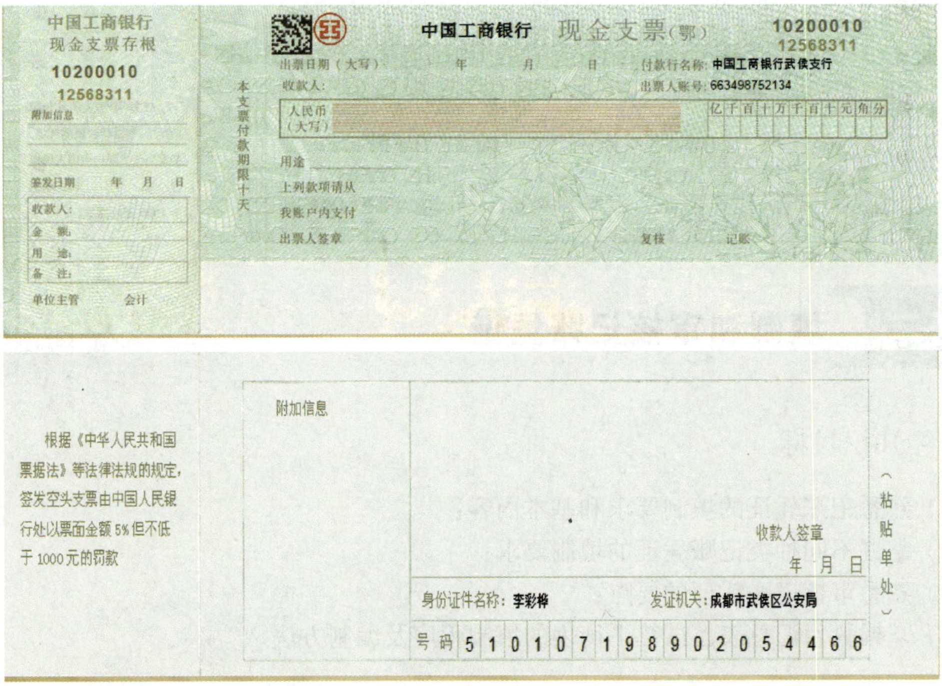
中国工商银行
现金支票存根
10200010
12568311
附加信息
签发日期　年　月　日
收款人：
金　额：
用　途：
备　注：
单位主管　会计

本支票付款期限十天

中国工商银行　现金支票(鄂)　10200010　12568311
出票日期（大写）　年　月　日　付款行名称：中国工商银行武侯支行
收款人：　出票人账号：663498752134
人民币（大写）　亿 千 百 十 万 千 百 十 元 角 分
用途
上列款项请从
我账户内支付
出票人签章　复核　记账

根据《中华人民共和国票据法》等法律法规的规定，签发空头支票由中国人民银行处以票面金额 5% 但不低于 1000 元的罚款
附加信息
收款人签章
年　月　日
身份证件名称：李彩桦　发证机关：成都市武侯区公安局
号码 5 1 0 1 0 7 1 9 8 9 0 2 0 5 4 4 6 6
（粘贴单处）

图 3-56

(2) 2021 年 8 月 6 日，向同福贸易有限公司销售牛皮包 500 个、PU 皮包 1 000 个。如图 3-57 所示。

要求：根据发票申请单填写增值税专用发票(第一联 记账联)，如图 3-58 所示。

**发票申请单**

2021年 08 月 06 日

| | | | | | |
|---|---|---|---|---|---|
| 购货单位 | 同福贸易有限公司 | | | | |
| 购货单位税务登记号 | 915101009213014715 | | | | |
| 购货单位地址和电话 | 成都市流花大道318号 028-84711475 | | | | |
| 购货单位开户行和账 | 中国工商银行流花支行 654101475103 | | | | |
| 项目名称（开票内容 | 应税商品 | 规格 | 单位 | 数量 | 单价（不含税） |
| | 牛皮包 | | 个 | 500 | 600.00 |
| | PU皮包 | | 个 | 1000 | 400.00 |
| 发票种类 | 增值税专用发票 | | | | |
| 税目名称 | "皮革制品" | | | | |

制表：张芳　　审核：李彩桦

图 3-57

四川增值税专用发票

5100193130　　№ 21031478

四川

此联不作报销、扣税凭证使用

校验码 02894 63314 98765 63258　　开票日期：

| 购买方 | 名　　称：<br>纳税人识别号：<br>地址、电话：<br>开户行及账号： | 密码区 | 5963/8749*695233-8741566+52<br>45286+49874-48174/4152*4374<br>57854475*74187-456874+0468*<br>452874/6784*45+1534-5074842 |
|---|---|---|---|

| 货物或应税劳务、服务名称 | 规格型号 | 单位 | 数量 | 单价 | 金额 | 税率 | 税额 |
|---|---|---|---|---|---|---|---|
| *皮革制品*牛皮包 | | | | | | | |
| *皮革制品*PU皮包 | | | | | | | |
| 合　　计 | | | | | | | |
| 价税合计（大写） | | | | | （小写） | | |

| 销售方 | 名　　称：<br>纳税人识别号：<br>地址、电话：<br>开户行及账号： | 备注 | |
|---|---|---|---|

收款人：李彩桦　　复核：李可　　开票人：张芳　　销售方：（章）

税总函〔2019〕410 号海南华森实业公司

第一联：记账联 销售方记账凭证

图 3-58

# 任务二　填制和审核记账凭证

## 一、知识目标

（1）熟悉记账凭证的填制要求和基本内容；

（2）掌握不同种类记账凭证的填制要求；

（3）熟悉审核记账凭证的要点；

（4）掌握科目汇总表、试算平衡表的填制程序及编制方法。

## 二、技能目标

（1）能正确、规范地填制各种记账凭证，并能根据要求审核记账凭证，正确处理审核结果。

（2）能熟练运用科目汇总表的汇总方法编制科目汇总表。

## 三、知识储备

1. 记账凭证的内容

记账凭证根据其所反映经济业务的内容不同、各单位规模大小及其对会计核算繁简程度的要求不同，内容有所差异，但应当具备以下基本内容：①填制凭证的日期；②凭证编号；③经济业务摘要；④会计科目；⑤金额；⑥所附原始凭证张数；⑦填制凭证人员、稽核人员、记账人员、会计机构负责人、会计主管人员签名或者盖章。收款和付款记账凭证还应当由出纳人员签名或者盖章。以自制的原始凭证或者原始凭证汇总表代替记账凭证的，也必须具备记账凭证应有的项目。

2. 记账凭证的填制要求

记账凭证根据审核无误的原始凭证或原始凭证汇总表填制。记账凭证填制正确与否，直接影响整个会计系统最终提供信息的质量。与原始凭证的填制相同，记账凭证也有记录真实、内容完整、手续齐全、填制及时等要求。

（1）记账凭证各项内容必须完整。

（2）记账凭证的书写应当清楚、规范。

（3）除结账和更正错账可以不附原始凭证外，其他记账凭证必须附原始凭证。如果根据同一原始凭证填制数张记账凭证，则应在未附原始凭证的记账凭证上注明“见×号凭证”。

（4）记账凭证可以根据每一张原始凭证填制，或根据若干张同类原始凭证汇总填制，也可以根据原始凭证汇总表填制；但不得将不同内容和类别的原始凭证汇总填制在一张记账凭证上。

（5）记账凭证应连续编号。凭证应由主管该项业务的会计人员，按业务发生的顺序并按不同种类的记账凭证采用“字号编号法”连续编号。如果一笔经济业务需要填制两张以上（含两张）记账凭证的，可以采用“分数编号法”编号，如一笔业务需要填制 3 张记账凭证，则编号依次为 $1\frac{1}{3}$、$1\frac{2}{3}$、$1\frac{3}{3}$。

（6）记账凭证填制完成后，如有空行，应当自金额栏最后一笔金额数字下的空行处至合计数上的空行处划线注销。记账凭证最后一行的合计金额前，应标明人民币符号“￥”。

3. 记账凭证的审核

为了保证会计信息的质量，在记账之前应由有关稽核人员对记账凭证进行严格审核，审核的内容主要包括：

（1）内容是否真实；

（2）项目是否齐全；

（3）科目是否正确；

（4）金额是否正确；

（5）书写是否规范；

（6）手续是否完备。

4. 记账凭证的更正

记账凭证填制时若发生错误，应当重新填制；但如果已经记账后，发现记账凭证错误，不能重新填制，要用后面讲的错账更正的方法进行处理，即用红字冲销或补充登记的方法处理。

# 活动一 认识专用记账凭证

## 一、任务目标

通过完成实训任务，掌握专用记账凭证的填制。

## 二、任务指导

### （一）专用凭证的识别

专用记账凭证有：收款凭证、付款凭证和转账凭证，如图 3-59~图 3-61 所示。

**收 款 凭 证**

科技伴随 高效学习

借方科目：　　　　年　　月　　日　　　　字第　　号

| 摘要 | 贷方总账科目 | 明细科目 | 记账符号 | 金额 千 | 百 | 十 | 万 | 千 | 百 | 十 | 元 | 角 | 分 |
|---|---|---|---|---|---|---|---|---|---|---|---|---|---|
| | | | | | | | | | | | | | |
| | | | | | | | | | | | | | |
| | | | | | | | | | | | | | |
| | | | | | | | | | | | | | |
| | | | | | | | | | | | | | |
| | | | | | | | | | | | | | |
| 合　计 | | | | | | | | | | | | | |

附单据　张

财务主管　　记账　　出纳　　审核　　制单

图 3-59

**付 款 凭 证**

科技伴随 高效学习

贷方科目：　　　　年　　月　　日　　　　字第　　号

| 摘要 | 借方总账科目 | 明细科目 | 记账符号 | 金额 千 | 百 | 十 | 万 | 千 | 百 | 十 | 元 | 角 | 分 |
|---|---|---|---|---|---|---|---|---|---|---|---|---|---|
| | | | | | | | | | | | | | |
| | | | | | | | | | | | | | |
| | | | | | | | | | | | | | |
| | | | | | | | | | | | | | |
| | | | | | | | | | | | | | |
| 合　计 | | | | | | | | | | | | | |

附单据　张

财务主管　　记账　　出纳　　审核　　制单

图 3-60

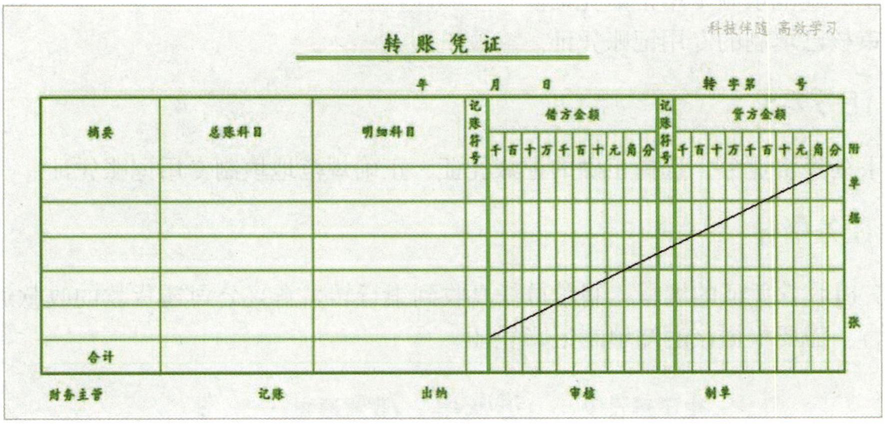


图 3-61

### (二) 专用凭证的选用

选用凭证指导，见表 3-4。

**表 3-4**

| 凭证种类 | 不同之处 | | 相同之处 | |
|---|---|---|---|---|
| | 表头科目 | 表内 | 表头 | 表尾 |
| 收款凭证 | 借方科目：现金或银行存款 | 对方科目(贷方) | 时间与编号 | 相关人员签章 |
| 付款凭证 | 贷方科目：现金或银行存款 | 对方科目(借方) | 时间与编号 | 相关人员签章 |
| 转账凭证 | 无科目 | 借贷方两方科目 | 时间与编号 | 相关人员签章 |

(1) 会计分录的借方只有一个科目是现金或银行存款时，编写收款凭证；

(2) 会计分录的贷方只有一个科目是现金或银行存款时，编写付款凭证；

(3) 只涉及现金和银行存款时，只编写贷方凭证(付款凭证)；

(4) 不涉及现金和银行存款时，编写转账凭证；

(5) 会计分录的借方除了现金或银行存款科目外，还有其他科目时，要拆分为一张收款凭证和一张转账凭证；同理，会计分录的贷方除了现金或银行存款科目外，还有其他科目时，要拆分为一张付款凭证和一张转账凭证。

# 活动二　填制并审核专用记账凭证

## 一、任务目标

掌握专用记账凭证的填制要点，能正确规范地填制专用记账凭证，并审核记账凭证。

## 二、任务指导——专用记账凭证的填制程序

(1) 选择合适的专用记账凭证。

(2) 分析经济业务的性质。

（3）正确规范填制专用记账凭证。
（4）审核已填制的专用记账凭证。

## 三、任务要求

分析下列经济业务，选择正确的记账凭证，正确规范地填制专用记账凭证。

## 四、任务指导

【业务 1】收款凭证的编写：制单员任真收到银行转来新兴公司还货款的收款通知(如图 3-62 所示)，需要根据该通知填制记账凭证。

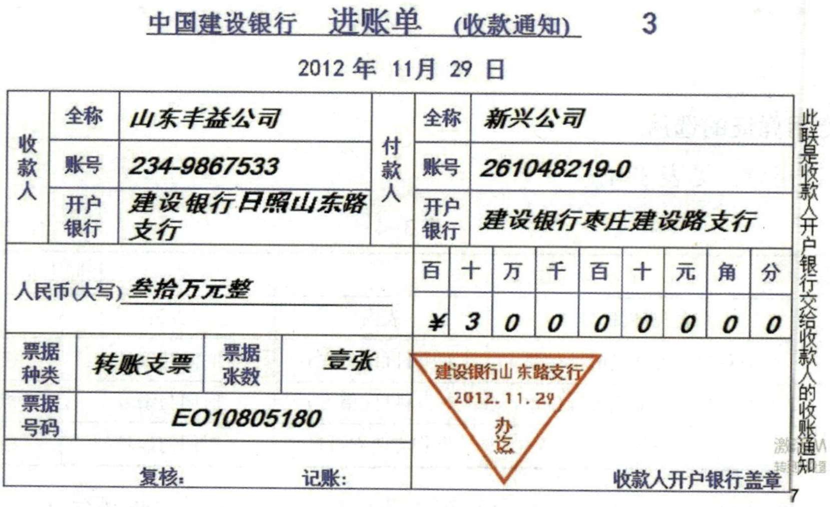
中国建设银行 进账单 (收款通知) 3

2012 年 11月 29 日

| | | | | | |
|---|---|---|---|---|---|
| 收款人 | 全称 | 山东丰益公司 | 付款人 | 全称 | 新兴公司 |
| | 账号 | 234-9867533 | | 账号 | 261048219-0 |
| | 开户银行 | 建设银行日照山东路支行 | | 开户银行 | 建设银行枣庄建设路支行 |

| 人民币(大写) | 百 | 十 | 万 | 千 | 百 | 十 | 元 | 角 | 分 |
|---|---|---|---|---|---|---|---|---|---|
| 叁拾万元整 | ¥ | 3 | 0 | 0 | 0 | 0 | 0 | 0 | 0 |

| | | | |
|---|---|---|---|
| 票据种类 | 转账支票 | 票据张数 | 壹张 |
| 票据号码 | E010805180 | | |

复核： 记账：

建设银行山东路支行 2012.11.29 办讫

收款人开户银行盖章

此联是收款人开户银行交给收款人的收账通知

图 3-62

收款凭证的填制方法：“三步曲”如图 3-63 所示。

(一编)编制会计分录：

借：银行存款　　　　　　300 000

贷：应收账款——新兴公司　300 000

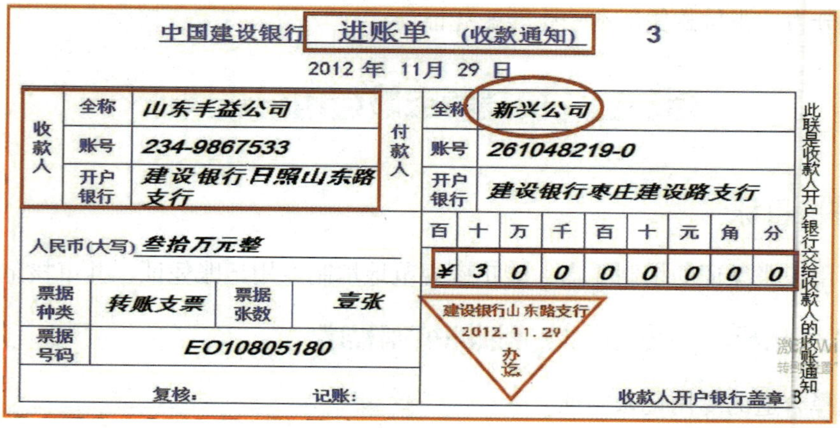
中国建设银行 进账单 (收款通知) 3

2012 年 11月 29 日

| | | | | | |
|---|---|---|---|---|---|
| 收款人 | 全称 | 山东丰益公司 | 付款人 | 全称 | 新兴公司 |
| | 账号 | 234-9867533 | | 账号 | 261048219-0 |
| | 开户银行 | 建设银行日照山东路支行 | | 开户银行 | 建设银行枣庄建设路支行 |

| 人民币(大写) | 百 | 十 | 万 | 千 | 百 | 十 | 元 | 角 | 分 |
|---|---|---|---|---|---|---|---|---|---|
| 叁拾万元整 | ¥ | 3 | 0 | 0 | 0 | 0 | 0 | 0 | 0 |

| | | | |
|---|---|---|---|
| 票据种类 | 转账支票 | 票据张数 | 壹张 |
| 票据号码 | E010805180 | | |

复核： 记账：

建设银行山东路支行 2012.11.29 办讫

收款人开户银行盖章

此联是收款人开户银行交给收款人的收账通知

图 3-63

（二选）选用收款凭证，如图 3-64 所示。

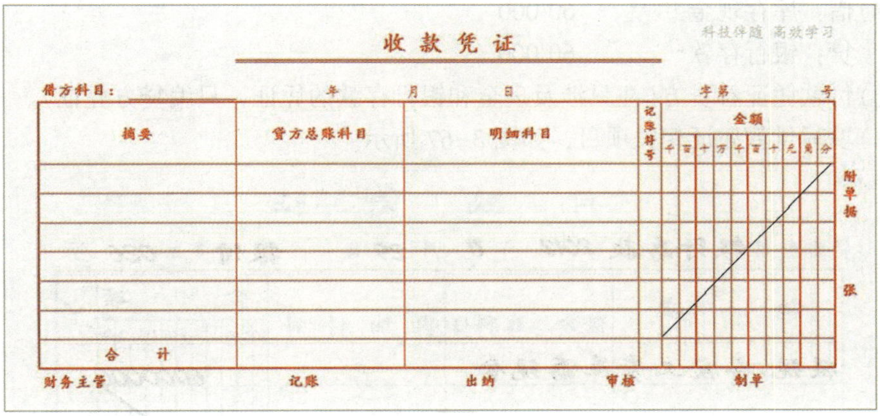


图 3-64

（三填）填写凭证相应项目，如图 3-65 所示。

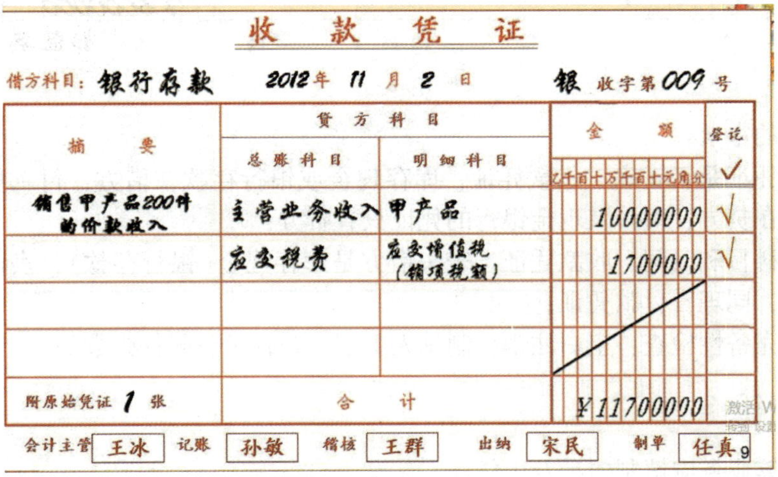

收　款　凭　证

借方科目：银行存款　2012年 11 月 2 日　银 收字第 009 号

| 摘　要 | 贷方科目 总账科目 | 贷方科目 明细科目 | 金额 | 登记 |
|---|---|---|---|---|
| 销售甲产品200件的价款收入 | 主营业务收入 | 甲产品 | 10000000 | √ |
|  | 应交税费 | 应交增值税（销项税额） | 1700000 | √ |
| 附原始凭证 1 张 | 合　计 |  | ￥11700000 |  |

会计主管 王冰　记账 孙敏　稽核 王群　出纳 宋民　制单 任真

图 3-65

【业务 2】收款凭证的编写：出纳员准备从银行提现 6 万元备发工资。如图 3-66 所示。

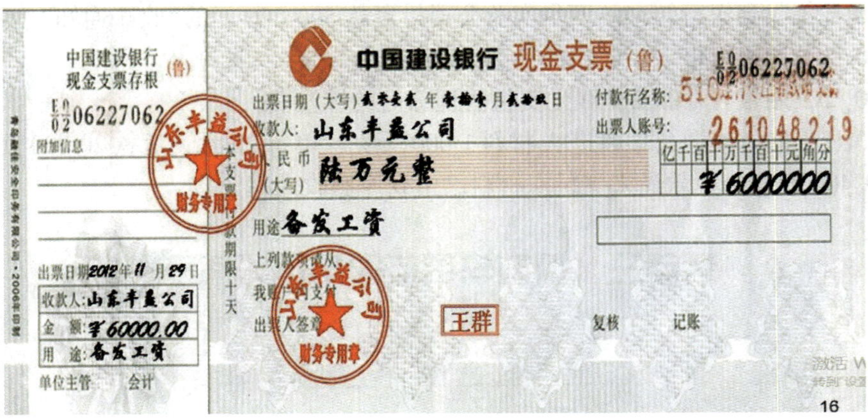


图 3-66

付款凭证的填制方法：“三步曲”

（一编）借：库存现金　　　　60 000

　　　　贷：银行存款　　　　60 000

（二选）付款凭证看贷方（注只涉及现金和银行存款的凭证，只编贷方凭证）。

（三填）填写付款凭证相关项目，如图 3-67 所示。

付　款　凭　证

贷方科目银行存款 2012 年 11 月 29 日　　银付字第 026 号

| 摘　要 | 借方总账科目 | 明细科目 | 金额（亿千百十万千百十元角分） | ✓ |
| --- | --- | --- | --- | --- |
| 提现，备发工资 | 库存现金 | | 6000000 | |
| | | | | |
| | | | | |
| | | | | |
| 附原始凭证 1 张 | 合　　计 | | ￥6000000 | |

财务主管　　记账　　出纳　　审核　　制单 郭继英

图 3-67

专用凭证的审核：

（1）选用凭证是否正确，收款凭证，库存现金或银行存款在借方，付款凭证，库存现金或银行存款在贷方，只涉及现金银行的凭证只看贷方；

（2）表头科目和时间，收款凭证，表头借方是库存现金（银行存款），表内是贷方且须科目金额正确，同理看付款凭证；

（3）内容完备性检查：空白注销，制单人签字，是否填写附件张数等。

## 五、实验任务

判断以下笔业务应填制何种专用凭证。

（1）2021 年 11 月 29 日，向红旗工厂购买一台设备，共花费 85 000 元，已交付有关部门使用，货款暂欠。

（2）30 日，收到银行转来的万华实业公司投资款 500 000 元的“收账通知”。

（3）30 日，向银行借入半年期的借款 65 000 元，已存入账户。

（4）30 日，用银行存款 2 400 元支付管理部门的维修费。

（5）30 日，向万事通公司购进 A 材料 1 000 千克，单价 20 元，货款 20 000 元，增值税进项税额 3 400 元，价税款尚未支付，材料已由仓库验收入库。

# 活动三　填制与审核通用记账凭证

## 一、任务目标

通过实训活动，掌握通用记账凭证的编写与审核。

## 二、任务导入

由于专用记账凭证存在拆分凭证，加之企业规模不大，可以选用通用记账凭证来完成填写凭证。

## 三、任务指导

### （一）通用记账凭证的填制

1. 通用于收款、付款和转账等各种类型的经济业务

如图 3-68 所示是一张空白的通用记账凭证。

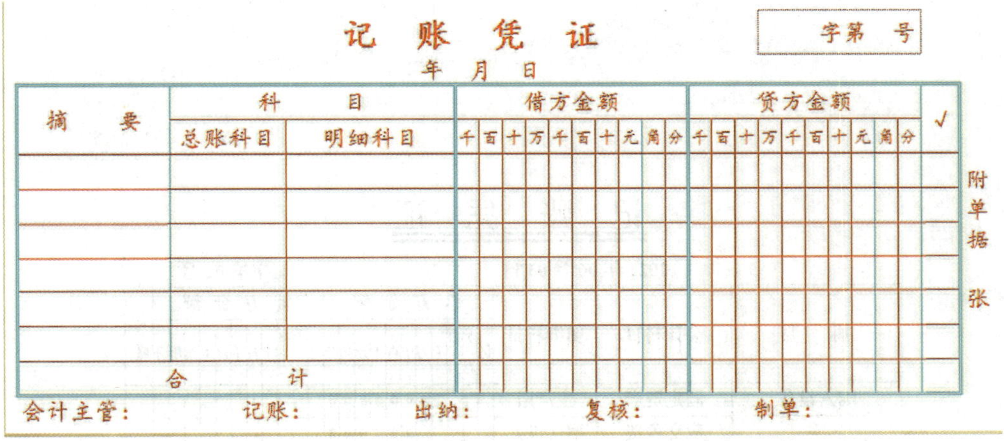
记 账 凭 证

字第 号

年 月 日

| 摘 要 | 科 目 | | 借方金额 | | | | | | | | | | 贷方金额 | | | | | | | | | | √ |
|---|---|---|---|---|---|---|---|---|---|---|---|---|---|---|---|---|---|---|---|---|---|---|---|
| | 总账科目 | 明细科目 | 千 | 百 | 十 | 万 | 千 | 百 | 十 | 元 | 角 | 分 | 千 | 百 | 十 | 万 | 千 | 百 | 十 | 元 | 角 | 分 | |
| | | | | | | | | | | | | | | | | | | | | | | | |
| | | | | | | | | | | | | | | | | | | | | | | | |
| | | | | | | | | | | | | | | | | | | | | | | | |
| | | | | | | | | | | | | | | | | | | | | | | | |
| | | | | | | | | | | | | | | | | | | | | | | | |
| | | | | | | | | | | | | | | | | | | | | | | | |
| 合 计 | | | | | | | | | | | | | | | | | | | | | | | |

附单据 张

会计主管： 记账： 出纳： 复核： 制单：

图 3-68

2. 填制记账凭证的步骤

（1）读懂原始凭证

（2）写出会计分录

（3）填制记账凭证

（4）粘贴单据

3. 任务指导

填制下列业务的记账凭证：

【业务 1】重庆万事达家具厂此前已经预付光明设备公司 10 000 元，2021 年 6 月 3 日，购买设备到厂，并付款。如图 3-69、图 3-70 所示。

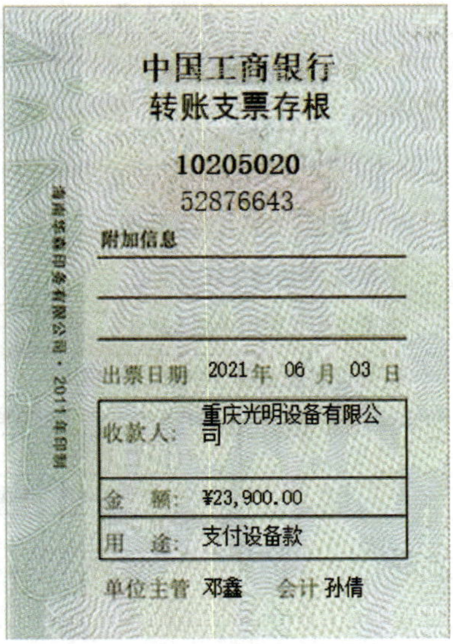
中国工商银行
转账支票存根

10205020
52876643

附加信息

出票日期 2021年 06 月 03 日

收款人：重庆光明设备有限公司

金 额：¥23,900.00

用 途：支付设备款

单位主管 邓鑫 会计 孙倩

图 3-69

分析(1)：通过原始凭证分析经济业务。

(2)：写出会计分录：

借：固定资产 30 000

　　应交税费——应交增值税(进项税额) 3 900

　　贷：银行存款 23 900

　　　　预付账款——光明公司 10 000

（3）填制通用记账凭证如图 3-71 所示。

5000151140 重庆增值税专用发票 № 80530815 5000151140 80530815

发票联 开票日期：2021年06月03日

购买方 名称：重庆市万事达家具厂 纳税人识别号：91500112M940777113 地址、电话：渝北区宝铜一路888号02367386888 开户行及账号：工行渝北区回兴支行04845535852033

密码区 172312-4-275 <1+46*54* 82*59* 181321 > <8182*59*09618153 </ <4 <3*2702-9 > 9*+153 </0 > 2-3 *08/4 > * > > 2-3*0/9/ > > 25-275 <1

| 货物或应税劳务、服务名称 | 规格型号 | 单位 | 数量 | 单价 | 金额 | 税率 | 税额 |
|---|---|---|---|---|---|---|---|
| 设备 | AB-01 | 台 | 1 | 30000 | 30,000.00 | 13% | 3,900.00 |
| 合计 | | | | | ¥30,000.00 | | ¥3,900.00 |
| 价税合计（大写） | ⊗叁万叁仟玖佰元整 | | | | （小写）¥33,900.00 | | |

销售方 名称：重庆光明设备有限公司 纳税人识别号：91500106M026707693 地址、电话：沙坪坝区汉渝路878号02365668888 开户行及账号：工行沙坪坝区汉渝路支行75206562892942

备注 重庆光明设备有限公司 91500106M026707693 发票专用章

收款人：刘路 复核：张浩然 开票人：高凯心 销售方：（章）

税总函[2016]××号×××××公司

第三联：发票联 购买方记账凭证

图 3-70

# 记 账 凭 证

2021 年 06 月 03 日　　　　记字第 01 号

| 摘要 | 会计科目 | 明细科目 | 借方金额（亿千百十万千百十元角分） | 贷方金额（亿千百十万千百十元角分） | 记账 |
|---|---|---|---|---|---|
| 购入设备 | 固定资产 | 生产用 | 3000000 | | |
| | 应交税费 | 增（进） | 390000 | | |
| | 银行存款 | | | 2390000 | |
| | 预付账款 | 光明公司 | | 1000000 | |
| | | | | | |
| | | | | | |
| 附件 3 张 | 合计 | | ¥3390000 | ¥3390000 | |

会计主管：　记账：　出纳：　复核：　制证：孙倩

图 3-71

【业务 2】业务凭证如图 3-72 所示。

借 款 单

资金性质 现金付讫　　2021 年 06 月 05 日

| 借款单位 | 销售部 | | |
|---|---|---|---|
| 借款理由 | 到成都出差 | | |
| 借款数额 | 人民币（大写）壹仟伍佰元整 | ¥ 1,500.00 | |
| 本单位负责人意见 | 同意 | 借款人（签章） | 王信同 |
| 领导指示：同意 邓鑫印 | 会计主管人员核批：同意 郑实 | 付款记录：2020 年 06 月 05 日 以第 号 支票或现金支出凭单付给 | |

图 3-72

分析：属于预借差旅费业务，写出会计分录并填制通用记账凭证，如图 3-73 所示。

**记账凭证**

2021 年　06 月　05 日　　　　　　　　记　字第 02 号

| 摘要 | 会计科目 | 明细科目 | ✓ | 借方金额（千百十万千百十元角分） | ✓ | 贷方金额（千百十万千百十元角分） |
|---|---|---|---|---|---|---|
| 预借差旅费 | 其他应收款 | 王信同 | | 150000 | | |
| | 库存现金 | | | | | 150000 |
| | | | | | | |
| | | | | | | |
| | | | | | | |
| | | | | | | |
| | | | | ¥150000 | | ¥150000 |

附单据 1 张

会计主管　　　　记账　　　　复核　　　　出纳　　　　制单：孙倩

图 3-73

【业务 3】业务凭证如图 3-74、图 3-75 所示。

中国工商银行　**借款凭证**（回 单）

转账日期　2019 年　07 月　11 日

| | | | |
|---|---|---|---|
| 借款单位名称 | 成都蓝天纸业有限公司 | 纳税人识别号 | 915101085146273213 |
| 放款账号 | 662726542185 | 往来账号 | 662726542185 |
| 借款金额 | 人民币（大写）伍万圆整 | 亿千百十万千百十元角分 | ¥5000000 |
| 用　途 | 采购商品 | 利　率 | 0.06 到期一次性还本付息 |
| 单位提出期限 | 自 2019 年 07 月 11 日起至 2020 年 07 月 11 日止 | | |
| 银行核定期限 | 自 2019 年 07 月 11 日起至 2020 年 07 月 11 日止 | | |
| 上列款项已收入你方单位往来户内<br>此致<br>单位（银行盖章） | | 单位会计人员： | |

第一联　回单联

| 分次偿还记录 日期（月 日） | 偿还金额（百十万千百十元角分） | 未还金额（百十万千百十元角分） | 复核盖章 | 分次偿还计划 日期（年 月 日） | 金额（万千百十元角分） |
|---|---|---|---|---|---|
| | | | | | |
| | | | | | |
| | | | | | |
| | | | | | |

图 3-74

# 借款合同

甲方：中国工商银行成华支行

乙方：成都蓝天纸业有限公司

借款方为进行生产（或经营活动），向贷款方申请借款，并提供保证人，贷款方也已审查批准，经三方协商，特订立本合同，以便共同遵守。

第一条贷款种类　：流动资金借款

第二条借款用途　：采购商品

第三条借款金额人民币（大写）伍万元整。

第四条借款利率借款利息为千分之陆，利随本清，如遇国家调整利率，按新规定计算。

第五条借款和还款期限　：2019年7月11日-2020年7月11日

第六条还款资金来源及还款方式

1. 还款资金来源：　商品销售收入
2. 还款方式：到期一次性还本付息

第七条保证条款

1. 借款方用做抵押，到期不能归还贷款方的贷款，贷款方有权处理抵押品。借款方到期如数归还贷款的，抵押品由贷款方退还给借款方。
2. 借款方必须按照借款合同规定的用途使用借款，不得挪作他用，不得用借款进行违法活动。
3. 借款方必须按照合同规定的期限还本付息。
4. 借款方有义务接受贷款方的检查、监督贷款的使用情况，了解借款方的计划执

甲方：中国工商银行成华支行　　　　乙方：成都蓝天纸业有限公司

代表签字：中国工商银行成华支行　　　　代表签字 成都蓝天纸业有限公司

日期：2019年7月11日　　　　日期：2019年7月11日

图 3-75

分析：属于短期借款业务，写出会计分录并填制通用记账凭证如图 3-76 所示。

## 记　账　凭　证

记　字第 10 号

2019年 07 月 11 日

| 摘　要 | 科目 | | 借方金额 | 贷方金额 | ✓ |
|---|---|---|---|---|---|
| | 总账科目 | 明细科目 | 千百十万千百十元角分 | 千百十万千百十元角分 | |
| 取得短期借款 | 银行存款 | 工行存款 | 5000000 | | |
| | 短期借款 | | | 5000000 | |
| | | | | | |
| | | | | | |
| | | | | | |
| | | | | | |
| 合　　计 | | | ¥5000000 | ¥5000000 | |

附单据 2 张

会计主管：　记账：　出纳：　复核：　制单：李薇

图 3-76

【业务 4】业务凭证如图 3-77～图 3-80 所示。

5100193130　　四川增值税专用发票　　№ 20847964

四川

此联不作报销、扣税凭证使用

校验码 02148 21014 10478 85201　　开票日期：2019年07月01日

| 购买方 | 名　　称：成都蓝天纸业有限公司<br>纳税人识别号：915101085146273213<br>地址、电话：成都市成华区06号 028-86534836<br>开户行及账号：中国工商银行成华支行 662726542185 | 密码区 | 485963*97855*2215639-96587+<br>46845-4654+468257*/54165425<br>1231533-*6453+2654/53435154<br>45535+564-4874*46245/124564 |
|---|---|---|---|

| 货物或应税劳务、服务名称 | 规格型号 | 单位 | 数量 | 单价 | 金额 | 税率 | 税额 |
|---|---|---|---|---|---|---|---|
| *纸制品*原生木浆 | | 吨 | 50 | 6000.00 | 300000.00 | 13% | 39000.00 |
| *纸制品*普通浆 | | 吨 | 50 | 5000.00 | 250000.00 | 13% | 32500.00 |
| 合　　计 | | | | | ¥550000.00 | | ¥71500.00 |
| 价税合计（大写） | ⊗陆拾贰万壹仟伍佰圆整 | | | | （小写）¥621500.00 | | |

| 销售方 | 名　　称：北方木材有限公司<br>纳税人识别号：915101011240014785<br>地址、电话：成都市庆丰街263号 028-84332251<br>开户行及账号：中国工商银行庆丰支行 621440046741 | 备注 | |
|---|---|---|---|

收款人：黄匡　　复核：叶世荣　　开票人：梁超高　　销售方：（章）

税总函〔2019〕410号海南华森实业公司

第一联：记账联 销售方记账凭证

图 3-77

# 材 料 入 库 单

CLRK2019001

2019 年 07 月 01 日

材料来源：北方木材有限公司

| 材料名称 | 规格型号 | 单位 | 采购数量 | 入库数量 | 备注 |
|---|---|---|---|---|---|
| 原生木浆 | | 吨 | 50 | 50 | |
| 普通浆 | | 吨 | 50 | 50 | |
| | | | | | |
| | | | | | |

采购员：刘一飞　　仓管员：雷建

图 3-78

**购销合同**

合同编号：20194203

卖方：　北方木材有限公司

买方：　成都蓝天纸业有限公司

为保护买卖双方的合法权益，买卖双方根据《中华人民共和国合同法》的有关规定，经友好协商，一致同意签订本合同，共同遵守。

一、货物的名称、数量及价格：

| 货物的名称 | 规格型号 | 计量单位 | 数量 | 单价(不含税) | 金额(不含税) | 税率 | 价税合计 |
|---|---|---|---|---|---|---|---|
| 原生木浆 | | 吨 | 50 | 6000.00 | 300000.00 | 13% | 339000.00 |
| 普通浆 | | 吨 | 50 | 5000.00 | 250000.00 | 13% | 282500.00 |
| | | | | | | | |
| | | | | | | | |
| | | | | | | | |
| 合计 | | | | | ¥550000.00 | | ¥621500.00 |

二、运输费用承担方式：运费由卖方承担。

三、合同总金额：合同总金额为人民币：陆拾贰万壹仟伍佰元整(￥621500.00　　)。

四、付款结算方式：转账结算。

五、付款期限：2019年7月1日

| | | | |
|---|---|---|---|
| 卖　方： | 北方木材有限公司 | 买　方： | 成都蓝天纸业有限公司 |
| 授权代表： | 周道 | 授权代表： | 唐磊 |
| 开户银行： | 中国工商银行庆丰支行 | 开户银行： | 中国工商银行成华支行 |
| 账　号： | 621440046741 | 账　号： | 662726542185 |
| 地　址： | 成都市庆丰街263号 | 地　址： | 成都市成华区06号 |
| 电　话： | 028-84332251 | 电　话： | 028-86534836 |
| 日　期： | 2019年7月1日 | 日　期： | 2019年7月1日 |

图 3-79

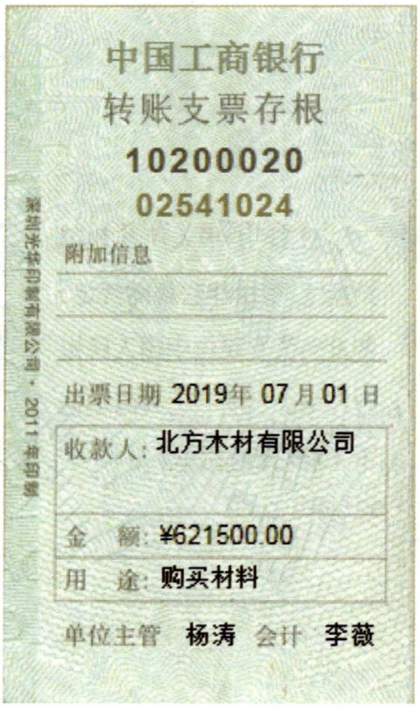


图 3-80

分析：属于采购材料业务，写出会计分录并填制通用记账凭证，如图 3-81 所示。

**记 账 凭 证**

记 字第 1 号

2019年 07 月 01 日

| 摘要 | 总账科目 | 明细科目 | 借方金额（千百十万千百十元角分） | 贷方金额（千百十万千百十元角分） | ✓ |
|---|---|---|---|---|---|
| 购买材料 | 原材料 | 原生木浆 | 30000000 | | |
| | 原材料 | 普通浆 | 25000000 | | |
| | 应交税费 | 应交增值税（进项税额） | 7150000 | | |
| | 银行存款 | 工行存款 | | 62150000 | |
| | | | | | |
| | | | | | |
| 合计 | | | ¥62150000 | ¥62150000 | |

附单据 4 张

会计主管：　记账：　出纳：　复核：　制单：李薇

图 3-81

### （二）记账凭证的审核

所有填制好的记账凭证，都必须经过其他会计人员认真审核。在审核记账凭证的过程中，如发现记账凭证填制有误，应按照规定的方法及时加以更正。只有经过审核无误后，记账凭证才能作为登记账簿的依据。记账凭证的审核主要包括以下内容：

(1) 记账凭证是否附有原始凭证，记账凭证的经济内容是否与所附原始凭证的内容相同。

(2) 应借应贷的会计科目(包括二级或明细科目)对应关系是否清晰、金额是否正确。

(3) 记账凭证中项目是否填制完整，摘要是否清楚，有关人员签章是否齐全。

# 任务三　设置与登记会计账簿

## 一、知识目标

（1）熟悉会计账簿的设置、登记要求及方法。

（2）掌握登账、对账和结账的操作方法。

（3）掌握查找错账方法、错账更正方法。

（4）掌握未达账项的查找及调整方法。（科汇表应该单独放在记账凭证任务的活动中）

## 二、技能目标

（1）能根据需要选择合适的账簿开设。

（2）能正确规范地设置和登记不同的账簿。

（3）能运用恰当的错账更正方法进行错账更正。

（4）能熟练编制银行存款余额调节表。

## 三、知识储备

### 1. 会计账簿的基本内容

各单位均应按照会计核算的基本要求和会计规范的有关规定，结合本单位经济业务的特点和经营管理的需要，设置必要的账簿，并认真做好记账工作。各种账簿的形式和格式多种多样，但均应具备下列组成内容：

（1）封面：主要标明账簿名称，如总分类账簿、现金日记账、银行存款日记账。

（2）扉页：标明账簿使用信息，如科目索引、账簿启用和经管人员一览表等。

（3）账页：账簿是用来记录经济业务事项的载体，其格式反映经济业务内容的不同而有所不同。但其内容应当包括：

① 账户的名称，以及科目、二级或明细科目；

② 登记账簿的日期栏；

③ 记账凭证的种类和号数栏；

④ 摘要栏，所记录经济业务内容的简要说明；

⑤ 金额栏，记录经济业务的增减变动和余额；

⑥ 总页次和分户页次栏。

### 2. 会计账簿的登记要求

依据《会计基础工作规范》第六十条规定（以下简称《规范》），登记会计账簿的基本要求是：

（1）准确完整。“登记会计账簿时，应当将会计凭证日期、编号、业务内容摘要、金额和其他有关资料逐项记入账内，做到数字准确、摘要清楚、登记及时、字迹工整。”每一项会计事项，一方面要记入有关的总账，另一方面要记入该总账所属的明细账。账簿记录中的日期，应该填写记账凭证上的日期；以自制的原始凭证，如收料单、领料单等，作为记账依据的，账簿记录中的日期应按有关自制凭证上的日期填列。登记账簿要及时，但对各种账簿的登记间隔应该多长，《规范》未作统一规定。一般说来，这要看本单位所采用的具体会计核算形式而定。

(2) 注明记账符号。“登记完毕后，要在记账凭证上签名或者盖章，并注明已经登账的符号，表示已经记账。”在记账凭证上设有专门的栏目供注明记账的符号，以免发生重记或漏记。

(3) 文字和数字必须整洁清晰，准确无误。在登记书写时，不要滥造简化字，不得使用同音异义字，不得写怪字体；摘要文字紧靠左线；数字要写在金额栏内，不得越格错位、参差不齐；文字、数字字体大小适中，紧靠下线书写，上面要留有适当空距，一般应占格宽的1/2，以备按规定的方法改错。记录金额时，如为没有角分的整数，应分别在角分栏内写上“0”，不得省略不写，或以“—”号代替。阿拉伯数字一般可自左向右适当倾斜，以使账簿记录整齐、清晰。为防止字迹模糊，墨迹未干时不要翻动账页；夏天记账时，可在手臂下垫一块软质布或纸板等书写，以防汗浸。

(4) 正常记账使用蓝黑墨水。登记账簿要用蓝黑墨水或者碳素墨水书写，不得使用圆珠笔(银行的复写账簿除外)或者铅笔书写。在会计的记账书写中，数字的颜色是重要的语素之一，它同数字和文字一起传达出会计信息。如同数字和文字错误会表达错误的信息，书写墨水的颜色用错了，其导致的概念混乱也不亚于数字和文字错误。

(5) 特殊记账使用红墨水。下列情况，可以用红色墨水记账：①按照红字冲账的记账凭证，冲销错误记录；②在不设借贷等栏的多栏式账页中，登记减少数；③在三栏式账户的余额栏前，如未印明余额方向的，在余额栏内登记负数余额；④根据国家统一会计制度的规定可以用红字登记的其他会计记录。

在这几种情况下使用红色墨水记账是会计工作中的惯例。财政部会计司编辑的《会计制度补充规定及问题解答(第一辑)》，在解答“应交税金——应交增值税”明细账户的设置方法时，对使用红色墨水登记的情况作了一系列较为详尽的说明：在“进项税额”专栏中用红字登记退回所购货物应冲销的进项税额；在“已交税金”专栏中用红字登记退回多交的增值税额；在“销项税额”专栏中用红字登记退回销售货物应冲销的销项税额，以及在“出口退税”专栏中用红字登记出口货物办理退税后发生退货或者退关而补交已退的税款。

(6) 顺序连续登记。“各种账簿按页次顺序连续登记，不得跳行、隔页。如果发生跳行、隔页，更不得随便更换账页和撤出账页，作废的账页也要留在账簿中，如果发生跳行、隔页，应当将空行、空页划线注销，或者注明‘此行空白’、‘此页空白’字样，并由记账人员签名或者盖章。”这对堵塞在账簿登记中可能出现的漏洞，是十分必要的防范措施。

(7) 结出余额。“凡需要结出余额的账户，结出余额后，应当在‘借或贷’等栏内写明‘借’或者‘贷’等字样。没有余额的账户，应当在‘借或贷’等栏内写‘平’字，并在余额栏内用‘0’表示。现金日记账和银行存款日记账必须逐日结出余额。”一般说来，对于没有余额的账户，在余额栏内标注的‘0’应当放在“元”位。

(8) 过次承前。“每一账页登记完毕结转下页时，应当结出本页合计数及余额，写在本页最后一行和下页第一行有关栏内，并在摘要栏内注明‘过次页’和‘承前页’字样；也可以将本页合计数及金额只写在下页第一行有关栏内，并在摘要栏内注明‘承前页’字样。”也就是说，“过次页”和“承前页”的方法有两种：一是在本页最后一行内结出发生额合计数及余额，然后过次页并在次页第一行承前页；二是只在次页第一行承前页写出发生额合计数及余额，不在上页最后一行结出发生额合计数及余额后过次页。

(9) 登记发生错误时，必须按规定方法更正，严禁刮、擦、挖、补，或使用化学药物清除字迹。发现差错必须根据差错的具体情况采用划线更正、红字更正、补充登记等方法更正。

(10) 定期打印。《规范》第六十一条对实行会计电算化的单位提出了打印上的要求：“实行会计电算化的单位，总账和明细账应当定期打印”；“发生收款和付款业务的，在输入收款凭证和付款凭证的当天必须打印出现金日记账和银行存款日记账，并与库存现金核对无误。”这是因为在以机器或其他磁性介质储存的状态下，各种资料或数据的直观性不强，而且信息处理的过程不明，不便于进行某些会计操作和进行内部或外部审计，对会计信息的安全和完整也不利。

# 活动一　认识会计账簿的格式与登记方法

## 一、任务目标

通过实训初步认识不同会计账簿的设置、登记方法、结账方法。

## 二、任务指导

### (一) 库存现金日记账

库存现金日记账是指用来核算和监督库存现金每日的收入、支出和结余情况的账簿。

(1) 登记人员：出纳人员。

(2) 登记依据：现金收款凭证、现金付款凭证和银行存款付款凭证(记录从银行提取现金的业务)。

(3) 登记方法：按经济业务发生时间先后顺序逐日逐笔进行登记，如图 3-82 所示。

(4) 结账。每日终了，应分别计算当日现金收入和支出合计数，结出余额，同时将余额与出纳员的库存现金进行核对，即通常说的“日清”。若账款不符应查明原因，并进行记录备案。结出本日发生额合计数时，应在当日最后一笔业务下行摘要栏内注明“本日合计”，结出借、贷发生额合计和余额，沿“本日合计”行底线划通栏单红线。

月末要合计本月现金收支和结存，即通常说的“月结”。需要结出本月发生额合计和本年累计发生额时，在下行摘要栏内填写“本月合计”，结出本月借、贷方发生额合计和余额；同时在下行摘要栏内填写“本年累计”，在金额栏登记年初至本月底的借、贷方发生额累计数。然后，沿“本年累计”行底线划通栏单红线。如图 3-83 所示。

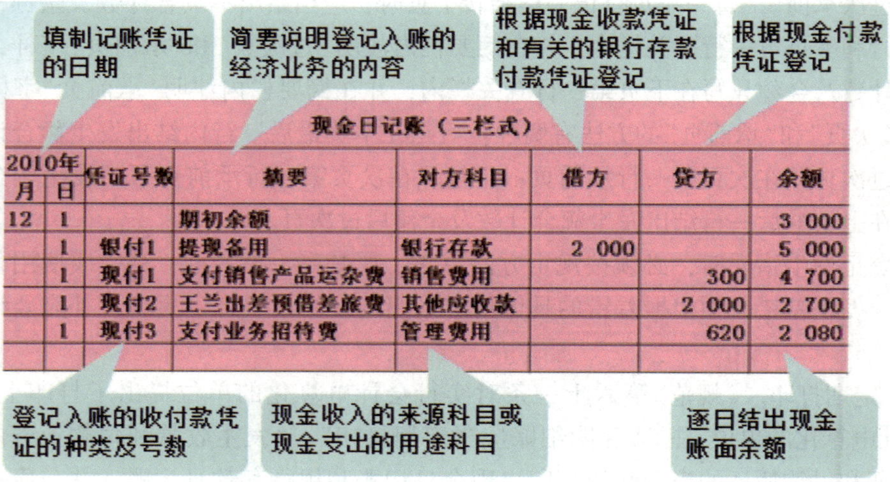


现金日记账（三栏式）

| 2010年 | | 凭证号数 | 摘要 | 对方科目 | 借方 | 贷方 | 余额 |
|---|---|---|---|---|---|---|---|
| 月 | 日 | | | | | | |
| 12 | 1 | | 期初余额 | | | | 3 000 |
| | 1 | 银付1 | 提现备用 | 银行存款 | 2 000 | | 5 000 |
| | 1 | 现付1 | 支付销售产品运杂费 | 销售费用 | | 300 | 4 700 |
| | 1 | 现付2 | 王兰出差预借差旅费 | 其他应收款 | | 2 000 | 2 700 |
| | 1 | 现付3 | 支付业务招待费 | 管理费用 | | 620 | 2 080 |
| | | | | | | | |

图 3-82

现金日记账

第 1 号

| 2019 年 | | 凭证 | | 对方科目 | 摘要 | 借方（千百十万千百十元角分） | 贷方（千百十万千百十元角分） | 余额（千百十万千百十元角分） | 核对 |
|---|---|---|---|---|---|---|---|---|---|
| 月 | 日 | 字 | 号 | | | | | | |
| 7 | 1 | | | | 期初余额 | | | 500000 | |
| | 4 | 记 | 3 | | 提现备用 | 200000 | | | |
| | 4 | | | | 本日合计 | 200000 | | 700000 | |
| | 5 | 记 | 4 | | 报销办公用品费 | | 56500 | | |
| | 5 | | | | 本日合计 | | 56500 | 643500 | |
| | 13 | 记 | 12 | | 支付维修费 | | 50000 | | |
| | 13 | | | | 本日合计 | | 50000 | 593500 | |
| | 14 | 记 | 13 | | 支付招待费 | | 200000 | | |
| | 14 | | | | 本日合计 | | 200000 | 393500 | |
| | 18 | 记 | 16 | | 报销差旅费 | | 334000 | | |
| | 18 | | | | 本日合计 | | 334000 | 59500 | |
| | 31 | 记 | 24 | | 盘点现金 | | 20000 | | |
| | 31 | | | | 本日合计 | | 20000 | 39500 | |
| | 31 | | | | 本月合计 | 200000 | 660500 | 39500 | |
| | | | | | | | | | |
| | | | | | 过次页 | | | | |

图 3-83

### （二）银行存款日记账

银行存款日记账是指用来核算和监督银行存款每日的收入、支出和结余情况的账簿。格式为三栏式。

（1）登记人员：出纳人员。

（2）登记依据：银行存款收款凭证、银行存款付款凭证、现金付款凭证（记录将现金存入银行的业务）。

（3）登记方法：按经济业务发生的时间先后顺序逐日逐笔进行登记，如图 3-84 所示。

（4）结账。每日终了，应分别结出银行存款当日收入和支出的合计数，结算出余额，做到日清。结出本日发生额合计数时，应在当日最后一笔业务下行摘要栏内注明“本日合计”，结出借、贷发生额合计和余额，沿“本日合计”行底线划通栏单红线。

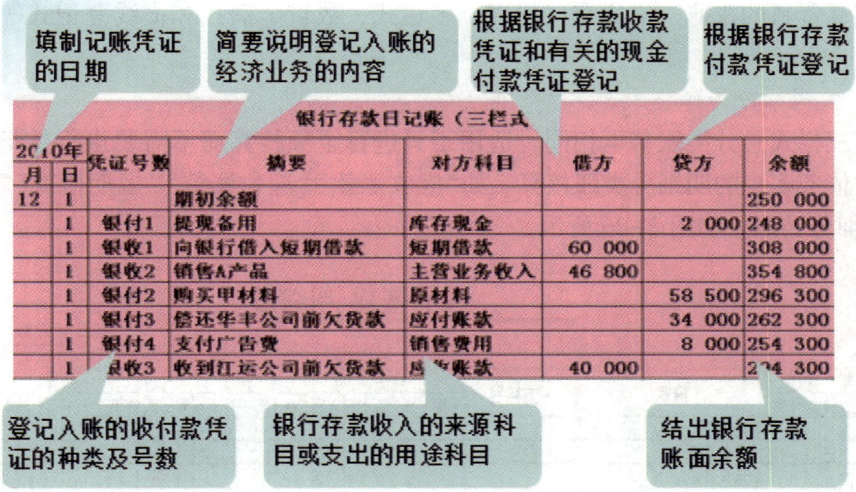


图 3-84

月末要合计本月银行存款全月收支，即通常说的“月结”。需要结出本月发生额合计和本年累计发生额时，在下行摘要栏内填写“本月合计”，结出本月借、贷方发生额合计和余额；同时在下行摘要栏内填写“本年累计”，在金额栏登记年初至本月底的借、贷方发生额累计数。然后，沿“本年累计”行底线划通栏单红线。如图 3-85 所示。

**银行存款日记账**

| 2015年 月 | 日 | 凭证 种类 | 号数 | 摘要 | 对方科目 | 借方 | 贷方 | 借或贷 | 余额 |
|---|---|---|---|---|---|---|---|---|---|
| 12 | 1 | | | 期初余额 | | | | 借 | 105000000 |
| | 1 | 记 | 1 | 收到投资 | 实收资本 | 20000000 | | 借 | 305000000 |
| | 1 | 记 | 2 | 取得借款 | 长期借款 | 10000000 | | 借 | 405000000 |
| | 2 | 记 | 3 | 票据贴现 | 应收票据 | 1980000 | | 借 | 424800000 |
| | 2 | 记 | 4 | 购入设备 | 固定资产 | | 3510000 | 借 | 389700000 |
| | 5 | 记 | 5 | 购入材料 | 银行存款 | | 4902000 | 借 | 340680000 |
| | 9 | 记 | 7 | 预付材料款 | 银行存款 | | 1500000 | 借 | 325680000 |
| | 10 | 记 | 9 | 交上月增值税 | 应交税费 | | 850000 | 借 | 317180000 |
| | 10 | 记 | 10 | 提现备发工资 | 库存现金 | | 1917000 | 借 | 298010000 |
| | 12 | 记 | 13 | 预借差旅费 | 其他应收款 | | 150000 | 借 | 296510000 |
| | 19 | 记 | 18 | 购入材料 | 原材料 | | 2010000 | 借 | 276410000 |
| | 21 | 记 | 19 | 支付上月电费 | 应付账款 | | 700000 | 借 | 269410000 |
| | 22 | 记 | 20 | 支付广告费 | 销售费用 | | 150000 | 借 | 267910000 |
| | 24 | 记 | 22 | 销售货车 | 固定资产清理 | 10062000 | | | 368530000 |
| | 24 | 记 | 24 | 销售产品 | 主营业务收入 | 17550000 | | 借 | 544030000 |
| | 28 | 记 | 26 | 向希望工程捐款 | 营业外支出 | | 340000 | 借 | 540630000 |
| | 31 | 记 | 28 | 支付本季利息 | 应付利息 | | 150000 | 借 | 539130000 |
| 12 | 31 | | | 本月合计 | | 59592000 | 16179000 | 借 | 539130000 |
| 12 | 31 | | | 本年累计 | | 59592000 | 16179000 | 借 | 539130000 |
| 12 | 31 | | | 结转下年 | | | | | |

图 3-85

### （三）明细分类账

明细分类账是指根据二级账户或明细账户开设账页，分类、连续登记经济业务事项以提供明细核算资料的账簿。格式有三栏式、多栏式、数量金额式和横线登记式等多种账页格式。

#### 1. 三栏式明细分类账格式

格式与三栏式总分类账基本相同，适用于只进行金额核算而不需要进行数量核算的资本、债权、债务账户的明细分类账核算。如“应收账款”“应付账款”“短期借款”“应付职工薪酬”等明细分类账。如图 3-86 所示。

**应付账款 明细账**

二级科目 万元钢材

| 2015年 | | 凭证 | | 摘要 | 对方科目 | 借方 | 贷方 | 借或贷 | 余额 |
|---|---|---|---|---|---|---|---|---|---|
| 月 | 日 | 种类 | 号数 | | | 千百十万千百十元角分 | 千百十万千百十元角分 | | 千百十万千百十元角分 |
| 12 | 1 | | | 期初余额 | | | | 贷 | 5000000 |
| | 9 | 记 | 10 | 转商业汇票 | 应付票据 | 5000000 | | 平 | 0 |
| 12 | 31 | | | 本月合计 | | 5000000 | | 平 | 0 |

图 3-86

#### 2. 多栏式明细分类账

根据经济业务的特点和管理的需要，在同一账页内将属于同一总账科目的所有相关明细科目或项目集中起来，分设若干专栏予以登记和反映。按照明细分类账登记的经济业务的不同，多栏式明细分类账的账页又分为借方多栏式、贷方多栏式和借贷多栏式三种格式。

（1）借方多栏式明细分类账。借方多栏式明细分类账是指按照借方科目设置若干个专栏，用蓝字登记，贷方发生额则用红字在有关专栏内登记的明细分类账。适用于借方需要设置多个明细科目或明细项目的账户，如“生产成本”“管理费用”“制造费用”“财务费用”“其他业务成本”“营业外支出”等账户明细分类核算。如图 3-87 所示。

**管理费用 明细分类账**

科目：

| 2015年 | | 凭证 | | 摘要 | 借方 | 贷方 | 余额 | 差旅费 | 办公费 | 工资及福利费 | 折旧费 | 水电费 | | |
|---|---|---|---|---|---|---|---|---|---|---|---|---|---|---|
| 月 | 日 | 字 | 号 | | | | | | | | | | | |
| 12 | 16 | 记 | 19 | 报销差旅费 | 1 600 | | | 1 600 | | | | | | |
| | 18 | 记 | 21 | 购买办公用品 | 400 | | | | 400 | | | | | |
| | 30 | 记 | 31 | 结算本月工资 | 10000 | | | | | 10 000 | | | | |
| | 30 | 记 | 32 | 计提福利费 | 1 400 | | | | | 1 400 | | | | |
| | 31 | 记 | 33 | 计提折旧费 | 800 | | | | | | 800 | | | |
| | 31 | 记 | 35 | 结算电费 | 720 | | | | | | | 720 | | |
| | 31 | 记 | 39 | 结转至本年利润 | | 14 920 | | | | | | | | |
| 12 | 31 | | | 本月合计 | 14 920 | 14 920 | 0 | 1 600 | 400 | 11 400 | 800 | 720 | | |
| 12 | 31 | | | 全年合计 | 14 920 | 14 920 | 0 | 1 600 | 400 | 11 400 | 800 | 720 | | |

图 3-87

（2）贷方多栏式明细分类账。贷方多栏式明细分类账是指按照贷方科目设置若干个专栏，用蓝字登记，借方发生额则用红字在有关专栏内登记的明细分类账。它适用于贷方需要设置多个明细科目或明细项目的账户，如“主营业务收入”“其他业务收入”“营业外收入”等账户的明细分类核算。如图 3-88 所示。

主营业务收入明细账（多栏式）

| 2019 年 | | 凭证 | 摘要 | 合计 | 贷方 | | | | |
|---|---|---|---|---|---|---|---|---|---|
| 月 | 日 | 号数 | | | A 产品 | B 产品 | C 产品 | D 产品 | |
| 12 | 1 | 记 04 | 销售 A 产品 | 10 000 | 10 000 | | | | |
| | 3 | 记 11 | 销售 B 产品 | 28 000 | | 18 000 | | | |
| | | | | | | | | | |
| | | | | | | | | | |

图 3-88

（3）借贷多栏式明细分类账。借贷多栏式明细分类账是指按照借方和贷方科目分别设置若干个专栏进行登记的明细分类账。它适用于借方和贷方都需要设置多个明细科目或明细项目的账户，如“本年利润”“应交税费——应交增值税”等账户的明细分类核算。如图 3-89 所示。

应交增值税明细账（多栏式）

| 2019 年 | | 凭证号数 | 摘要 | 借方 | | | 贷方 | | | | 余额 |
|---|---|---|---|---|---|---|---|---|---|---|---|
| 月 | 日 | | | 进项税额 | 已交税金 | 合计 | 销项税额 | 进项税额转出 | 出口退税 | 合计 | |
| 2 | 2 | 记 18 | 购货 | 98 000 | | | | | | | |
| | 6 | | 销货 | | | | 16000 | | | | |
| | | | | | | | | | | | |
| | | | | | | | | | | | |

图 3-89

### 3. 数量金额式明细分类账格式

账页分为“收入”“发出”和“结存”三大栏，在每栏内又分设“数量”“单价”和“金额”三小栏。适用于既要进行金额核算又要进行数量核算的账户，如“原材料”“库存商品”“委托加工物资”等各种财产物资的明细分类核算。如图 3-90 所示。

最高储存量______　　库存商品　　本账页数 ____
最低储存量______　　　　　　　　本户页数 ____

编号______ 规格______　　单位 张　名称 办公椅

| 2015 年 | | 凭证 | | 摘要 | 借方 | | | 贷方 | | | 借或贷 | 结存 | | |
|---|---|---|---|---|---|---|---|---|---|---|---|---|---|---|
| 月 | 日 | 种类 | 号数 | | 数量 | 单价 | 百十万千百十元角分 | 数量 | 单价 | 百十万千百十元角分 | | 数量 | 单价 | 百十万千百十元角分 |
| 12 | 1 | | | 期初余额 | | | | | | | 借 | 1000 | 80.00 | 8000000 |
| | 25 | 记 | 28 | 结转销售产品成本 | | | | 500 | 80.00 | 4000000 | 借 | 500 | 80.00 | 4000000 |
| | 26 | 记 | 29-1 | 结转销售产品成本 | | | | 500 | 80.00 | 4000000 | 平 | | | 0 |
| | 31 | 记 | 37 | 产品验收入库 | 600 | 65.20 | 3912200 | | | | 借 | 600 | 65.20 | 3912200 |
| 12 | 31 | | | 本月合计 | 600 | 65.02 | 3912200 | 1000 | 80.00 | 8000000 | 借 | 600 | 65.20 | 3912200 |

图 3-90

4. 横线登记式明细分类账

采用横线登记的方法，将每一相关的业务登记在同一横行内，从而可依据每一行各个栏目的登记是否齐全来判断该项业务的完成及变动情况。

适用于登记材料采购业务、应收票据和一次性备用金业务等。如“材料采购”“其他应收款”等账户的明细分类账。如图 3-91 所示。

其他应收款——备用金明细账（横线登记式）

| 2019 年 | | 凭证号数 | 摘要 | 借方 | | | 2019 年 | | 凭证号数 | 摘要 | 贷方 | | | 余额 |
|---|---|---|---|---|---|---|---|---|---|---|---|---|---|---|
| 月 | 日 | | | 原借 | 付 | 合计 | | | | | 报销 | 退 | 合计 | |
| 12 | 10 | 记 8 | 李平 | 800 | | 800 | | | | | | | | |
| | 20 | 记 16 | 张均 | 1000 | | 1000 | 2 | 5 | 记 68 | 报销 | 800 | 200 | 1000 | 0 |
| | | | | | | | | | | | | | | |
| | | | | | | | | | | | | | | |

图 3-91

**（四）总分类账**

总分类账是指按照总分类账户分类登记以提供总括核算资料的账簿，格式一般采用三栏式，如图 3-92 所示。

总分类账

一级　科目　原材料

| 2015年 | | 记账凭证号数 | 摘　要 | 对方科目 | 借　方 | 贷　方 | 借或贷 | 余　额 |
|---|---|---|---|---|---|---|---|---|
| 月 | 日 | | | | 千百十万千百十元角分 | 千百十万千百十元角分 | | 千百十万千百十元角分 |
| 12 | 1 | | 期初余额 | | | | 借 | 15000000 |
| | 10 | 汇01 | | | 5200000 | | 借 | 20200000 |
| | 20 | 汇02 | | | | 6200000 | 借 | 14000000 |
| | 31 | 汇03 | | | 3000000 | | 借 | 17000000 |
| 12 | 31 | | 本月合计 | | 8200000 | 6200000 | 借 | 17000000 |

图 3-92

总分类账的登记方法：

（1）可以直接根据记账凭证逐笔登记；

（2）也可以根据科目汇总表或汇总记账凭证等登记。

总分类账的登记取决于账务处理程序，本书后面的实务是根据科目汇总表来登记总账。

# 活动二　登记日记账

## 一、任务目标

通过案例实训活动，熟练掌握日记账的登记。

## 二、任务导入

某公司 2020 年 12 月 1 日现金日记账的期初余额为 960 元，该公司 12 月份发生下列有关经济业务：

(1) 1 日，车间技术员李杰借支差旅费 300 元，以现金支付；

(2) 2 日，经理江涛预借差旅费 600 元，以现金支付；

(3) 4 日，开出现金支票，从银行提取现金 650 元备用；

(4) 4 日，用现金购买财务科办公用品 100 元；

(5) 5 日，以现金支付工厂行政管理部门设备维修费 170 元；

(6) 7 日，以现金支付法律咨询费 160 元；

(7) 10 日，从银行提取现金 29 000 元，备发工资；

(8) 10 日，以现金 29 000 元发放工资。

## 三、任务指导

(1) 准备空白的日记账簿，如图 3-93 所示。



库存现金日记账

| 年 | | 记账凭证 | | 对方科目 | 摘要 | 借方 | | | | | | | | | | 贷方 | | | | | | | | | | √ | 余额 | | | | | | | | | |
|---|---|---|---|---|---|---|---|---|---|---|---|---|---|---|---|---|---|---|---|---|---|---|---|---|---|---|---|---|---|---|---|---|---|---|---|---|
| 月 | 日 | 字 | 号 | | | 千 | 百 | 十 | 万 | 千 | 百 | 十 | 元 | 角 | 分 | 千 | 百 | 十 | 万 | 千 | 百 | 十 | 元 | 角 | 分 | | 千 | 百 | 十 | 万 | 千 | 百 | 十 | 元 | 角 | 分 |
| | | | | | | | | | | | | | | | | | | | | | | | | | | | | | | | | | | | | |
| | | | | | | | | | | | | | | | | | | | | | | | | | | | | | | | | | | | | |
| | | | | | | | | | | | | | | | | | | | | | | | | | | | | | | | | | | | | |
| | | | | | | | | | | | | | | | | | | | | | | | | | | | | | | | | | | | | |
| | | | | | | | | | | | | | | | | | | | | | | | | | | | | | | | | | | | | |
| | | | | | | | | | | | | | | | | | | | | | | | | | | | | | | | | | | | | |
| | | | | | | | | | | | | | | | | | | | | | | | | | | | | | | | | | | | | |
| | | | | | | | | | | | | | | | | | | | | | | | | | | | | | | | | | | | | |
| | | | | | | | | | | | | | | | | | | | | | | | | | | | | | | | | | | | | |
| | | | | | | | | | | | | | | | | | | | | | | | | | | | | | | | | | | | | |
| | | | | | | | | | | | | | | | | | | | | | | | | | | | | | | | | | | | | |
| | | | | | | | | | | | | | | | | | | | | | | | | | | | | | | | | | | | | |
| | | | | | | | | | | | | | | | | | | | | | | | | | | | | | | | | | | | | |

图 3-93

(2) 指导填写：

① 期初建账：年前，月、日下填写，摘要：期初余额，余额栏填写金额如图 3-94 所示。

② 紧接按时间先后顺序登记：日下，摘要，借方(贷方)，余额，如果业务较多不必每笔结出余额，但要做到日结月清(1 日，预借差旅费，300 元)。如图 3-95 所示。

## 库存现金日记账

| 2020年 月 | 日 | 记账凭证 字 | 号 | 对方科目 | 摘要 | 借方 | 贷方 | √ | 余额 |
|---|---|---|---|---|---|---|---|---|---|
| 12 | 01 | | | | 期初余额 | | | | 96000 |
| | | | | | | | | | 96000 |
| | | | | | | | | | |
| | | | | | | | | | |
| | | | | | | | | | |
| | | | | | | | | | |

图 3-94



## 库存现金日记账

| 2020年 月 | 日 | 记账凭证 字 | 号 | 对方科目 | 摘要 | 借方 | 贷方 | √ | 余额 |
|---|---|---|---|---|---|---|---|---|---|
| 12 | 01 | | | | 期初余额 | | | | 96000 |
| 12 | 01 | | | | 预借差旅费 | | 30000 | | 66000 |
| | | | | | | | | | |
| | | | | | | | | | |
| | | | | | | | | | |
| | | | | | | | | | |

图 3-95

(3) 同理完成本月业务登记，如图 3-96 所示。



## 库存现金日记账

| 2020年 月 | 日 | 记账凭证 字 | 号 | 对方科目 | 摘要 | 借方 | 贷方 | √ | 余额 |
|---|---|---|---|---|---|---|---|---|---|
| 12 | 01 | | | | 期初余额 | | | | 96000 |
| 12 | 01 | | | | 预借差旅费 | | 30000 | | 66000 |
| 12 | 02 | | | | 预借差旅费 | | 60000 | | 6000 |
| 12 | 04 | | | | 提现备用 | 65000 | | | 71000 |
| 12 | 04 | | | | 购买办公用品 | | 10000 | | 61000 |
| 12 | 05 | | | | 支付设备维修费 | | 17000 | | 44000 |
| 12 | 07 | | | | 支付法律咨询费 | | 16000 | | 28000 |
| 10 | 10 | | | | 提现备发工资 | 2900000 | | | 2928000 |
| 12 | 10 | | | | 发放工资 | | 2900000 | | 28000 |
| | | | | | | | | | |
| | | | | | | | | | |

图 3-96

# 活动三　设置、登记明细分类账

## 一、任务目标

通过实训活动，掌握明细分类账的设置、登记和结账方法。

## 二、任务指导

明细分类账是指根据二级账户或明细账户开设账页，分类、连续登记经济业务事项以提供明细核算资料的账簿。格式有三栏式、多栏式、数量金额式和横线登记式等多种账页格式。

### （一）登记三栏式明细分类账

1. 登记规则指导

（1）三栏式明细分类账的格式是在账页内设借方、贷方和余额三个金额栏。

（2）这种格式适用于只进行金额核算，不进行数量核算的债权、债务类科目等往来账的明细分类核算。

（3）如“应收账款”“应付账款”等账户的明细核算。

（4）通常，根据记账凭证逐日逐笔登记三栏式明细账即可。

（5）债权债务类明细账需要每登记一笔立即结出余额。

（6）一些损益类账户，比如，所得税费用、税金及附加明细账等，也可以采用三栏式明细账，也是根据记账凭证逐日逐笔登记，平时不用结出余额，月末做出本月合计，最后一笔业务下划通栏单红线进行月结。年底一般不需做本年累计，最后一笔业务下划通栏双红线，并将余额结转下年；如需做年底累计，则需先做12月的本月合计再做本年累计，并在本年累计下划双红线且结转下年。

2. 案例分析指导

（1）登记应收账款——江汉百货有限公司的明细账：期初余额和两笔记账凭证如图3-97~图3-99所示。

根据记账凭证登记应收账款——江汉百货有限公司的明细账，如图3-100所示。

| | | |
|---|---|---|
| 应收账款 | | 400,000.00 |
| | 江汉百货有限公司 | 300,000.00 |
| | 武昌商场有限公司 | 100,000.00 |

图3-97

记　账　凭　证

2017年 01 月 10 日

记 字第 2 号

| 摘要 | 总账科目 | 明细科目 | 借方金额 | 贷方金额 | √ |
|---|---|---|---|---|---|
| 收到前欠货款 | 银行存款 | 工行存款 | 40000000 | | |
| | 应收账款 | 武昌商场有限公司 | | 10000000 | |
| | 应收账款 | 江汉百货有限公司 | | 30000000 | |
| | | | | | |
| | | | | | |
| | | | | | |
| 合　计 | | | ¥40000000 | ¥40000000 | |

附单据 2 张

会计主管：　记账：　出纳：　复核：　制单：黄一山

图 3-98

记　账　凭　证

2017年 01 月 13 日

记 字第 5 号

| 摘要 | 总账科目 | 明细科目 | 借方金额 | 贷方金额 | √ |
|---|---|---|---|---|---|
| 销售产品 | 应收账款 | 江汉百货有限公司 | 78390000 | | |
| | 应收账款 | 武昌商场有限公司 | 43290000 | | |
| | 主营业务收入 | | | 104000000 | |
| | 应交税费 | 应交增值税 | | 17680000 | |
| | | | | | |
| | | | | | |
| 合　计 | | | ¥121680000 | ¥121680000 | |

附单据 2 张

会计主管：　记账：　出纳：　复核：　制单：黄一山

图 3-99

明细分类账

总页　分页

一级科目：应收账款　　子目或户名：江汉百货有限公司

| 2017年 月 | 日 | 凭证 字 | 号 | 摘要 | 借方 | 贷方 | 借或贷 | 余额 |
|---|---|---|---|---|---|---|---|---|
| | | | | 上年结转 | | | 借 | 30000000 |
| 1 | 10 | 记 | 2 | 收回前欠货款 | | 30000000 | | |
| | 13 | 记 | 5 | 销售产品 | 78390000 | | | |
| | 31 | | | 本月合计 | 78390000 | 30000000 | 借 | 78390000 |
| | | | | 过次页 | | | | |

图 3-100

（2）登记预付账款——武汉兴发有限公司的明细账，期初余额和记账凭证如图 3-101 所示。

预付账款　　　　234 000. 00

　　武汉兴发有限公司　　　　234 000. 000

**记　账　凭　证**

2017年 7 月 2 日　　　　记　字第 1 号

| 摘　要 | 总账科目 | 明细科目 | 借方金额（千百十万千百十元角分） | 贷方金额（千百十万千百十元角分） | √ |
|---|---|---|---|---|---|
| 购买材料 | 原材料 | 甲材料 | 10000000 | | |
| | 原材料 | 乙材料 | 10000000 | | |
| | 应交税费 | 应交增值税 | 3400000 | | |
| | 预付账款 | 黄石兴发有限公司 | | 23400000 | |
| | | | | | |
| | | | | | |
| 合　计 | | | ¥23400000 | ¥23400000 | |

附单据 2 张

会计主管：　记账：　出纳：　复核：　制单：钟青云

图 3-101

根据记账凭证登记预付账款——武汉兴发有限公司的明细账，如图 3-102 所示。

**三栏明细账**

总页　分页

一级科目：预付账款　　　　子目或户名：武汉兴发有限公司

| 2017 年 月 | 日 | 凭证 字 | 号 | 摘　要 | 借方（千百十万千百十元角分） | 贷方（千百十万千百十元角分） | 借或贷 | 余额（千百十万千百十元角分） |
|---|---|---|---|---|---|---|---|---|
| 7 | 1 | | | 期初余额 | | | 借 | 23400000 |
| | 2 | 记 | 1 | 购买材料 | | 23400000 | | |
| | 31 | | | 本月合计 | | 23400000 | 平 | θ |
| | | | | 过 次 页 | | | | |

图 3-102

### （二）多栏式明细分类账

根据经济业务的特点和管理的需要，在同一账页内将属于同一总账科目的所有相关明细科目或项目集中起来，分设若干专栏予以登记和反映。

1. 格式

按照明细分类账登记的经济业务的不同，多栏式明细分类账的账页又分为借方多栏式、贷方多栏式和借贷多栏式三种格式。

2. 适用范围

适用于分项目具体反映的账户，如收入、费用、成本、利润类账户。不同的格式分别适用不同的账户。

3. 登记规则

(1) 借方多栏式明细分类账。借方多栏式明细分类账是指按照借方科目设置若干个专栏，用蓝字登记，贷方发生额则用红字在有关专栏内登记的明细分类账。适用于借方需要设置多个明细科目或明细项目的账户，如“生产成本”“管理费用”“制造费用”“财务费用”“其他业务成本”“营业外支出”等账户明细分类核算。结账时每月结出并进行本年累计。如图 3-103 所示。

管理费用　明细分类账

科目:

| 2015年 | | 凭证 | | 摘　要 | 借方 | 贷方 | 余额 | 差旅费 | 办公费 | 工资及福利费 | 折旧费 | 水电费 | | |
|---|---|---|---|---|---|---|---|---|---|---|---|---|---|---|
| 月 | 日 | 字 | 号 | | | | | | | | | | | |
| 12 | 16 | 记 | 19 | 报销差旅费 | 1 600 | | | 1 600 | | | | | | |
| | 18 | 记 | 21 | 购买办公用品 | 400 | | | | 400 | | | | | |
| | 30 | 记 | 31 | 结算本月工资 | 10000 | | | | | 10 000 | | | | |
| | 30 | 记 | 32 | 计提福利费 | 1 400 | | | | | 1 400 | | | | |
| | 31 | 记 | 33 | 计提折旧费 | 800 | | | | | | 800 | | | |
| | 31 | 记 | 35 | 结算电费 | 720 | | | | | | | 720 | | |
| | 31 | 记 | 39 | 结转至本年利润 | | 14 920 | | | | | | | | |
| 12 | 31 | | | 本月合计 | 14 920 | 14 920 | 0 | 1 600 | 400 | 11 400 | 800 | 720 | | |
| 12 | 31 | | | 全年合计 | 14 920 | 14 920 | 0 | 1 600 | 400 | 11 400 | 800 | 720 | | |

图 3-103

(2) 贷方多栏式明细分类账。贷方多栏式明细分类账是指按照贷方科目设置若干个专栏，用蓝字登记，借方发生额则用红字在有关专栏内登记的明细分类账。它适用于贷方需要设置多个明细科目或明细项目的账户，如“主营业务收入”“其他业务收入”“营业外收入”等账户的明细分类核算。如图 3-104 所示。

主营业务收入明细账（多栏式）

| 2019 年 | | 凭 证 | 摘要 | 合 计 | 贷方 | | | | |
|---|---|---|---|---|---|---|---|---|---|
| 月 | 日 | 号 数 | | | A 产 品 | B 产 品 | C 产 品 | D 产 品 | |
| 12 | 1 | 记 04 | 销 售 A 产 品 | 10 000 | 10 000 | | | | |
| | 3 | 记 11 | 销 售 B 产 品 | 28 000 | | 18 000 | | | |
| | | | | | | | | | |
| | | | | | | | | | |

图 3-104

(3) 借贷多栏式明细分类账。借贷多栏式明细分类账是指按照借方和贷方科目分别设置若干个专栏进行登记的明细分类账。它适用于借方和贷方都需要设置多个明细科目或明细项目的账户，如“本年利润”“应交税费——应交增值税”等账户的明细分类核算。如图 3-105 所示。

应交增值税明细账（多栏式）

| 2019 年 | | 凭证号数 | 摘要 | 借方 | | | 贷方 | | | | 余额 |
|---|---|---|---|---|---|---|---|---|---|---|---|
| 月 | 日 | | | 进项税额 | 已交税金 | 合计 | 销项税额 | 进项税额转出 | 出口退税 | 合计 | |
| 2 | 2 | 记 18 | 购货 | 98 000 | | | | | | | |
| | 6 | | 销货 | | | | 16000 | | | | |
| | | | | | | | | | | | |
| | | | | | | | | | | | |

图 3-105

4. 登记指导

多栏式明细分类账的格式，是根据经济业务的特点和经营管理的需要，在同一账页内按该明细科目的有关明细项目分设专栏，集中反映各明细项目的核算资料。专栏的多少，可按具体科目的实际需要进行设置。多栏式账页格式又可细分为：借方多栏式、贷方多栏式、借贷两方多栏式。多栏式明细分类账适用于只记金额，同时又需要了解其构成项目的详细资料，如费用、成本、收入和利润等科目的明细账。

5. 案例指导

（1）借方多栏式如管理费用明细账，如图 3-106 所示。

管理费用　明细分类账

| 2019 年 | | 凭证 | | 摘要 | 借方 | 办公费 | 差旅费 | 水电费 | 折旧费 | 工资 | |
|---|---|---|---|---|---|---|---|---|---|---|---|
| 月 | 日 | 字 | 号 | | 亿千百十万千百十元角分 | 百十万千百十元角分 | 百十万千百十元角分 | 百十万千百十元角分 | 百十万千百十元角分 | 百十万千百十元角分 | 百十万千百十元角分 |
| 5 | 11 | 记 | 11 | 购置办公电脑一台 | 350000 | 350000 | | | | | |
| | 13 | 记 | 13 | 报销差旅费 | 80000 | | 80000 | | | | |
| | 20 | 记 | 17 | 分配本月水费 | 37500 | | | 37500 | | | |
| | 20 | 记 | 18 | 分配本月电费 | 36000 | | | 36000 | | | |
| | 31 | 记 | 19 | 计提折旧 | 1091739 | | | | 1091739 | | |
| | 31 | 记 | 20 | 计提本月工资 | 5858220 | | | | | 5858220 | |
| | 31 | 记 | 28 | 结转损益 | 7453459 | 350000 | 80000 | 73500 | 1091739 | 5858220 | |
| | 31 | | | 本月合计 | 7453459 | 350000 | 80000 | 73500 | 1091739 | 5858220 | |
| | | | | 过次页 | | | | | | | |

图 3-106

借方多栏式明细账，是根据记账凭证逐日逐笔登记在借方明细科目栏，平时不用结出余额，月末需要“本月合计”。

（2）成本类如生产成本明细账，如图 3-107 所示。

登记要点：平时对各成本项目加以分析，并合计(合计栏登记该行的合计数)。将结转完工产品业务用红笔登记在借方栏内。

结账要求：在最后一笔业务下划通栏单红线，红线下行填结账日期，摘要栏填写“本月合计”，在金额栏加计本期借方发生额。下行填写“本月累计”，将“本月合计”与“月初在产品”的数字相加，计入金额栏。然后在下行摘要栏填写“产品完工入库”，在金额栏用红笔填写该账户贷方发生额；下行填写“月末在产品”或“月末余额”，将“本月累计”减“产品完工入库”的余额计入金额栏，也就是下月的“月初在产品成本”。最后沿该行底线划通栏单红线。

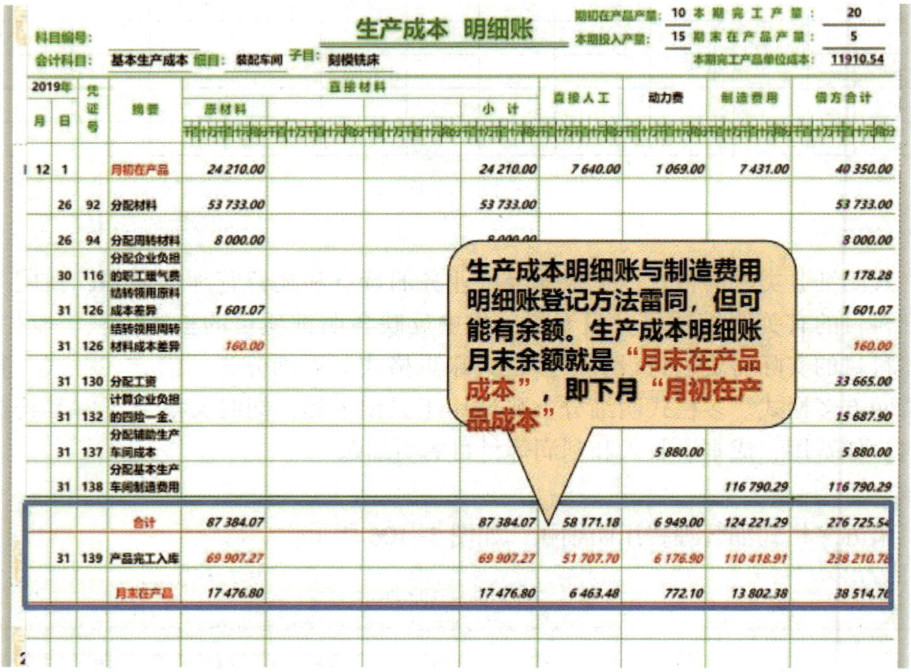

生产成本 明细账

科目编号：
会计科目：基本生产成本 细目：装配车间 子目：刻模铣床

期初在产品产量：10 本期完工产量：20
本期投入产量：15 期末在产品产量：5
本期完工产品单位成本：11910.54

| 2019年 月 | 日 | 凭证号 | 摘要 | 直接材料 原材料 | | | 小计 | 直接人工 | 动力费 | 制造费用 | 借方合计 |
|---|---|---|---|---|---|---|---|---|---|---|---|
| 12 | 1 | | 月初在产品 | 24 210.00 | | | 24 210.00 | 7 640.00 | 1 069.00 | 7 431.00 | 40 350.00 |
| | 26 | 92 | 分配材料 | 53 733.00 | | | 53 733.00 | | | | 53 733.00 |
| | 26 | 94 | 分配周转材料 | 8 000.00 | | | 8 000.00 | | | | 8 000.00 |
| | 30 | 116 | 分配企业负担的职工暖气费 | | | | | | | | 1 178.28 |
| | 31 | 126 | 结转领用原料成本差异 | 1 601.07 | | | | | | | 1 601.07 |
| | 31 | 126 | 结转领用周转材料成本差异 | 160.00 | | | | | | | 160.00 |
| | 31 | 130 | 分配工资 | | | | | | | | 33 665.00 |
| | 31 | 132 | 计算企业负担的四险一金、 | | | | | | | | 15 687.90 |
| | 31 | 137 | 分配辅助生产车间成本 | | | | | | 5 880.00 | | 5 880.00 |
| | 31 | 138 | 分配基本生产车间制造费用 | | | | | | | 116 790.29 | 116 790.29 |
| | | | 合计 | 87 384.07 | | | 87 384.07 | 58 171.18 | 6 949.00 | 124 221.29 | 276 725.54 |
| | 31 | 139 | 产品完工入库 | 69 907.27 | | | 69 907.27 | 51 707.70 | 6 176.90 | 110 418.91 | 238 210.78 |
| | | | 月末在产品 | 17 476.80 | | | 17 476.80 | 6 463.48 | 772.10 | 13 802.38 | 38 514.76 |



图 3-107

（3）借贷多栏式明细账如应交税费明细账，如图 3-108~图 3-110 所示。

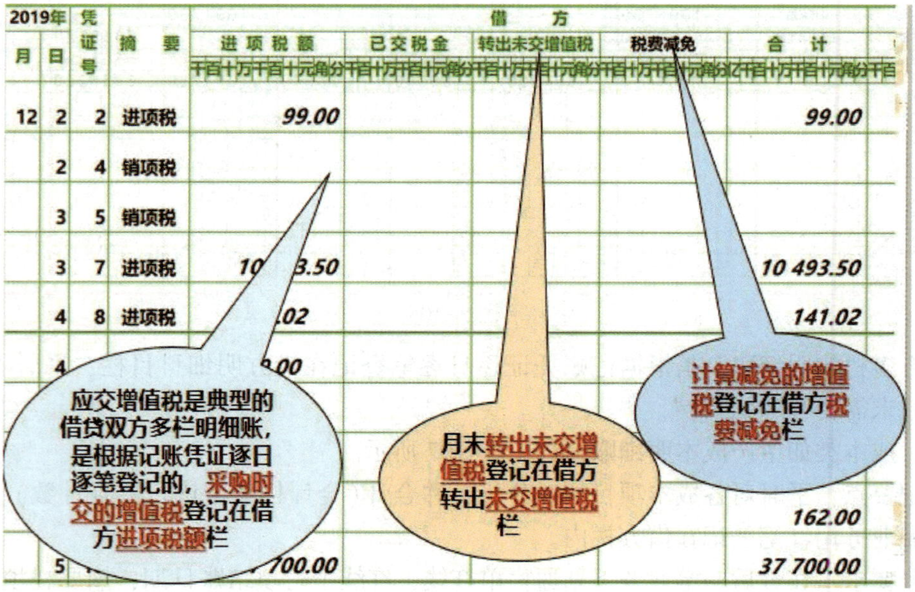

| 2019年 月 | 日 | 凭证号 | 摘要 | 借方 进项税额 | 已交税金 | 转出未交增值税 | 税费减免 | 合计 |
|---|---|---|---|---|---|---|---|---|
| 12 | 2 | 2 | 进项税 | 99.00 | | | | 99.00 |
| | 2 | 4 | 销项税 | | | | | |
| | 3 | 5 | 销项税 | | | | | |
| | 3 | 7 | 进项税 | 10[illegible]3.50 | | | | 10 493.50 |
| | 4 | 8 | 进项税 | [illegible].02 | | | | 141.02 |
| | 4 | | | [illegible].00 | | | | |
| | | | | | | | | 162.00 |
| | 5 | | | [illegible]700.00 | | | | 37 700.00 |



图 3-108

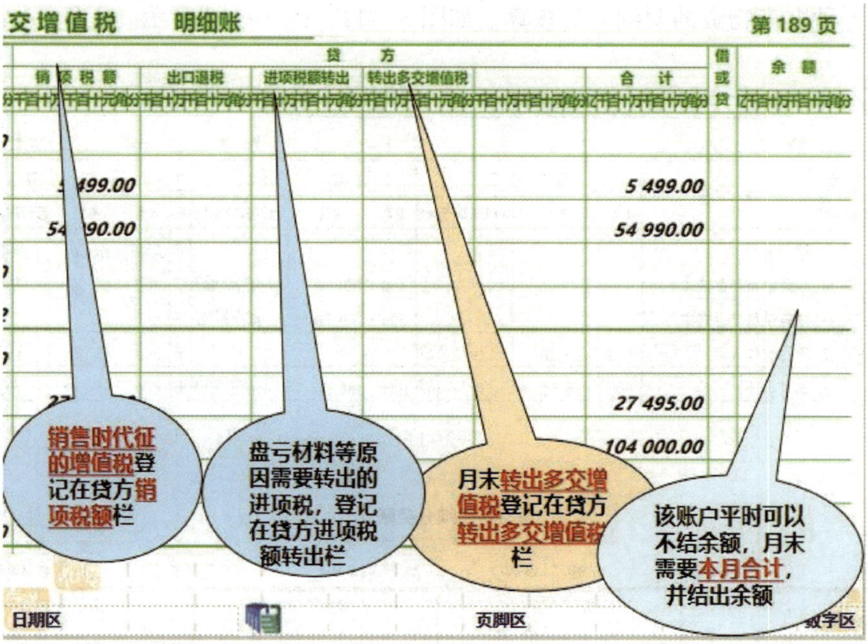


图 3-109

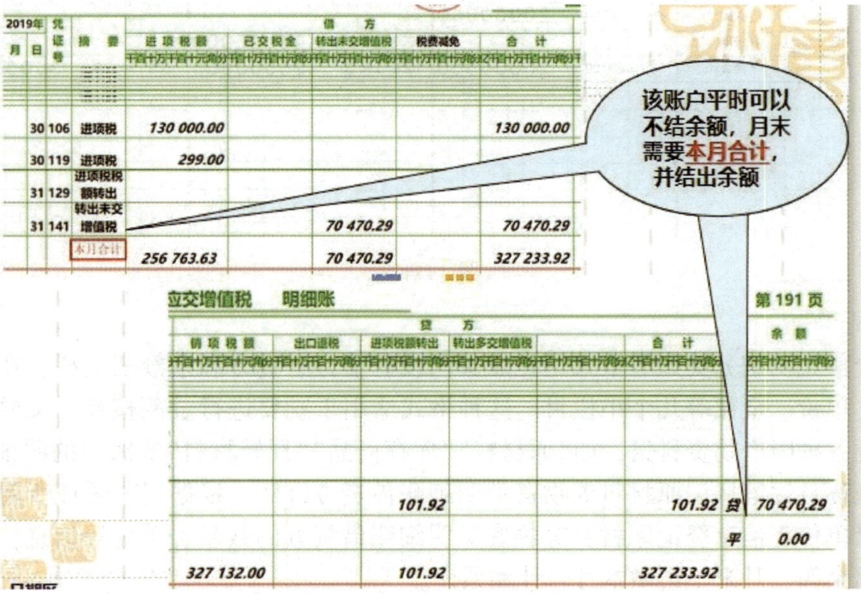


图 3-110

### （三）数量金额式明细分类账格式

1. 格式

账页分为“收入”“发出”和“结存”三大栏，在每栏内又分设“数量”“单价”和“金额”三小栏。

2. 适用范围

适用于既要进行金额核算又要进行数量核算的账户，如“原材料”“库存商品”“委托加工物资”等各种财产物资的明细分类核算。如图 3-111、图 3-112 所示。

最高储存量______ 最低储存量______

**库存商品**

| 本账页数 | |
|---|---|
| 本户页数 | |

编号______ 规格______ 单位 张 名称 办公椅

| 2015年 | | 凭证 | | 摘要 | 借方 | | | 贷方 | | | 借或贷 | 结存 | | |
|---|---|---|---|---|---|---|---|---|---|---|---|---|---|---|
| 月 | 日 | 种类 | 号数 | | 数量 | 单价 | 百十万千百十元角分 | 数量 | 单价 | 百十万千百十元角分 | | 数量 | 单价 | 百十万千百十元角分 |
| 12 | 1 | | | 期初余额 | | | | | | | 借 | 1000 | 80.00 | 8000000 |
| | 25 | 记 | 28 | 结转销售产品成本 | | | | 500 | 80.00 | 4000000 | 借 | 500 | 80.00 | 4000000 |
| | 26 | 记 | 29-1 | 结转销售产品成本 | | | | 500 | 80.00 | 4000000 | 平 | | | 0 |
| | 31 | 记 | 37 | 产品验收入库 | 600 | 65.20 | 3912200 | | | | 借 | 600 | 65.20 | 3912200 |
| 12 | 31 | | | 本月合计 | 600 | 65.02 | 3912200 | 1000 | 80.00 | 8000000 | 借 | 600 | 65.20 | 3912200 |

图 3-111

**原材料明细分类账**

总页 2 分页 1

最高存量______ 编 号 1

最低存量______ 存储地点______ 规 格 6C 类 别 原材料 计量单位 千克 品 名 玻璃钢

| 2017年 | | 凭证 | | 摘要 | 借方 | | | 贷方 | | | 余额 | | |
|---|---|---|---|---|---|---|---|---|---|---|---|---|---|
| | | | | | 数量 | 单价 | 金额 | 数量 | 单价 | 金额 | 数量 | 单价 | 金额 |
| 月 | 日 | 字 | 号 | | | | 千百十万千百十元角分 | | | 千百十万千百十元角分 | | | 千百十万千百十元角分 |
| | | | | 上年结转 | | | | | | | 2000 | 200.00 | 40000000 |
| 1 | 4 | 记 | 4 | 入库 | 500 | 200.00 | 20000000 | | | | | | |
| | 9 | 记 | 9 | 领用 | | | | 1000 | 200.00 | 25000000 | | | |
| | | | | 本月合计 | 500 | 200.00 | 20000000 | 1000 | 200.00 | 25000000 | 1500 | 200.00 | 30000000 |

图 3-112

3. 登记指导

数量金额式明细分类账的格式是在账页内设有借方、贷方和余额三大栏，在三大栏内各设数量、单价、金额等几个小栏目。这种格式适用于既要进行金额核算，又要进行实物数量核算的各种财产物资科目，如“原材料”“库存商品”“周转材料”等账户的明细核算。根据记账凭证逐日逐笔登记原材料等物资类明细账借贷方金额，根据记账凭证所附的原始凭证中的数量单价等信息登记原材料等物资类明细账借贷方的数量、单价等信息，每登记一笔立即结出余额，月末不再做本月合计和累计。

4. 案例分析指导

以原材料-铝合金明细账的登记为例，期初余额 0.1 吨，单价 11 010 元，余额 1 101.00。

(1) 期初如图 3-113 所示。

(2) 本期采购铝合金 1 吨，单价 11 000 元，价税合计 12 430 元，采用电汇支付 12 430 元。相关资料如图 3-114、图 3-115 所示。

(3) 登记：时间(4 日)、摘要(采购)、借方：数量(1)单价(11 000)及余额栏登记：原材料——铝合金明细账如图 3-116 所示。

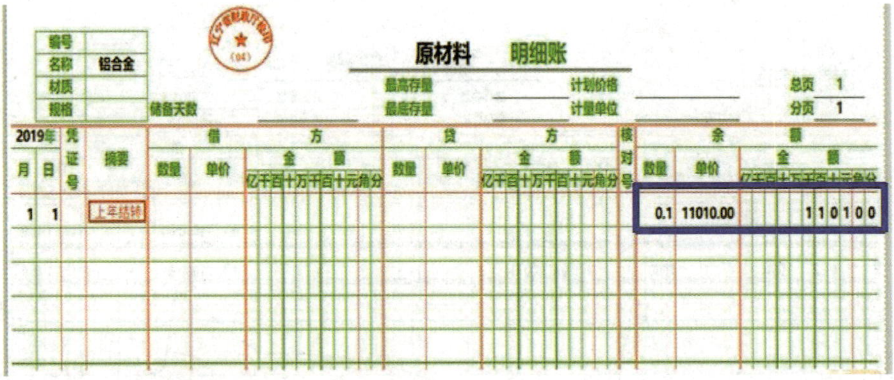

原材料　明细账

| 编号 | |
|---|---|
| 名称 | 铝合金 |
| 材质 | |
| 规格 | |

储备天数　最高存量　最底存量　计划价格　计量单位　总页 1　分页 1

| 2019年 月 | 日 | 凭证号 | 摘要 | 借方 数量 | 借方 单价 | 借方 金额 | 贷方 数量 | 贷方 单价 | 贷方 金额 | 核对号 | 余额 数量 | 余额 单价 | 余额 金额 |
|---|---|---|---|---|---|---|---|---|---|---|---|---|---|
| 1 | 1 | | 上年结转 | | | | | | | | 0.1 | 11010.00 | 110100 |

图 3-113

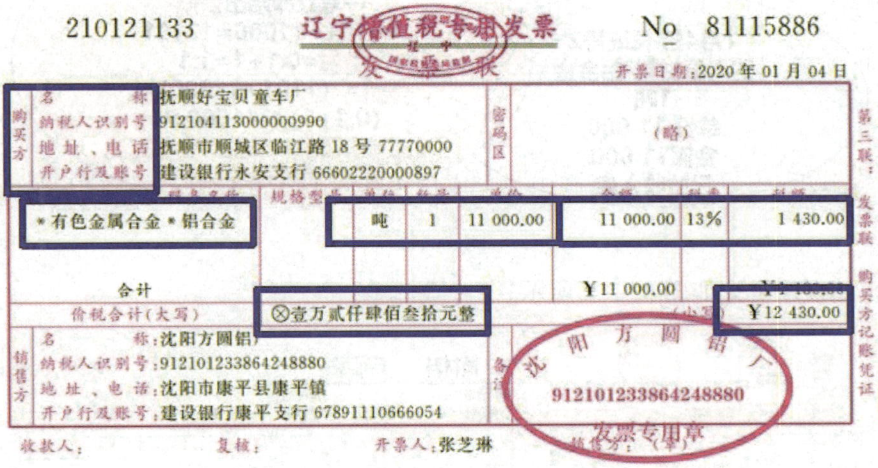

210121133　辽宁增值税专用发票　No 81115886

发票联　开票日期：2020 年 01 月 04 日

| 购买方 | |
|---|---|
| 名　　称 | 抚顺好宝贝童车厂 |
| 纳税人识别号 | 912104113000000990 |
| 地址、电话 | 抚顺市顺城区临江路 18 号 77770000 |
| 开户行及账号 | 建设银行永安支行 66602220000897 |

密码区：（略）

| 货物或应税劳务、服务名称 | 规格型号 | 单位 | 数量 | 单价 | 金额 | 税率 | 税额 |
|---|---|---|---|---|---|---|---|
| *有色金属合金*铝合金 | | 吨 | 1 | 11 000.00 | 11 000.00 | 13% | 1 430.00 |
| 合计 | | | | | ¥11 000.00 | | ¥1 430.00 |
| 价税合计（大写） | ⊗壹万贰仟肆佰叁拾元整 | | | | | （小写） | ¥12 430.00 |

| 销售方 | |
|---|---|
| 名　　称 | 沈阳方圆铝厂 |
| 纳税人识别号 | 912101233864248880 |
| 地址、电话 | 沈阳市康平县康平镇 |
| 开户行及账号 | 建设银行康平支行 67891110666054 |

收款人：　复核：　开票人：张芝琳　销售方：（章）

第三联：发票联　购买方记账凭证

图 3-114

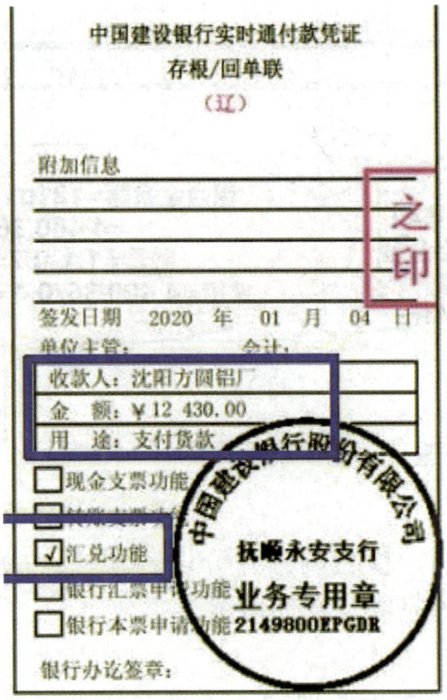

中国建设银行实时通付款凭证

存根/回单联

（辽）

附加信息

签发日期　2020 年 01 月 04 日

单位主管：　会计：

收款人：沈阳方圆铝厂

金　额：¥12 430.00

用　途：支付货款

□现金支票功能

□转账支票功能

☑汇兑功能

□银行汇票申请功能

□银行本票申请功能

银行办讫签章：

图 3-115

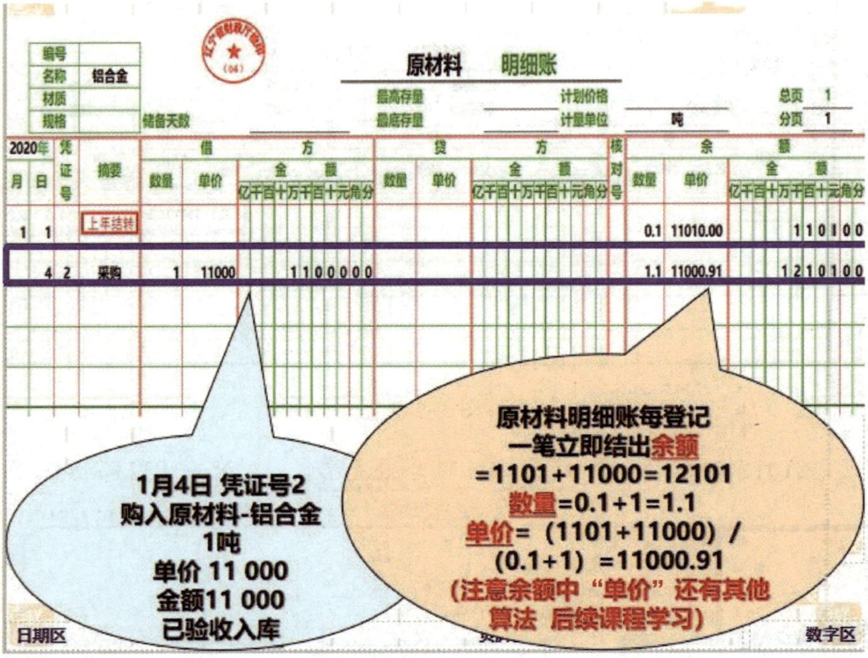


图 3-116

（4）本期领用登记如图 3-117 所示。

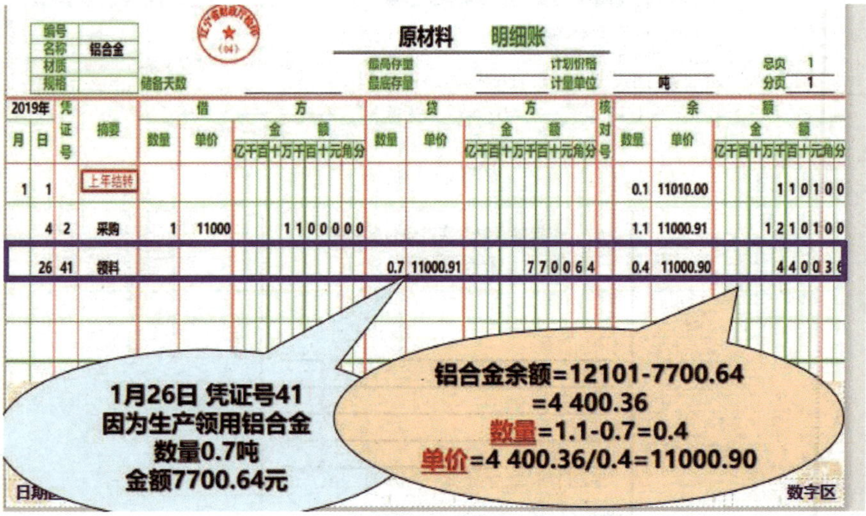


图 3-117

**（四）横线登记式明细分类账**

1. 格式

将每一相关的业务登记在同一横行内，并分设若干栏，从而可依据每一行各个栏目的登记是否齐全来判断该项业务的完成及变动情况。

2. 适用范围

适用于登记材料采购业务、应收票据和一次性备用金业务等。如“材料采购”“其他应收款”等账户的明细分类账。如图 3-118 所示。

其他应收款——备用金明细账（横线登记式）

| 2019年 | | 凭证 | 摘要 | 借方 | | | 2019年 | | 凭证 | 摘要 | 贷方 | | | 余额 |
|---|---|---|---|---|---|---|---|---|---|---|---|---|---|---|
| 月 | 日 | 号数 | | 原借 | 付 | 合计 | | | 号数 | | 报销 | 退 | 合计 | |
| 12 | 10 | 记8 | 李平 | 800 | | 800 | | | | | | | | |
| | 20 | 记16 | 张均 | 1000 | | 1000 | 2 | 5 | 记68 | 报销 | 800 | 200 | 1000 | 0 |
| | | | | | | | | | | | | | | |
| | | | | | | | | | | | | | | |

图 3-118

3. 登记规则

横线登记式账簿可连续使用，在一行登记一笔业务的始末，如备用金的预支与报销收回。登记时，根据相关凭证如实登记日期、字号、摘要、金额等内容，月底在最后一笔业务下划通栏单红线表示月结。一般不需要做累计，年底在最后一笔业务下划双红线表示年结，该账簿可连年使用所以年底不需做结转下年。

## 活动四　编制科目汇总表并登记总账

### 一、任务目标

（1）通过实训活动，熟练编制科目汇总表。

（2）通过实训活动，能掌握总分类账的设置、登记和结账方法。

### 二、知识储备

#### （一）科目汇总表账务处理程序

科目汇总表账务处理程序如图 3-119 所示。

科目汇总表账务处理程序图

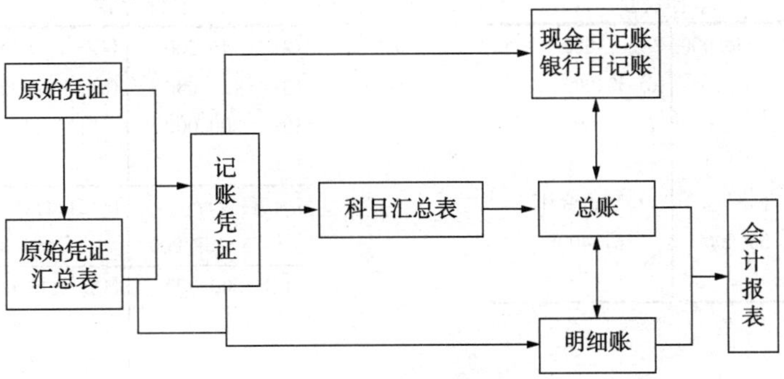


图 3-119

### （二）科目汇总表的编制方法

科目汇总表的编制方法是科目汇总表账务处理程序的核心。其编制的方法是：将一定时期内全部记账凭证按照相同会计科目的借方和贷方归类，定期(每10天或15天，或每月一次)汇总每一账户的借方本期发生额和贷方本期发生额，填写到科目汇总表的相关栏目内，可以反映全部账户的借方本期发生额和贷方本期发生额。登记总分类账时，只要将科目汇总表中各科目的借方发生额和贷方发生额分次或一次记入相应总分类账户的借方或贷方。

### （三）总分类账的登记方法

总分类账是指按照总分类账户分类登记以提供总括核算资料的账簿，格式一般采用三栏式。总分类账的登记方法因不同的会计核算程序而有所不同，一般采用直接按记账凭证逐笔登记，按科目汇总表或汇总记账凭证汇总登记的方法。

(1) 直接根据记账凭证逐笔登记是指按经济业务发生的时间顺序，依据每一张记账凭证逐笔登记总分类账。

(2) 根据科目汇总表登记总账是将记账凭证定期编制成科目汇总表，再依据科目汇总表定期登记总分类账。

(3) 根据汇总记账凭证登记总分类账是定期将全部记账凭证按收、付、转凭证分别编制成汇总记账凭证，再根据汇总记账凭证登记总账。

总分类账的登记取决于账务处理程序，本书后面的实务是根据科目汇总表来登记总账。

## 三、任务导入

根据万达食品有限公司2021年02月的有关资料编制科目汇总表。在万达食品有限公司2021年02月经济业务的记账凭证中，编制的会计分录涉及了很多会计科目。在对这些会计科目分别按借、贷方发生额进行汇总时，可利用编制“科目汇总表工作底稿”的方法进行。“科目汇总表工作底稿”的格式以及本实习资料的汇总情况如下表(注意：没有期初余额，只有本期发生额)。

**科目汇总表工作底稿**

2021年02月

库存现金

| | |
|---|---|
| (5) 50 000 | (2) 800 |
| | (6) 50 000 |
| | (7) 600 |
| 1-15日合计 50 000 | 1-15日合计 51 400 |

银行存款

| | |
|---|---|
| (3) 45 200 | (4) 500 |
| (8) 113 000 | (5) 50 000 |
| (9) 200 000 | (11) 113 000 |
| 1-15日合计 358 200 | 1-15日合计 163 500 |
| (12) 200 000 | (13) 113 000 |
| | (14) 3 000 |
| | (15) 4 000 |
| | (17) 500 |
| 16-28日合计 200 000 | 16-28日合计 120 500 |

原材料

| | |
|---|---|
| (9)　100 000 | (1)　24 000 |
| 1-15日合计<br>100 000 | 1-15日合计<br>24 000 |
| | （16）6 000 |
| 16-28日合计 | 16-28日合计<br>6 000 |

库存商品

| | |
|---|---|
| (20)　50 000 | |
| 16-28日合计<br>50 000 | 16-28日合计 |

应收账款

| | |
|---|---|
| | (1)　45 200 |
| 1-15日合计 | 1-15日合计<br>45 200 |

固定资产

| | |
|---|---|
| （11）100 000 | |
| 1-15日合计<br>100 000 | 合计　0 |

短期借款

| | |
|---|---|
| | (6)　200 000 |
| 1-15日合计 0 | 1-15日合计<br>200 000 |

应交税费

| | |
|---|---|
| (9)　13 000<br>（11）13 000 | (8)　13 000 |
| 1-15日合计<br>26 000 | 1-15日合计<br>13 000 |

其他应收款

| | |
|---|---|
| （1）　800 | |
| 1-15 日合计<br>800 | 合计　0 |

无形资产

| | |
|---|---|
| （21）　50 000 | |
| 16-28 日合计<br>50 000 | 合计　0 |

应付账款

| | |
|---|---|
| | （9）113 000 |
| 1-15 日合计 0 | 1-15日合计<br>113000 |
| （13）113 000 | |
| 16-28 日合计<br>113 000 | 16-28日合计 0 |

应付职工薪酬

| | |
|---|---|
| （6）50 000 | |
| 1-15 日合计<br>50 000 | 合计　0 |

### 实收资本

| | |
|---|---|
| | （12） 200 000 |
| | （21） 50 000 |
| 16-28日合计 0 | 16-28日合计 250 000 |

### 生产成本

| | |
|---|---|
| (1) 24 000 | |
| 1-15日合计 24 000 | 1-15日合计 0 |
| （19） 2 000 | |
| 16-28日合计 2 000 | 16-28日合计 0 |

### 销售费用

| | |
|---|---|
| （4） 500 | |
| 1-15日合计 500 | 1-15日合计 0 |
| | （22） 500 |
| 16-28日合计0 | 16-28日合计 500 |

### 财务费用

| | |
|---|---|
| （17） 500 | (20) 500 |
| 16-28日合计 500 | 16-28日合计500 |

### 主营业务成本

| | |
|---|---|
| （20） 50 000 | (20) 50 000 |
| 16-28日合计 50 000 | 16-28日合计 50 000 |

### 主营业务收入

| | |
|---|---|
| | (8)100 000 |
| 1-15日合计0 | 1-15日合计 100 000 |
| （23） 100 000 | |
| 16-28日合计 100 000 | 16-28日合计 0 |

### 累计折旧

| | |
|---|---|
| | （16） 3 000 |
| | 16-28日合计 3 000 |

### 制造费用

| | |
|---|---|
| （7） 200 | |
| 1-15 日合计 200 | 合计 0 |
| （17） 1 800 | （18） 2 000 |
| 16-28 日合计 1 800 | 16-28日合计 2 000 |

### 管理费用

| | |
|---|---|
| （7） 400 | |
| 1-15 日合计 400 | 合计 0 |
| （14） 3 000<br>（15） 6 000<br>（18） 1 200 | （22） 10 600 |
| 16-28 日合计 10 400 | 16-28日合计 0 |

### 营业外支出

| | |
|---|---|
| （15） 4 000 | （22） 4 000 |
| 16-28 日合计 4 000 | 16-28日合计 4 000 |

### 本年利润

| | |
|---|---|
| （22） 65 400 | （23） 100 000 |
| 16-28 日合计 65 400 | 16-28日合计 100 000 |

## 四、任务指导

### (一) 编制科目汇总表

(1)“科目汇总表工作底稿”中采用的汇总形式从表面上看酷似“T”形账户，但并不是“T”形账户。运用这种形式的目的是对各个会计科目的发生额(不包括余额)进行汇总，以便于编制“科目汇总表”。另外，“科目汇总表”可以每月编制一次，也可以根据会计核算的需要定期分次编制。本例假定是月内每半月编制一次。

(2) 根据以上汇总结果指导编制02月上半月“科目汇总表”，如表3-5所示。

表3-5

科目汇总表

2021年02月1日-15日　　　　科汇第1号

| 会计科目 | 本期发生额 | | 总账页数 |
|---|---|---|---|
| | 借方金额 | 贷方金额 | |
| 库存现金 | 50 000 | 51 400 | |
| 银行存款 | 358 200 | 163 500 | |
| 原材料 | 100 000 | 24 000 | |
| 应收账款 | | 45 200 | |
| 其他应收款 | 800 | | |
| 固定资产 | 100 000 | | |
| 短期借款 | | 200 000 | |
| 应付账款 | | 113 000 | |
| 应交税费 | 26 000 | 13 000 | |
| 应付职工薪酬 | 50 000 | | |
| 生产成本 | 24 000 | | |
| 制造费用 | 200 | | |
| 主营业务收入 | | 100 000 | |
| 管理费用 | 400 | | |
| 销售费用 | 500 | | |
| 合计 | 710 100 | 710 100 | |

(3) 指导学生完成02月下半月“科目汇总表”，如表3-6所示。

### (二) 根据上述科目汇总表登记总账

(1) 指导完成：库存现金和银行存款总分类账如表3-7、表3-8。

(2) 课后完成其他总账的登记。

**表 3-6**

**科目汇总表**

2021 年 02 月 16 日–28 日　　　　科汇第 2 号

| 会计科目 | 本期发生额 | | 总账页数 |
|---|---|---|---|
| | 借方金额 | 贷方金额 | |
| 库存现金 | | | |
| 银行存款 | | | |
| 原材料 | | | |
| 库存商品 | | | |
| 应收账款 | | | |
| 其他应收款 | | | |
| 累计折旧 | | | |
| 应付账款 | | | |
| 应交税费 | | | |
| 应付职工薪酬 | | | |
| 生产成本 | | | |
| 制造费用 | | | |
| 主营业务收入 | | | |
| 主营业务成本 | | | |
| 管理费用 | | | |
| 销售费用 | | | |
| 财务费用 | | | |
| 营业外支出 | | | |
| 本年利润 | | | |
| 合计 | | | |

**表 3-7**

**总　分　类　账**

科目：库存现金　　　　第　　页

| 21年 | | 记账凭证 | | 摘　要 | 借　方 | | | | | | | | | | √ | 贷方 | | | | | | | | | | √ | 借或贷 | 余　额 | | | | | | | | | | √ |
|---|---|---|---|---|---|---|---|---|---|---|---|---|---|---|---|---|---|---|---|---|---|---|---|---|---|---|---|---|---|---|---|---|---|---|---|---|---|---|
| 月 | 日 | 字 | 号 | | 千 | 百 | 十 | 万 | 千 | 百 | 十 | 元 | 角 | 分 | | 千 | 百 | 十 | 万 | 千 | 百 | 十 | 元 | 角 | 分 | | | 千 | 百 | 十 | 万 | 千 | 百 | 十 | 元 | 角 | 分 | |
| 2 | 1 | | | **期初余额** | | | | | | | | | | | | | | | | | | | | | | | **借** | | | | | **5** | **0** | **0** | **0** | **0** | **0** | |
| 2 | 15 | 科汇 | 1 | **1–15日汇总** | | | | **5** | **0** | **0** | **0** | **0** | **0** | **0** | | | | | **5** | **1** | **4** | **0** | **0** | **0** | **0** | | **借** | | | | | **3** | **6** | **0** | **0** | **0** | **0** | |
| 2 | 28 | | | **本月合计** | | | | **5** | **0** | **0** | **0** | **0** | **0** | **0** | | | | | **5** | **1** | **4** | **0** | **0** | **0** | **0** | | **借** | | | | | **3** | **6** | **0** | **0** | **0** | **0** | |
| | | | | | | | | | | | | | | | | | | | | | | | | | | | | | | | | | | | | | | |
| | | | | | | | | | | | | | | | | | | | | | | | | | | | | | | | | | | | | | | |

表 3-8

**总 分 类 账**

科目：**银行存款** 第 页

| 21年 | | 记账凭证 | | 摘要 | 借方 | | | | | | | | | | √ | 贷方 | | | | | | | | | | √ | 借或贷 | 余额 | | | | | | | | | | √ |
|---|---|---|---|---|---|---|---|---|---|---|---|---|---|---|---|---|---|---|---|---|---|---|---|---|---|---|---|---|---|---|---|---|---|---|---|---|---|---|
| 月 | 日 | 字 | 号 | | 千 | 百 | 十 | 万 | 千 | 百 | 十 | 元 | 角 | 分 | | 千 | 百 | 十 | 万 | 千 | 百 | 十 | 元 | 角 | 分 | | | 千 | 百 | 十 | 万 | 千 | 百 | 十 | 元 | 角 | 分 | |
| 2 | 1 | | | **期初余额** | | | | | | | | | | | | | | | | | | | | | | | **借** | | 2 | 4 | 0 | 0 | 0 | 0 | 0 | 0 | 0 | |
| 2 | 15 | 科汇 | 1 | **1-15日汇总** | | | 3 | 5 | 8 | 2 | 0 | 0 | 0 | 0 | | | | 1 | 6 | 3 | 5 | 0 | 0 | 0 | 0 | | **借** | | 2 | 5 | 9 | 4 | 7 | 0 | 0 | 0 | 0 | |
| | | | | **本月合计** | | | 3 | 5 | 8 | 2 | 0 | 0 | 0 | 0 | | | | 1 | 6 | 3 | 5 | 0 | 0 | 0 | 0 | | **借** | | 2 | 5 | 9 | 4 | 7 | 0 | 0 | 0 | 0 | |
| | | | | | | | | | | | | | | | | | | | | | | | | | | | | | | | | | | | | | | |

## 五、实验任务

必通有限公司 2019 年 6 月发生了下列交易或事项，取得或填制了相关原始凭证。（会计：李磊；预付账款——金塑材料公司，期初余额为 91 643.00）

（1）6 月 2 日，销售给友美科技有限公司金属铸件一批，金属铸件已发出，货款未收到。有关单据如图 3-120~图 3-122 所示。

（2）6 月 3 日，购买原材料，原材料验收入库，前期已用支票预付全额货款。如图 3-123~图 3-125 所示。

**购销合同**

合同编号：GX55965811

卖方： 必通制造有限公司

买方： 友美科技有限公司

为保护买卖双方的合法权益，买卖双方根据《中华人民共和国合同法》的有关规定，经友好协商，一致同意签订本合同，共同遵守。

一、货物的名称、数量及价格：

| 货物的名称 | 规格型号 | 计量单位 | 数量 | 单价(不含税) | 金额(不含税) | 税率 | 价税合计 |
|---|---|---|---|---|---|---|---|
| A产品 | | 个 | 100 | 3500.00 | 350000.00 | 13% | 395500.00 |
| B产品 | | 个 | 80 | 3100.00 | 248000.00 | 13% | 280240.00 |
| | | | | | | | |
| | | 原件与复印件核对无误 | | | | | |
| | | | | | | | |
| 合计 | | | | | ¥598000.00 | | ¥675740.00 |

二、运输费用承担方式：买方承担

三、合同总金额：合同总金额为人民币：陆拾柒万伍仟柒佰肆拾(￥675740.00 )。

四、付款结算方式：转账支票

五、付款期限：开票后一个月内，同时给予现金折扣优惠：1/10，n/30。

| | | | |
|---|---|---|---|
| 卖 方： | 必通制造有限公司 | 买 方： | 友美科技有限公司 |
| 授权代表： | 胡一[illegible] | 授权代表： | 杨美萍 |
| 开户银行： | 中国[illegible]银行仙桃市支行 | 开户银行： | 中国工商银行仙桃市支行 |
| 账 号： | 40586123768 | 账 号： | 40589621403 |
| 地 址： | 湖北省仙桃市仙桃大道51号 | 地 址： | 湖北省仙桃市海[illegible]路118号 |
| 电 话： | 0728-8335[illegible]57 | 电 话： | 0728-83354792 |
| 日 期： | 2019月06月02日 | 日 期： | 2019月06月02日 |

图 3-120

**湖北增值税专用发票**

4200192130　　湖北　　№ 63210478

此联不作报销、扣税凭证使用

校验码 69582 02148 89741 02488　　开票日期：2019年06月02日

| | | | | | | | |
|---|---|---|---|---|---|---|---|
| 购买方 | 名称：友美科技有限公司<br>纳税人识别号：914290045879621184<br>地址、电话：湖北省仙桃市海平路118号 0728-3354792<br>开户行及账号：中国工商银行仙桃市支行 40589621403 | | | 密码区 | 86452-48648+8964*74684/4867<br>5624512+49874*4765/4185-564<br>52483-5469145*48674/74685+5<br>454*4068+54684-451685/54687 | | |
| 货物或应税劳务、服务名称 | 规格型号 | 单位 | 数量 | 单价 | 金额 | 税率 | 税额 |
| *金属铸件*A产品 | | 个 | 100 | 3500.00 | 350000.00 | 13% | 45500.00 |
| *金属铸件*B产品 | | 个 | 80 | 3100.00 | 248000.00 | 13% | 32240.00 |
| 合计 | | | | | ¥598000.00 | | ¥77740 |
| 价税合计（大写） | ⊗陆拾柒万伍仟柒佰肆拾圆整 | | | | （小写）¥675740.00 | | |
| 销售方 | 名称：必通制造有限公司<br>纳税人识别号：914290045897456471<br>地址、电话：湖北省仙桃市仙桃大道51号 0728-3351357<br>开户行及账号：中国工商银行仙桃市支行 40586123768 | | | 备注 | | | |

收款人：程娇娘　　复核：肖云　　开票人：李磊　　销售方：（章）

图 3-121

**商品出库单**

编号：NO. 021300

客户名称：友美科技有限公司　　2019 年 06 月 02 日

| 商品名称 | 规格 | 单位 | 数量 | 单价 | 实际☑ 计划□ | 金额（亿千百十万千百十元角分） |
|---|---|---|---|---|---|---|
| A产品 | | 个 | 100 | | | |
| B产品 | | 个 | 80 | | | |
| 合计 | | | | | | |
| 合计人民币（大写） | | | | | | |

生产部门：生产车间　　发货人：陈京华　　收货人：　　制单人：陈京华

第三联 交财务部门

图 3-122

**材料验收入库单**

供应人：金塑材料公司　　2019 年 06 月 03 日　　凭证编号：020301　　仓库编号：0001

| 增值税 10543.00 | 发票号 21450121 | 验收日期 2019年06月03日 | | | 存放地点 0001 | | | 附件份数 | 份 |
|---|---|---|---|---|---|---|---|---|---|
| 材料编号 | 材料名称 | 规格 | 型号 | 单位 | 数量（凭证） | 数量（实收） | 计划单价（单价） | 计划单价（总价） | 实际单价（单价） | 实际单价（总价） |
| 01 | 甲材料 | | | 克 | 4200 | 4200 | | | 9.50 | 39900.00 |
| 02 | 乙材料 | | | 克 | 4000 | 4000 | | | 5.80 | 23200.00 |
| 03 | 丙材料 | | | 克 | 1500 | 1500 | | | 12.00 | 18000.00 |
| 差异 | | 备注 | | | | | | | | |

财务处长　　供应科长　　仓库主管 李可　　验收保管 陈京华　　检验　　采购经办

第三联 财务科核算

图 3-123

**购销合同**

合同编号：GX55965810

卖方：　金塑材料公司

买方：　必通制造有限公司

为保护买卖双方的合法权益，买卖双方根据《中华人民共和国合同法》的有关规定，经友好协商，一致同意签订本合同，共同遵守。

一、货物的名称、数量及价格：

| 货物的名称 | 规格型号 | 计量单位 | 数量 | 单价(不含税) | 金额(不含税) | 税率 | 价税合计 |
|---|---|---|---|---|---|---|---|
| 甲材料 | | 克 | 4200 | 9.50 | 39900.00 | 13% | 45087.00 |
| 乙材料 | | 克 | 4000 | 5.80 | 23200.00 | 13% | 26216.00 |
| 丙材料 | | 克 | 1500 | 12.00 | 18000.00 | 13% | 20340.00 |
| | | | 原件与复印件核对无误 | | | | |
| | | | | | | | |
| 合计 | | | | | ¥81100.00 | | ¥91643.00 |

二、运输费用承担方式：卖方承担

三、合同总金额：合同总金额为人民币：玖万壹仟陆佰肆拾叁圆(￥91643.00　　)。

四、付款结算方式：以支票预付全额货款

五、付款期限：2019年06月3日前

| | | | |
|---|---|---|---|
| 卖　方： | 金塑材料公司 | 买　方： | 必通制造有限公司 |
| 授权代表： | 王贺 | 授权代表： | 胡一刀 |
| 开户银行： | 中国工商银行仙桃市支行 | 开户银行： | 中国工商银行仙桃市支行 |
| 账　号： | 47028524389 | 账　号： | 40586123768 |
| 地　址： | 湖北省仙桃市汉东路8号 | 地　址： | 湖北省仙桃市仙桃大道51号 |
| 电　话： | 0728-83358796 | 电　话： | 0728-83351357 |
| 日　期： | 2019年06月03日 | 日　期： | 2019年06月03日 |

图 3-124

4200192130　　**湖北增值税专用发票**　　发票联　　№ 21450121

校验码 33625 58462 21478 95035　　开票日期：2019年06月03日

| 购买方 | |
|---|---|
| 名　　称： | 必通制造有限公司 |
| 纳税人识别号： | 914290045897456471 |
| 地址、电话： | 湖北省仙桃市仙桃大道51号 0728-3351357 |
| 开户行及账号： | 中国工商银行仙桃市支行 40586123768 |

密码区：
4521+561-548654*5864/486744
486451+5168-4718674*486/455
56486-58645*4654/486+456411
45684-4684+5614*46845/47654

| 货物或应税劳务、服务名称 | 规格型号 | 单位 | 数量 | 单价 | 金额 | 税率 | 税额 |
|---|---|---|---|---|---|---|---|
| *有色金属冶炼压延品*甲材料 | | 克 | 4200 | 9.50 | 39900.00 | 13% | 5187.00 |
| *有色金属冶炼压延品*乙材料 | | 克 | 4000 | 5.80 | 23200.00 | 13% | 3016.00 |
| *有色金属冶炼压延品*丙材料 | | 克 | 1500 | 12.00 | 18000.00 | 13% | 2340.00 |
| 合　　计 | | | | | ¥81100.00 | | ¥10543.00 |

价税合计（大写）　⊗玖万壹仟陆佰肆拾叁圆整　　（小写）¥91643.00

| 销售方 | |
|---|---|
| 名　　称： | 金塑材料公司 |
| 纳税人识别号： | 914290045890578521 |
| 地址、电话： | 湖北省仙桃市汉东路8号 0728-3358796 |
| 开户行及账号： | 中国工商银行仙桃市支行 47028524389 |

备注：（发票专用章 914290045890578521）

收款人：胡阳　　复核：黄一山　　开票人：张玲　　销售方：（章）

图 3-125

(3) 6月6日，报销公司团餐费，属于职工福利费项目(应付职工薪酬——福利费)。如图3-126、图3-127所示。

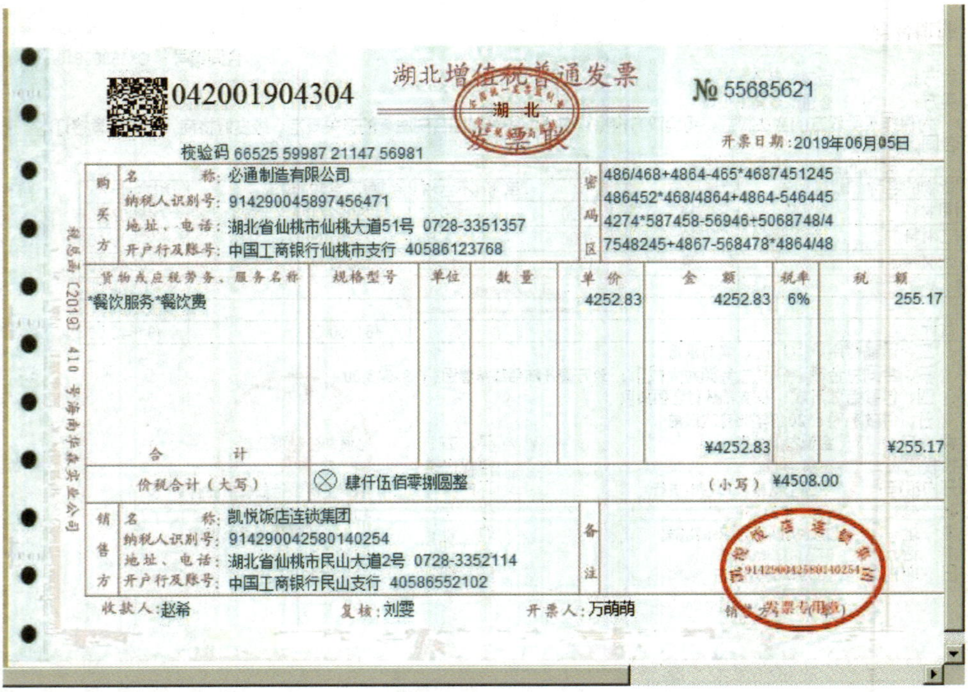

湖北增值税普通发票

042001904304 № 55685621

开票日期：2019年06月05日

校验码 66525 59987 21147 56981

| | | | | | | | |
|---|---|---|---|---|---|---|---|
| 购买方 | 名称：必通制造有限公司<br>纳税人识别号：914290045897456471<br>地址、电话：湖北省仙桃市仙桃大道51号 0728-3351357<br>开户行及账号：中国工商银行仙桃市支行 40586123768 | | | 密码区 | 486/468+4864-465*4687451245<br>486452*468/4864+4864-546445<br>4274*587458-56946+5068748/4<br>7548245+4867-568478*4864/48 | | |
| 货物或应税劳务、服务名称 | 规格型号 | 单位 | 数量 | 单价 | 金额 | 税率 | 税额 |
| *餐饮服务*餐饮费 | | | | 4252.83 | 4252.83 | 6% | 255.17 |
| 合计 | | | | | ¥4252.83 | | ¥255.17 |
| 价税合计（大写） | ⊗肆仟伍佰零捌圆整 | | | | （小写）¥4508.00 | | |
| 销售方 | 名称：凯悦饭店连锁集团<br>纳税人识别号：914290042580140254<br>地址、电话：湖北省仙桃市民山大道2号 0728-3352114<br>开户行及账号：中国工商银行民山支行 40586552102 | | | 备注 | | | |

收款人：赵希 复核：刘雯 开票人：万萌萌 销售方：（章）

图 3-126

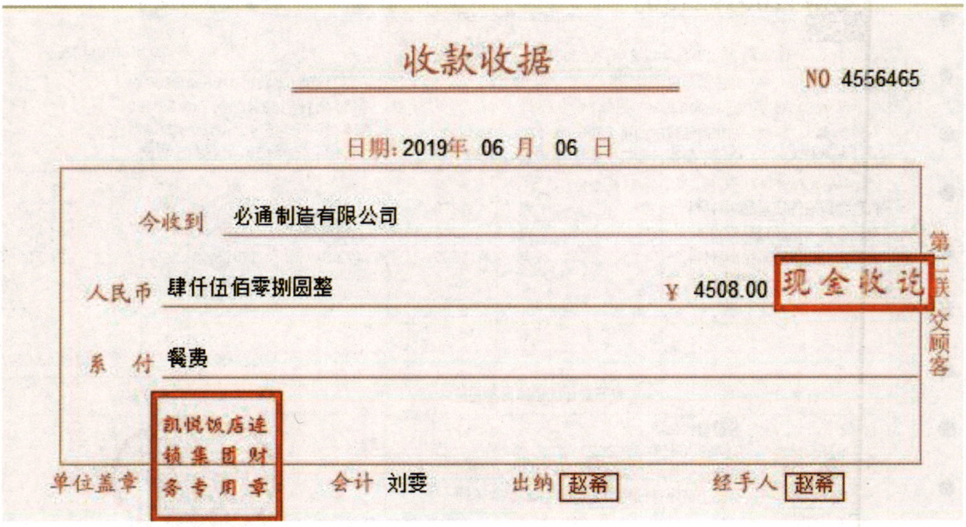

收款收据

NO 4556465

日期：2019年 06 月 06 日

今收到 必通制造有限公司

人民币 肆仟伍佰零捌圆整 ¥ 4508.00 现金收讫

系付 餐费

单位盖章 凯悦饭店连锁集团财务专用章 会计 刘雯 出纳 赵希 经手人 赵希

第二联 交顾客

图 3-127

(4) 6 月 10 日，收到货款。如图 3-128、图 3-129 所示。

(5) 6 月 27 日，销售部购买固定资产。如图 3-130~图 3-132 所示。

要求：采用科目汇总表核算程序登记总账。

(1) 根据业务编制记账凭证。

(2) 根据记账凭证编制科目汇总表(全部汇总法，全月一汇)。

(3) 根据科目汇总表登记预付账款的总账并结账(预付账款期初余额借方：91 643.00)。

中国工商银行　**进账单**　（收账通知）3

2019 年 06 月 10 日

| | | | | | |
|---|---|---|---|---|---|
| 出票人 | 全　称 | 友美科技有限公司 | 收款人 | 全　称 | 必通制造有限公司 |
| | 账　号 | 40589621403 | | 账　号 | 40586123768 |
| | 开户银行 | 中国工商银行仙桃市支行 | | 开户银行 | 中国工商银行仙桃市支行 |
| 金额 | 人民币（大写） | 陆拾陆万捌仟玖佰捌拾贰圆陆角整 | | 亿千百十万千百十元角分 | ¥ 6 6 8 9 8 2 6 0 |
| 票据种类 | 转账支票 | 票据张数 | 1 | | |
| 票据号码 | 25741236 | | | | |
| | 复核　记账 | | | 收款人开户银行签章 | 中国工商银行仙桃市支行 2018.06.10 收讫 |

此联是收款人开户银行交给收款人的收账通知

图 3-128

**购销合同**

合同编号：GX55965811

卖方：　必通制造有限公司

买方：　友美科技有限公司

为保护买卖双方的合法权益，买卖双方根据《中华人民共和国合同法》的有关规定，经友好协商，一致同意签订本合同，共同遵守。

一、货物的名称、数量及价格：

| 货物的名称 | 规格型号 | 计量单位 | 数量 | 单价(不含税) | 金额(不含税) | 税率 | 价税合计 |
|---|---|---|---|---|---|---|---|
| A产品 | | 个 | 100 | 3500.00 | 350000.00 | 13% | 395500.00 |
| B产品 | | 个 | 80 | 3100.00 | 248000.00 | 13% | 280240.00 |
| | | | | | | | |
| | | | 原件与复印件核对无误 | | | | |
| 合计 | | | | | ¥598000.00 | | ¥675740.00 |

二、运输费用承担方式：买方承担

三、合同总金额：合同总金额为人民币：陆拾柒万伍仟柒佰肆拾(¥ 675740.00　　　　)。

四、付款结算方式：转账支票

五、付款期限：开票后一个月内，同时给予现金折扣优惠：1/10，n/30。

| | | | |
|---|---|---|---|
| 卖　方： | 必通制造有限公司 | 买　方： | 友美科技有限公司 |
| 授权代表： | 胡一刀 | 授权代表： | 杨美萍 |
| 开户银行： | 中国工商银行仙桃市支行 | 开户银行： | 中国工商银行仙桃市支行 |
| 账　号： | 40586123768 | 账　号： | 40589621403 |
| 地　址： | 湖北省仙桃市仙桃大道51号 | 地　址： | 湖北省仙桃市海平路118号 |
| 电　话： | 0728-83351357 | 电　话： | 0728-83354702 |
| 日　期： | 2019月06月02日 | 日　期： | 2019月06月02日 |

图 3-129

**固定资产入库单**

2019 年 06 月 27 日　　凭证编号：5899632

| 固定资产名称及编号 | 规格型号 | 单位 | 数量 | 预计使用年限 | 已使用年限 | 原始价值 | 已提折旧 | 评估价 |
|---|---|---|---|---|---|---|---|---|
| 华新广场B1-102商铺 | | 平方 | 8 | 40 | 0 | 160000.00 | 0 | 160000.00 |
| 固定资产状况 | 全新 | | | | | | | |
| 何时购入 | 进入方式 | | 入账价值 | | 固定资产管理部门 | | 会计主管 | |
| 2019年06月27日 | 购买 | | 160000.00 | | 销售部 | | 肖云 | |

第二联　交财务部门

图 3-130

中国工商银行
转账支票存根
10200020
76582317
附加信息
出票日期 2019年 06 月 27 日
收款人：华新商业有限公司
金 额：¥174400.00
用 途：购买固定资产
单位主管 叶啸天 会计 李磊

图 3-131

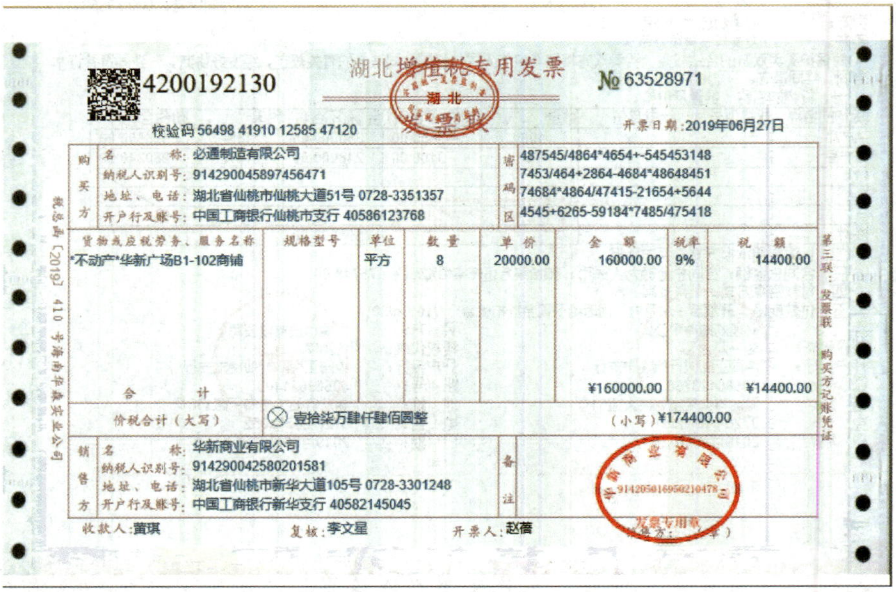

湖北增值税专用发票
4200192130 №63528971
校验码 56498 41910 12585 47120
开票日期：2019年06月27日

购买方 名 称：必通制造有限公司
纳税人识别号：914290045897456471
地址、电话：湖北省仙桃市仙桃大道51号 0728-3351357
开户行及账号：中国工商银行仙桃市支行 40586123768

密码区 487545/4864*4654+-545453148
7453/464+2864-4684*48648451
74684*4864/47415-21654+5644
4545+6265-59184*7485/475418

| 货物或应税劳务、服务名称 | 规格型号 | 单位 | 数量 | 单价 | 金额 | 税率 | 税额 |
|---|---|---|---|---|---|---|---|
| *不动产*华新广场B1-102商铺 | | 平方 | 8 | 20000.00 | 160000.00 | 9% | 14400.00 |
| 合 计 | | | | | ¥160000.00 | | ¥14400.00 |

价税合计（大写） ⊗壹拾柒万肆仟肆佰圆整 （小写）¥174400.00

销售方 名 称：华新商业有限公司
纳税人识别号：914290042580201581
地址、电话：湖北省仙桃市新华大道105号 0728-3301248
开户行及账号：中国工商银行新华支行 40582145045

收款人：黄琪 复核：李文星 开票人：赵蓓

图 3-132

# 活动五 查找与更正错账

## 一、任务目标

（1）通过实训活动，熟练分析账簿错误类型。

（2）熟悉查找错账的方法。

（3）掌握划线更正法的适用范围，并能熟练进行操作。

## 二、知识储备

### （一）查找错账方法

会计错账查找常见的方法主要有差数法、尾数法、除 9 法以及除 2 法。

1. 差数法

差数法是指按照错账的差数来查找错账的方法。

例如，在记账过程中只登记了经济业务的借方或者贷方，漏记了另一方，从而形成试算平衡中借方合计数与贷方合计数不相等。如果借方金额遗漏，就会使该金额在贷方超出。如果贷方金额遗漏，则会使该金额在借方超出。对于这样的差错，可由会计人员通过回忆和与相关金额的记账核对来查找。

2. 尾数法

尾数法是指对于发生的只有角、分的差错，可以只检查小数部分，这样可以提高查找错误的效率。

3. 除 2 法

除 2 法是指用差数除以 2 来查找错账的方法。若记账时将借方金额错计入贷方（或者相反）时，出现错账的差数就会表现为错误的 2 倍，因此将此差数用 2 去除，得出的商就应该是反向的正确金额。

例如，应计入固定资产科目借方的 5 000 元误计入贷方，则该科目的期末余额将小于总分类科目期末余额 10 000 元，被 2 除的商 5 000 元即为借贷方向反向的金额。同理，如果借方总额大于贷方 800 元，即应查找有无 400 元的贷方金额误计入借方。

4. 除 9 法

除 9 法是指用差数除以 9 来查找错数的方法，适用于以下两种情况。

（1）将数字写大。例如将 30 写成 300，错误数字大于正确数字 9 倍。查找的方法是：用差数除以 9 得出的商为正确的数字，商乘以 10 后所得的积为错误数字。上例差数 270（300−30）除以 9 以后，所得的商 30 为正确数字，30 乘以 10 等于 300 为错误数字。

（2）将数字写小。例如将 500 写成 50，错误数字小于正确数字 9 倍。查找的方法是：以差数除以 9 得出的商即为写错的数字，商乘以 10 即为正确的数字。上例差数 450（500−50）除以 9，商 50 即为错数，扩大 10 倍后即可得出正确的数字 500。

### （二）错账更正方法

错账更正方法如表 3-9 所示。

1. 划线更正法

（1）对于文字的错误，可以只划去错误的文字，并更正。

（2）对于错误的数字，应当将整个数字全部划红线予以注销并更正，不能只划掉并更正其中个别错误数字。例如，把 367 800 误写成 368 700，不得只划掉 87 这个数字并更正，而是应将 368 700 全数用红线划去，在上方更正为 367 800。

（3）划线注销的文字或数字应保持其原有字迹清晰可辨，以备查考。

（4）用红字划线，用蓝字在上方更正。

（5）更正人员在旁边空白处盖章，以明确责任。

**表 3-9**

<table>
<tr><th>错账更正方法</th><th colspan="2">适用范围</th><th>具体做法</th></tr>
<tr><td>划线更正法</td><td colspan="2">在结账前发现账簿记录有文字或数字错误，而记账凭证没有错误</td><td>在错误的文字或数字处划线，在上面更正，并盖章</td></tr>
<tr><td>红字更正法</td><td>1. 记账后发现记账凭证中的应借、应贷会计科目有错误所引起的记账错误<br>2. 记账后发现记账凭证和账簿记录中应借、应贷会计科目无误，只是所记金额大于应记金额所引起的记账错误</td><td rowspan="2">记账凭证错误，导致会计账簿也错误</td><td>先用红字编一张与错误凭证除摘要的编号不同的凭证，并据以记账，再用蓝字编一张正确的凭证，并据以记账<br>用红字编一张多记金额的凭证，并据以记账</td></tr>
<tr><td>补充更正法</td><td>记账后发现记账凭证和账簿记录中应借、应贷会计科目无误，只是所记金额小于应记金额</td><td>用蓝字编一张少记金额的凭证，并据以记账</td></tr>
</table>

2. 红字更正法

（1）记账凭证的会计科目和记账方向错误，或者金额多记，就必须采用红字更正法。

（2）此时在红字凭证上注明“冲销×年×月×日×号凭证”；在蓝字凭证上注明“更正×年×月×日×号凭证”或“订正×年×月×日×号凭证”。

3. 补充登记法

（1）补充登记法必须在会计科目和方向上均无误，只是金额少记的情况下才可能适用。

（2）在摘要栏书写“补充×年×月×日×号凭证少记金额”。

## 三、任务导入

根据以下经济业务案例，判断应该使用哪种正确的错账更正方法并予以更正。

（1）案例背景：2019 年 05 月 31 日，北京信诚股份有限公司会计查账的时候发现登记的账簿有误，请代北京信诚股份有限公司会计更正错账。请会计人员陈飞根据相关单据更改错账。如图 3-133～图 3-135 所示。

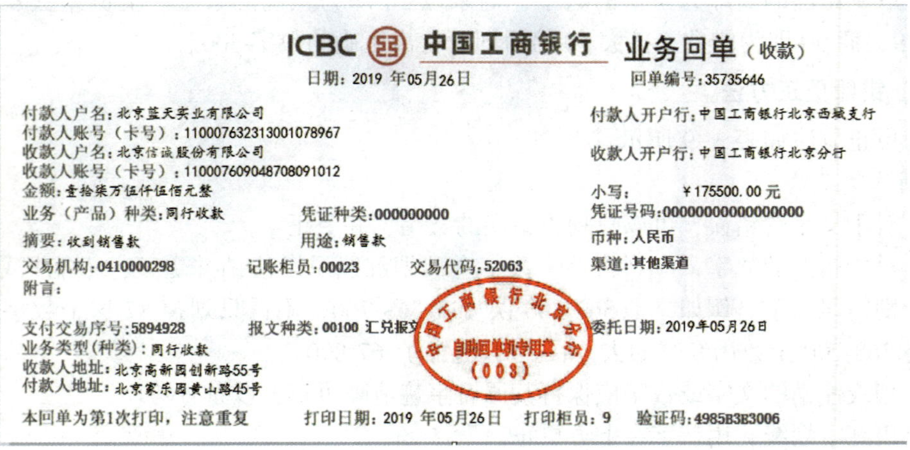
ICBC 中国工商银行 业务回单（收款）

日期：2019 年05月26日　回单编号：35735646

付款人户名：北京蓝天实业有限公司　付款人开户行：中国工商银行北京西藏支行

付款人账号（卡号）：110007632313001078967

收款人户名：北京信诚股份有限公司　收款人开户行：中国工商银行北京分行

收款人账号（卡号）：110007609048708091012

金额：壹拾柒万伍仟伍佰元整　小写：￥175500.00 元

业务（产品）种类：同行收款　凭证种类：000000000　凭证号码：00000000000000000

摘要：收到销售款　用途：销售款　币种：人民币

交易机构：0410000298　记账柜员：00023　交易代码：52063　渠道：其他渠道

附言：

支付交易序号：5894928　报文种类：00100 汇兑报文　委托日期：2019年05月26日

业务类型（种类）：同行收款

收款人地址：北京高新园创新路55号

付款人地址：北京家乐园黄山路45号

中国工商银行北京分行 自助回单机专用章（003）

本回单为第1次打印，注意重复　打印日期：2019 年05月26日　打印柜员：9　验证码：4985B3B3006

图 3-133

**记　账　凭　证**

2019 年 05 月 26 日　　　　记 字 046 号

| 摘　要 | 总账科目 | 明细科目 | 借方金额 | 贷方金额 | 记账 |
|---|---|---|---|---|---|
| 收到销售款 | 银行存款 | 中国工商银行 | 17550000 | | ☑ |
| | 应收账款 | 北京蓝天实业有限公司 | | 17550000 | ☑ |
| | | | | | ☐ |
| | | | | | ☐ |
| | | | | | ☐ |
| | | | | | ☐ |
| 合计 | | （附件 1 张） | ¥17550000 | ¥17550000 | |

会计主管　　记账 陈飞　　出纳　　审核 吴浩　　制单 陈飞

图 3-134

**应收账款明细账**

明细科目：北京蓝天实业有限公司　　　　第2 页 共10 页

| 2019年 月 | 日 | 凭证 种类 | 号数 | 摘　要 | 借方 | 贷方 | 借或贷 | 余额 |
|---|---|---|---|---|---|---|---|---|
| 05 | 01 | | | 承前页 | | | 平 | 000 |
| 05 | 13 | 记 | 019 | 销售办公桌 | 1755000 | | 借 | 1755000 |
| 05 | 21 | 记 | 032 | 销售办公桌 | 17550000 | | 借 | 19305000 |
| 05 | 22 | 记 | 034 | 收到销售款 | | 17550000 | 借 | 1755000 |
| 05 | 26 | 记 | 044 | 销售办公桌 | 17550000 | | 借 | 19305000 |
| 05 | 26 | 记 | 046 | 收到销售款 | | 1755000 | 借 | 17550000 |

图 3-135

（2）案例背景：2019 年 07 月 31 日，北京信诚股份有限公司会计查账的时候发现已登记的记账凭证登记错误，请代北京科云股份有限公司会计修改错账。如图 3-136~图 3-138 所示。

1100092620　　**北京增值税专用发票**　　№ 78650943

发票联　　开票日期：2019 年 07 月 11 日

购买方　名　　称：北京信诚股份有限公司
纳税人识别号：91110908045615075X
地 址、电 话：北京高新园创新路55号010-88227854
开户行及账号：中国工商银行北京分行110007609048708091012

密码区　1*6<+81+574+9*2+/>0-39063/*
-*0/968*624582>91*3/*1<6*42
2477</42**0+7-2</24-630-391
611+>/51433*124*5-+44><9/94

| 货物或应税劳务、服务名称 | 规格型号 | 单位 | 数量 | 单价 | 金额 | 税率 | 税额 |
|---|---|---|---|---|---|---|---|
| *木制品*软木材料 | | 公斤 | 720 | 25.00 | 18000.00 | 13% | 2340.00 |
| 合　计 | | | | | ¥18000.00 | | ¥2340.00 |

价税合计（大写）⊗ 贰万零叁佰肆拾圆整　　（小写）¥20340.00

销售方　名　　称：北京蓝天实业有限公司
纳税人识别号：91110270590544459X
地 址、电 话：北京家乐园黄山路45号010-34566666
开户行及账号：中国工商银行北京西城支行110007632313001078967

备注

收款人：　　复核：　　开票人：钟豪云　　销售方：（章）

图 3-136

**销 售 单　2**

客户名称：北京信诚股份有限公司　　2019年07月11日　　№:84937544

| 品名 | 规格 | 单位 | 单价 | 数量 | 金额 |
|---|---|---|---|---|---|
| 软木材料 | | 公斤 | 28.25 | 720 | 20340.00 |
| | | | | | |
| | | | | | |
| | | | | | |
| | | | | | |
| 总计金额（大写）：人民币贰万零叁佰肆拾元整 | | | | | ¥20340.00 |

第一联：存根（白）第二联：客户（红）

信用审批：朱大力　　业务主管：王辉　　经办人：王惠兰

图 3-137

**记 账 凭 证**

2019 年 07 月 11 日　　记 字 021 号

| 摘要 | 总账科目 | 明细科目 | 借方金额 | 贷方金额 | 记账 |
|---|---|---|---|---|---|
| 采购原材料 | 原材料 | 软木材料 | 1800000 | | ☑ |
| | 应交税费 | 应交增值税-进项税额 | 234000 | | ☑ |
| | 应付账款 | 北京蓝天实业有限公司 | | 2034000 | ☑ |
| | | | | | ☐ |
| | | | | | ☐ |
| | | | | | ☐ |
| 合计 | | （附件 2 张） | ¥2034000 | ¥2034000 | |

会计主管　　记账 陈飞　　出纳　　审核 吴浩　　制单 陈飞

图 3-138

（3）案例背景：2019年05月31日，北京信诚股份有限公司会计查账的时候发现已登记的记账凭证登记错误，请代北京信诚股份有限公司会计陈飞更正错账。如图 3-139～图 3-142 所示。

1100092620　　**北京增值税专用发票**　　№ 45236810

此联不作报销、扣税凭证使用　　开票日期：2019年05月21日

| | | | | | | | |
|---|---|---|---|---|---|---|---|
| 购买方 | 名称：北京蓝天实业有限公司<br>纳税人识别号：91110270590544459X<br>地址、电话：北京家乐园黄山路45号010-34566666<br>开户行及账号：中国工商银行北京西城支行110007632313001078967 | | | 密码区 | 1*6<+81+574+9*2+/>0-39063/*<br>-*0/968*624582>91*3/*1<6*42<br>2477</42**0+7-2</24-630-391<br>611+>/51433*124*5-+44><9/94 | | |
| 货物或应税劳务、服务名称 | 规格型号 | 单位 | 数量 | 单价 | 金额 | 税率 | 税额 |
| *家具*办公桌 | | 张 | 1000 | 100.00 | 100000.00 | 13% | 13000.00 |
| 合计 | | | | | ¥100000.00 | | ¥13000.00 |
| 价税合计（大写） | ⊗壹拾壹万叁仟圆整 | | | | （小写）¥113000.00 | | |
| 销售方 | 名称：北京信诚股份有限公司<br>纳税人识别号：91110908045615075X<br>地址、电话：北京高新园创新路55号010-88227854<br>开户行及账号：中国工商银行北京分行110007609048708091012 | | | 备注 | | | |

收款人：　　复核：　　开票人：吴恒　　销售方：（章）

第一联：记账联　销售方记账凭证

税总函〔2016〕117号海南华森实业公司

图 3-139

# 销 售 单　　1

客户名称：北京蓝天实业有限公司　　　2019 年 05 月 21 日　　　No:67208372

| 品 名 | 规 格 | 单位 | 单价 | 数量 | 金额 |
| --- | --- | --- | --- | --- | --- |
| 办公桌 | | 张 | 113.00 | 1000 | 113000.00 |
| | | | | | |
| | | | | | |
| | | | | | |
| | | | | | |
| | | | | | |
| 总计金额（大写）：人民币壹拾壹万叁仟元整 | | | | | ¥113000.00 |

第一联：存根（白）第二联：客户（红）

信用审批：许建辉　　　业务主管：陈晓芬　　　经办人：曹酷菲

图 3-140

| 物资类别 | 库存商品 |
| --- | --- |

## 出 库 单

No. 20983217

2019年　05月　21日

| 提货单位或部门 | 北京蓝天实业有限公司 | 发票号码或销售单号 | 67208372 | 发出仓库 | 第一仓库 | 出库日期 | 2014-05-21 |
| --- | --- | --- | --- | --- | --- | --- | --- |

| 编号 | 名称及规格 | 单位 | 数量 | | 单价 | 金额 |
| --- | --- | --- | --- | --- | --- | --- |
| | | | 要数 | 实发 | | |
| 01 | 办公桌 | 张 | 1000 | 1000 | | |
| | | | | | | |
| | | | | | | |
| | | | | | | |
| | | | | | | |
| | 合　计 | | | | | |

第二联　记账

部门主管：陈霖　　会计：陈飞　　仓库：岳嘉禾　　制表：岳嘉禾

图 3-141

## 记 账 凭 证

2019 年 05 月 21 日　　　记 字 032 号

| 摘　要 | 总账科目 | 明细科目 | 借方金额（千百十万千百十元角分） | 贷方金额（千百十万千百十元角分） | 记账 |
| --- | --- | --- | --- | --- | --- |
| 销售办公桌 | 应收账款 | 北京蓝天实业有限公司 | 1130000 | | ☑ |
| | 主营业务收入 | 办公桌 | | 1000000 | ☑ |
| | 应交税费 | 应交增值税-销项税额 | | 130000 | ☑ |
| | | | | | ☐ |
| | | | | | ☐ |
| | | | | | ☐ |
| 合计 | （附件 3 张） | | ¥1130000 | ¥1130000 | |

会计主管　　记账 陈飞　　出纳　　审核 吴浩　　制单 陈飞

图 3-142

## 四、任务指导

（1）相关凭证正确，账簿登记错误——划线更正法。注意在划线上方处更正并盖章。如图 3-143 所示。

应收账款明细账

明细科目：北京蓝天实业有限公司　　第2 页 共10 页

| 2019年 月 | 日 | 凭证 种类 | 号数 | 摘要 | 借方 | 贷方 | 借或贷 | 余额 |
|---|---|---|---|---|---|---|---|---|
| 05 | 01 | | | 承前页 | | | 平 | 000 |
| 05 | 13 | 记 | 019 | 销售办公桌 | 1755000 | | 借 | 1755000 |
| 05 | 21 | 记 | 032 | 销售办公桌 | 17550000 | | 借 | 19305000 |
| 05 | 22 | 记 | 034 | 收到销售款 | | 17550000 | 借 | 1755000 |
| 05 | 26 | 记 | 044 | 销售办公桌 | 17550000 | | 借 | 19305000 |
| 05 | 26 | 记 | 046 | 收到销售款 | | 17550000<br>~~1755000~~ 陈飞 | 借 | 1755000<br>~~17550000~~ 陈飞 |

图 3-143

（2）记账凭证上科目写错导致账簿登错，用红字更正法，分两步进行。

第一步，会计陈飞根据相关单据填制凭证先填写一张红字凭证，摘要处填“红字冲销记字 021 号凭证”并在制单处加盖个人名章。如图 3-144 所示。

记 账 凭 证

2019 年 07 月 31 日　　记 字 052 号

| 摘要 | 总账科目 | 明细科目 | 借方金额 | 贷方金额 | 记账 |
|---|---|---|---|---|---|
| 红字冲销记字021号凭证 | 原材料 | 软木材料 | -1800000 | | □ |
| | 应交税费 | 应交增值税-进项税额 | -234000 | | □ |
| | 应付账款 | 北京蓝天实业有限公司 | | -2034000 | □ |
| | | | | | □ |
| | | | | | □ |
| | | | | | □ |
| 合计 | | （附件 0 张） | ￥-2034000 | ￥-2034000 | |

会计主管　　记账　　出纳　　审核　　制单 陈飞

图 3-144

第二步，2019 年 07 月 31 日，会计陈飞根据上题资料调整错账（材料采购以实际成本法进行核算），用蓝字重填一张凭证，摘要处填“调整记字 021 号凭证”，并在制单处加盖个人名章。如图 3-145 所示。

（3）判断该笔业务在登记账簿前发生了错误，金额少记 113 000－11 300＝101 700 元，因此用补充登记法，蓝字填少记金额的凭证，并在摘要处写“调整记字 032 号凭证”。如图 3-146 所示。

**记 账 凭 证**

2019 年 07 月 31 日　　记 字 053 号

| 摘要 | 总账科目 | 明细科目 | 借方金额（千百十万千百十元角分） | 贷方金额（千百十万千百十元角分） | 记账 |
|---|---|---|---|---|---|
| 调整记字021号凭证 | 在途物资 | 软木材料 | 1800000 | | □ |
| | 应交税费 | 应交增值税-进项税额 | 234000 | | □ |
| | 应付账款 | 北京蓝天实业有限公司 | | 2034000 | □ |
| | | | | | □ |
| | | | | | □ |
| | | | | | □ |
| 合计 | | （附件 0 张） | ￥2034000 | ￥2034000 | |

会计主管　　记账　　出纳　　审核　　制单 陈飞

图 3-145

**记 账 凭 证**

2019 年 05 月 31 日　　记 字 055 号

| 摘要 | 总账科目 | 明细科目 | 借方金额（千百十万千百十元角分） | 贷方金额（千百十万千百十元角分） | 记账 |
|---|---|---|---|---|---|
| 调整记字032号凭证 | 应收账款 | 北京蓝天实业有限公司 | 10170000 | | □ |
| | 主营业务收入 | 办公桌 | | 9000000 | □ |
| | 应交税费 | 应交增值税-销项税额 | | 1170000 | □ |
| | | | | | □ |
| | | | | | □ |
| | | | | | □ |
| 合计 | | （附件 0 张） | ￥10170000 | ￥10170000 | |

会计主管　　记账　　出纳　　审核　　制单 陈飞

图 3-146

# 任务四 编制会计报表

## 一、知识目标：

（1）熟悉资产负债表和利润表的编制原理和结构。

（2）掌握资产负债表和利润表的编制方法。

## 二、技能目标

（1）能根据资产负债表的编制方法编写资产负债表。

（2）能熟练编制利润表。

## 三、知识储备

### （一）资产负债表

1. 原理结构

资产负债表反映企业在某一特定日期财务状况的报表，编制原理是：资产=负债+所有者权益，其结构是左右账户式。

2. 编制方法：运用期末余额填列，一般有一种方法

（1）直接根据总账科目余额填列。

（2）根据几个总账科目余额计算填列：

① 货币资金= 库存现金+银行存款+其他货币资金；

② 存货=（在途物资+原材料+周转材料+材料成本差异+库存商品+发出商品+生产成本等）-存货跌价准备；

③ 根据“本年利润”和“利润分配”科目的余额计算填列。未弥补的亏损，在本项目内以“-”号填列。

（3）根据明细账科目余额计算填列。

① 应收账款=应收账款借方余额-坏账准备 +预收账款借方余额；

② 预收账款=预收账款贷方余额+应收账款贷方余额；

③ 应付账款=应付账款贷方余额+预付账款贷方余额；

④ 预付账款=预付账款借方余额+应付账款借方余额。

（4）根据总、明细账科目余额分析计算填列。

长期待摊费用= 长期待摊费用期末借方余额-1 年内摊销长期待摊费用。

（5）据总账科目余额减被抵项目后净额填列。

固定资产= 固定资产原值-累计折旧-固定资产减值准备；

无形资产= 无形资产-累计摊销-无形资产减值准备。

### （二）利润表

我国利润采用多步式，一般方法是：

第一步，以营业收入为基础，计算营业利润。

营业利润=营业收入-营业成本-营业税金及附加-销售费用-管理费用-财务费用-资产减值损失+公允价值变动收益(-公允价值变动损失)+投资收益(-投资损失)

第二步，以营业利润为基础，计算利润总额。

利润总额=营业利润+营业外收入-营业外支出

第三步，以利润总额为基础，计算净利润。

净利润=利润总额-所得税费用。

利润表各项目均需填列“本期金额”和“上期金额”两栏。其中“上期金额”栏内各项数字，应根据上年该利润表的“本期金额”栏内所列数字填列。“本期金额”栏内各期数字，除“基本每股收益”和“稀释每股收益”项目外，应当根据相关科目的发生额分析填列。

# 活动一　编制资产负债表

## （一）任务目标

通过实训活动，掌握资产负债表的编制方法。

## （二）任务导入

航天公司2021年4月末余额试算平衡表见表3-10。

**表3-10**

2021年4月30日

| 会计科目 | 期末余额 | |
|---|---|---|
| | 借方 | 贷方 |
| 库存现金 | 740 | |
| 银行存款 | 168300 | |
| 应收账款 | 85460 | |
| 坏账准备 | | 6500 |
| 原材料 | 66500 | |
| 库存商品 | 101200 | |
| 存货跌价准备 | | 1200 |
| 固定资产 | 468900 | |
| 累计折旧 | | 3350 |
| 固定资产清理 | | 5600 |
| 长期待摊费用 | 14500 | |
| 应付账款 | | 93000 |
| 预收账款 | | 10000 |
| 长期借款 | | 250000 |
| 实收资本 | | 500000 |
| 盈余公积 | | 4500 |
| 利润分配 | | 19300 |
| 本年利润 | | 12150 |
| 合　计 | 905600 | 905600 |

补充资料：

（1）应收账款有关明细账期末余额情况为：

应收账款——长城公司借方余额98 000

应收账款——海天公司贷方余额12 540

（2）长期待摊费用中含将于一年内摊销的金额8 000元。

(3) 应付账款有关明细账期末余额情况为：
应付账款——白云公司借方余额 5 000
应付账款——文创公司贷方余额 98 000
(4) 预收账款有关明细账期末余额情况为：
预收账款——方元公司借方余额 2 000
预收账款——华裕公司贷方余额 12 000
(5) 长期借款期末余额中将于一年内到期归还的长期借款数为 100 000 元。
要求：请代航天公司完成下列资产负债表的编制。

### (三) 任务指导

指导计算：
(1) 货币资金金额＝740+168 300＝169 040
(2) 应收账款金额＝98 000+2 000−6 500＝93 500
(3) 预付账款金额＝0+5 000＝5 000
(4) 存货金额＝66 500+101 200−1 200＝166 500
(5) 固定资产金额＝468 900−3 350＝465 550
(6) 长期待摊费用金额＝14 500−8 000＝6 500

### (四) 实验任务

把(1)～(6)填入表 3-11 中，并完成资产负债表中(7)～(10)以及合计等其他项目。

**表 3-11 资产负债表(简表)**

2021 年 4 月 30 日

制表单位：航天公司　　　　单位：元

| 资产 | 期初数 | 期末数 | 负债所有者权益 | 期初数 | 期末数 |
|---|---|---|---|---|---|
| 流动资产： | (略) | | 流动负债： | (略) | |
| 货币资金 | | (1) | 应付账款 | | (7) |
| 应收账款 | | (2) | 预收账款 | | (8) |
| 预付账款 | | (3) | 一年内到期的非流动负债 | | (9) |
| 存货 | | (4) | 流动负债合计 | | |
| 一年内到期的非流动资产 | | 8 000 | 非流动负债： | | |
| 流动资产合计 | | | 长期借款 | | |
| 非流动资产： | | | 非流动负债合计 | | |
| 固定资产 | | (5) | 负债合计 | | |
| 固定资产清理 | | −5 600 | 所有者权益 | | |
| 长期待摊费用 | | (6) | 实收资本 | | |
| 非流动资产合计 | | | 盈余公积 | | |
| | | | 未分配利润 | | (10) |
| | | | 所有者权益合计 | | |
| 资产合计 | | | 负债及所有者权益总计 | | |

# 活动二 编制利润表

## （一）任务目标

通过实训活动，能熟练编制利润表。

## （二）任务导入

天天股份有限公司2020年度有关损益类科目本年累计发生净额如表3-12所示。

**表3-12 天天股份有限公司损益类科目2020年度累计发生净额** 单位：元

| 科目名称 | 借方发生额 | 贷方发生额 |
| --- | --- | --- |
| 主营业务收入 | | 1 250 000 |
| 主营业务成本 | 750 000 | |
| 税金及附加 | 2 000 | |
| 销售费用 | 20 000 | |
| 管理费用 | 157 100 | |
| 财务费用 | 41 500 | |
| 资产减值损失 | 30 900 | |
| 投资收益 | | 31 500 |
| 营业外收入 | | 50 000 |
| 营业外支出 | 19 700 | |
| 所得税费用 | 85 300 | |

## （三）任务指导

### 1. 计算相关项目

（1）营业收入金额＝1 250 000+0＝1 250 000

（2）营业成本金额＝750 000+0＝750 000

（3）营业利润金额＝1 250 000－750 000－2 000－20 000－157 100－41 500－30 900+31 500＝280 000

（4）利润总额＝280 000+50 000－19 700＝310 300

（5）所得税费用＝310 300×25%＝77 575

（6）净利润＝310 300－77 575＝232 725

### 2. 填入表3-13

**表3-13 利润表**

编制单位：天天股份有限公司 2020年 单位：元

| 项　　目 | 本期金额 | 上期金额(略) |
| --- | --- | --- |
| 一、营业收入 | 1 250 000 | |
| 减：营业成本 | 750 000 | |
| 税金及附加 | 2 000 | |

续表

| 项　　目 | 本期金额 | 上期金额(略) |
|---|---|---|
| 销售费用 | 20 000 | |
| 管理费用 | 157 100 | |
| 财务费用 | 41 500 | |
| 资产减值损失 | 30 900 | |
| 加：公允价值变动收益(损失以"-"号填列) | 0 | |
| 投资收益(损失以"-"号填列) | 31 500 | |
| 二、营业利润(亏损以"-"号填列) | 280 000 | |
| 加：营业外收入 | 50 000 | |
| 减：营业外支出 | 19 700 | |
| 三、利润总额(亏损总额以"-"号填列) | 310 300 | |
| 减：所得税费用 | 77 575 | |
| 四、净利润(净亏损以"-"号填列) | 232 725 | |
| 五、每股收益： | (略) | |
| (一) 基本每股收益 | | |

## (四) 实验任务

华华有限公司 2020 年度有关损益类科目本年累计发生净额如表 3-14 所示。

**表 3-14　华华股份有限公司损益类科目 2020 年度累计发生净额**　　单位：元

| 科目名称 | 借方发生额 | 贷方发生额 |
|---|---|---|
| 主营业务收入 | | 1 450 000 |
| 主营业务成本 | 950 000 | |
| 税金及附加 | 2 000 | |
| 销售费用 | 20 000 | |
| 管理费用 | 157 000 | |
| 财务费用 | 41 500 | |
| 资产减值损失 | 30 000 | |
| 投资收益 | | 31 500 |
| 营业外收入 | | 50 000 |
| 营业外支出 | 19 000 | |
| | | |

要求：编制利润表。

# 项目四 综合实训活动

## 一、项目目标

通过模拟一个企业的综合经济业务活动，将其适量的、不同类别的、较为典型的经济业务，按照会计核算程序进行综合，从建账开始，到填制和审核原始凭证、填制和审核记账凭证、登记各类明细账和总账，再到编制开机报表，完成一个会计循环。以便于学生完整了解和掌握《基础会计》和《会计手工模拟实验》教材内容及章节之间的联系，从而使学生初步掌握科目汇总表账务处理程序下会计核算的全过程，巩固和提高会计技能。

## 二、项目要求

能够按照指导老师的要求完成综合实训任务，步骤：

（1）填制原始凭证；

（2）填制记账凭证；

（3）启用会计账簿；

（4）编制科目汇总报；

（5）编制财务报表；

（6）进行现金和银行存款的对账工作。

## 三、任务资料

北京江宁医药有限责任公司企业信息如表 4-1 所示。

**表 4-1**

| | |
|---|---|
| 企业名称 | 北京江宁医药有限责任公司 |
| 社会信用代码 | 911101025459702305 |
| 企业地址 | 北京市西城区冯春街张丽路 84 号 |
| 企业电话号码 | 010-04539930 |
| 企业增值税类型 | 一般纳税人 |
| 预留银行印鉴 | 北京江宁医药有限责任公司财务专用章和法定代表人私章 |
| 基本户银行账号 | 41713685117475 |
| 一般存款户账号 | 62935868904080 |
| 美元存款户账号 | 21888918467584 |
| 记账本位币 | 人民币 |
| 执行的会计准则 | 《企业会计准则》 |

## 任务一 原始凭证的填制

【任务目的】

通过原始凭证的填制，掌握原始凭证的填制方法，了解原始凭证的用途。

【任务实施】

业务 1：2020 年 10 月 26 日，财务部出纳提取现金 6 000.00 元用于备用金，请填制现金支票。（收款人：北京江宁医药有限责任公司，支付密码：5020-2181-6471-7132，付款银行：中国工商银行北京市西城区支行，付款账号：41713685117475，银行预留印鉴：北京江宁医药有限责任公司财务专用章+法定代表人私章周国丽）。如图 4-1 所示。

提现申请书

2020 年 10 月 26日

| | | | |
|---|---|---|---|
| 收款单位 | 北京江宁医药有限责任公司 | | |
| 地址 | 北京市西城区冯春街张丽路84号 | 联系电话 | 010-04539930 |
| 收款人开户行 | 中国工商银行北京市西城区支行 | 开户账号 | 41713685117475 |
| 内容 | 备用金 | | |
| 大写 | 人民币 陆仟元整 | ￥6000.00 | |

审批：魏敬安　审核：周景卫　经办人：杨秋青

图 4-1

任务单据：如图 4-2～图 4-4 所示。

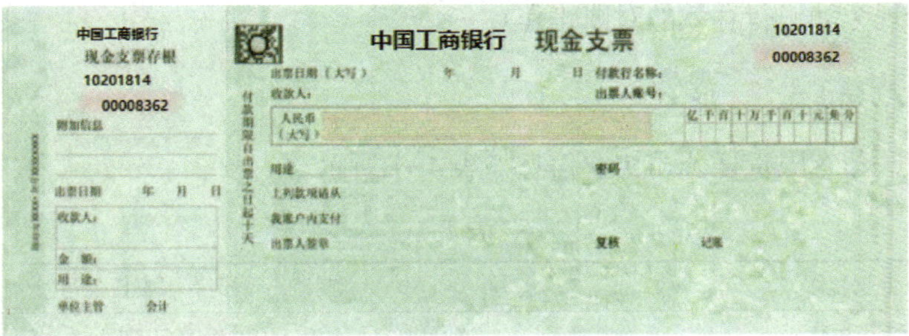


图 4-2

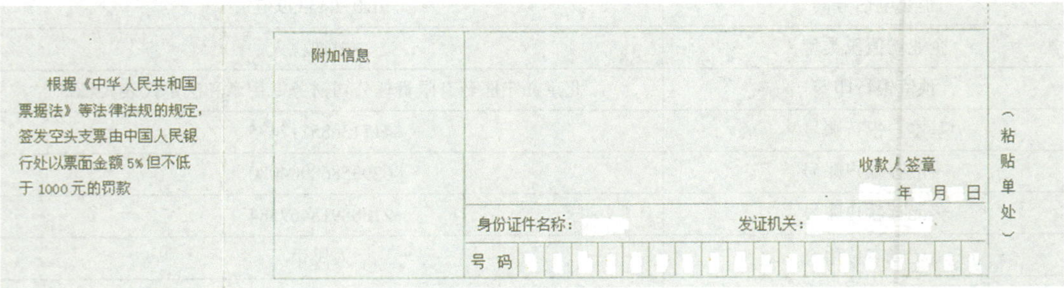


图 4-3

现金支票备查簿

| 开户银行: | | | 中国工商银行北京市西城区支行 | | | 银行账号: | | | 41713685117475 | | | |
|---|---|---|---|---|---|---|---|---|---|---|---|---|
| 日期 | | | 购入 | | | 使用 | | | | 结存数量 | 使用部门 | 领用人签字 |
| 年 | 月 | 日 | 数量 | 支票起始号 | 支票终止号 | 支票号 | 用途 | 收款人 | 金额 | | | |
| 2020 | 09 | 30 | 25 | 00008363 | 00008387 | | | | | 25 | | |
| | | | | | | | | | | | | |
| | | | | | | | | | | | | |
| | | | | | | | | | | | | |
| | | | | | | | | | | | | |
| | | | | | | | | | | | | |
| | | | | | | | | | | | | |
| | | | | | | | | | | | | |

图 4-4

业务 2：2020 年 10 月 26 日，收到转账支票后采用倒解方式办理进账手续，请办理进账手续(收款人：北京江宁医药有限责任公司，收款银行：中国工商银行北京市西城区支行，收款账号：41713685117475)。如图 4-5 所示。

中国工商银行　转账支票　10201821

73891212

付款期限自出票之日起十天

出票日期（大写）武零武零 年 零壹拾 月 武拾伍 日　付款行名称：中国工商银行北京市东城区支行

收款人：北京江宁医药有限责任公司　出票人账号：41953790030974

人民币（大写）武万捌仟武佰伍拾元整　亿 千 百 十 万 千 百 十 元 角 分　¥ 2 8 2 5 0 0 0

用途 支付货款　密码 8358-1235-5209-0105

上列款项请从　行号

我账户内支付

出票人签章　北京海河商贸有限公司 财务专用章　白占　复核　记账

图 4-5

任务单据：如图 4-6 所示。

中国工商银行　进账单（收账通知）　3

年　月　日　№ 82160395

| 出票人 | 全　称 | | 收款人 | 全　称 | |
|---|---|---|---|---|---|
| | 账　号 | | | 账　号 | |
| | 开户银行 | | | 开户银行 | |
| 金额 | 人民币（大写） | | | | 亿 千 百 十 万 千 百 十 元 角 分 |
| 票据种类 | | 票据张数 | | | |
| 票据号码 | | | | | |
| 复核　记账 | | | | 收款人开户银行签章 | |

此联是收款人开户银行交给收款人的收账通知

图 4-6

业务 3：2020 年 10 月 26 日，大连兴昌医药有限责任公司唐剑交来材料编号 001 的 A 材料(80 000 公斤)、材料编号 001 的 B 材料(60 000 公斤)，仓管员李明峰实收 A 材料(80 000 公斤)、B 材料(60 000 公斤)，请填制收料单。如图 4-7～图 4-9 所示。

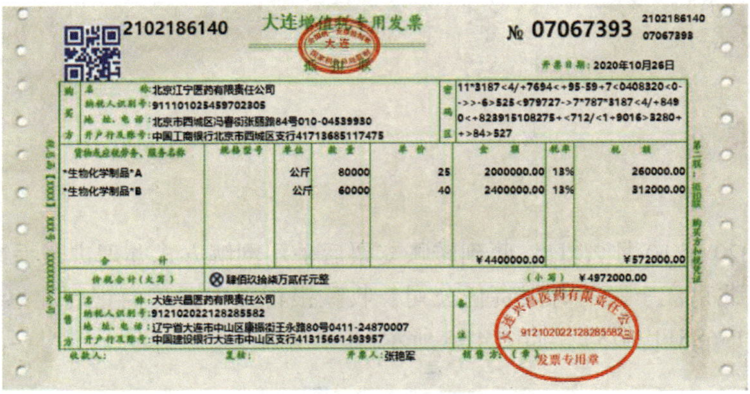

2102186140 大连增值税专用发票 抵扣联 № 07067393 2102186140 07067393

开票日期：2020年10月26日

| | | | | | | | |
|---|---|---|---|---|---|---|---|
| 购买方 | 名称：北京江宁医药有限责任公司<br>纳税人识别号：911101025459702305<br>地址、电话：北京市西城区冯春街张丽路84号010-04539930<br>开户行及账号：中国工商银行北京市西城区支行41713685117475 | | | | 密码区 | 11*3187<4/+7694<+95-59+7<0408320<0-->>-6>525<979727->7*787*3187<4/+8490<+823915108275+<712/<1+9016>3280++>84>527 | |
| 货物或应税劳务、服务名称 | 规格型号 | 单位 | 数量 | 单价 | 金额 | 税率 | 税额 |
| *生物化学制品*A | | 公斤 | 80000 | 25 | 2000000.00 | 13% | 260000.00 |
| *生物化学制品*B | | 公斤 | 60000 | 40 | 2400000.00 | 13% | 312000.00 |
| 合计 | | | | | ¥4400000.00 | | ¥572000.00 |
| 价税合计（大写） | ⊗肆佰玖拾柒万贰仟元整 | | | | （小写） | ¥4972000.00 | |
| 销售方 | 名称：大连兴昌医药有限责任公司<br>纳税人识别号：912102022128285582<br>地址、电话：辽宁省大连市中山区康振街王永路80号0411-24870007<br>开户行及账号：中国建设银行大连市中山区支行41315661493957 | | | | 备注 | 大连兴昌医药有限责任公司 912102022128285582 发票专用章 | |

收款人：　复核：　开票人：张艳军　销售方：（章）

第二联：抵扣联 购买方扣税凭证

图 4-7

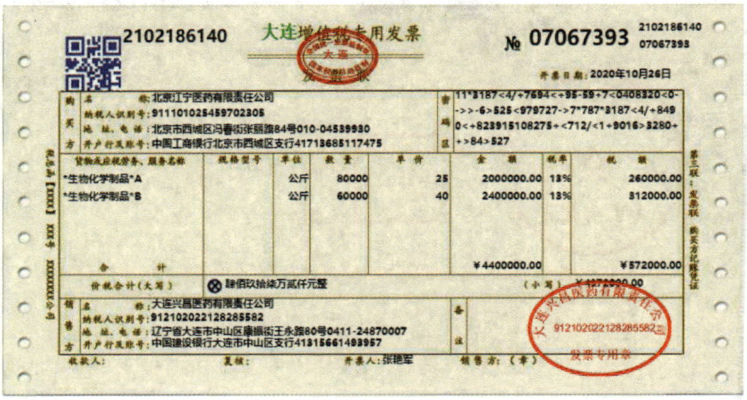

2102186140 大连增值税专用发票 发票联 № 07067393 2102186140 07067393

开票日期：2020年10月26日

| | | | | | | | |
|---|---|---|---|---|---|---|---|
| 购买方 | 名称：北京江宁医药有限责任公司<br>纳税人识别号：911101025459702305<br>地址、电话：北京市西城区冯春街张丽路84号010-04539930<br>开户行及账号：中国工商银行北京市西城区支行41713685117475 | | | | 密码区 | 11*3187<4/+7694<+95-59+7<0408320<0-->>-6>525<979727->7*787*3187<4/+8490<+823915108275+<712/<1+9016>3280++>84>527 | |
| 货物或应税劳务、服务名称 | 规格型号 | 单位 | 数量 | 单价 | 金额 | 税率 | 税额 |
| *生物化学制品*A | | 公斤 | 80000 | 25 | 2000000.00 | 13% | 260000.00 |
| *生物化学制品*B | | 公斤 | 60000 | 40 | 2400000.00 | 13% | 312000.00 |
| 合计 | | | | | ¥4400000.00 | | ¥572000.00 |
| 价税合计（大写） | ⊗肆佰玖拾柒万贰仟元整 | | | | （小写） | ¥4972000.00 | |
| 销售方 | 名称：大连兴昌医药有限责任公司<br>纳税人识别号：912102022128285582<br>地址、电话：辽宁省大连市中山区康振街王永路80号0411-24870007<br>开户行及账号：中国建设银行大连市中山区支行41315661493957 | | | | 备注 | 大连兴昌医药有限责任公司 912102022128285582 发票专用章 | |

收款人：　复核：　开票人：张艳军　销售方：（章）

第三联：发票联 购买方记账凭证

图 4-8

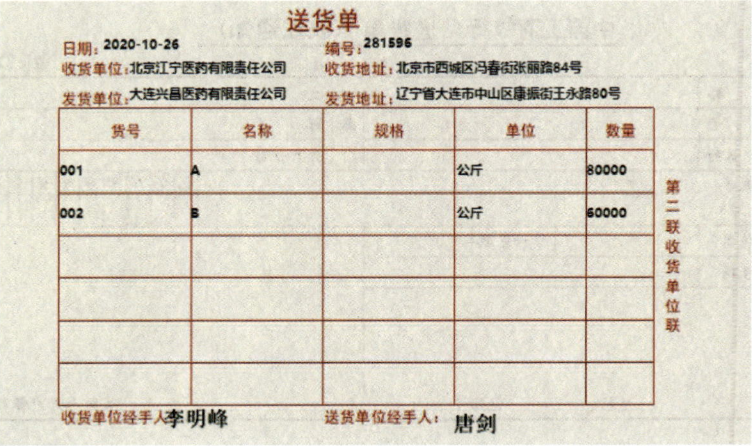

送货单

日期：2020-10-26　编号：281596

收货单位：北京江宁医药有限责任公司　收货地址：北京市西城区冯春街张丽路84号

发货单位：大连兴昌医药有限责任公司　发货地址：辽宁省大连市中山区康振街王永路80号

| 货号 | 名称 | 规格 | 单位 | 数量 |
|---|---|---|---|---|
| 001 | A | | 公斤 | 80000 |
| 002 | B | | 公斤 | 60000 |
| | | | | |
| | | | | |
| | | | | |
| | | | | |

收货单位经手人：李明峰　送货单位经手人：唐剑

第二联 收货单位联

图 4-9

任务单据：如图 4-10 所示。

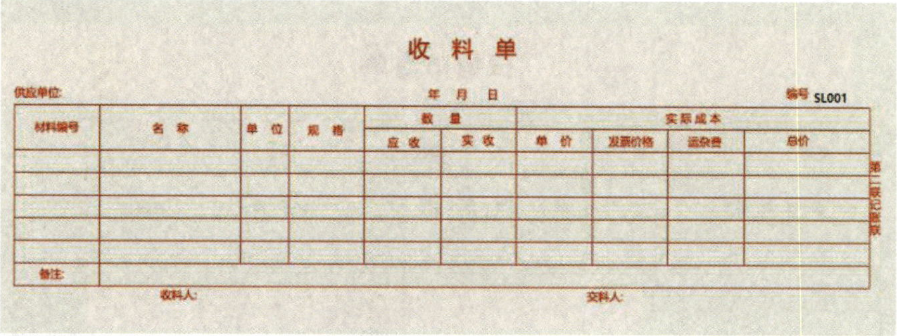

收料单

供应单位： 年 月 日 编号 SL001

| 材料编号 | 名称 | 单位 | 规格 | 数量 | | 实际成本 | | | |
|---|---|---|---|---|---|---|---|---|---|
| | | | | 应收 | 实收 | 单价 | 发票价格 | 运杂费 | 总价 |
| | | | | | | | | | |
| | | | | | | | | | |
| | | | | | | | | | |
| | | | | | | | | | |
| | | | | | | | | | |
| 备注 | | | | | | | | | |

收料人： 交料人：

第二联记账联

图 4-10

业务 4：2020 年 10 月 26 日，行政部陈亮因会议笔记本申请报销董事会费 280.00 元，请填制报销申请单。如图 4-11 所示。

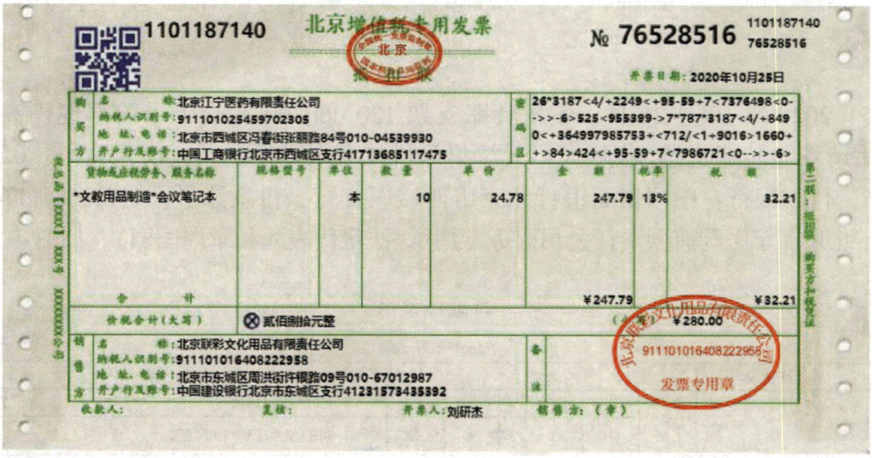

1101187140 北京增值税专用发票 № 76528516 1101187140 76528516

抵扣联

开票日期：2020年10月25日

购买方 名称：北京江宁医药有限责任公司
纳税人识别号：911101025459702305
地址、电话：北京市西城区冯春街张丽路84号010-04539930
开户行及账号：中国工商银行北京市西城区支行41713685117475

密码区 26*3187<4/+2249<+95-59+7<7376498<0-->>-6>525<955399->7*787*3187<4/+8490<+364997985753+<712/<1+9016>1660++>84>424<+95-59+7<7986721<0-->>-6>

| 货物或应税劳务、服务名称 | 规格型号 | 单位 | 数量 | 单价 | 金额 | 税率 | 税额 |
|---|---|---|---|---|---|---|---|
| *文教用品制造*会议笔记本 | | 本 | 10 | 24.78 | 247.79 | 13% | 32.21 |
| 合计 | | | | | ¥247.79 | | ¥32.21 |
| 价税合计（大写） | ⊗贰佰捌拾元整 | | | | （小写）¥280.00 | | |

销售方 名称：北京联彩文化用品有限责任公司
纳税人识别号：911101016408222958
地址、电话：北京市东城区周洪街许银路09号010-67012987
开户行及账号：中国建设银行北京市东城区支行41231573435392

备注

收款人： 复核： 开票人：刘研杰 销售方：（章）

第二联：抵扣联 购买方扣税凭证

发票联

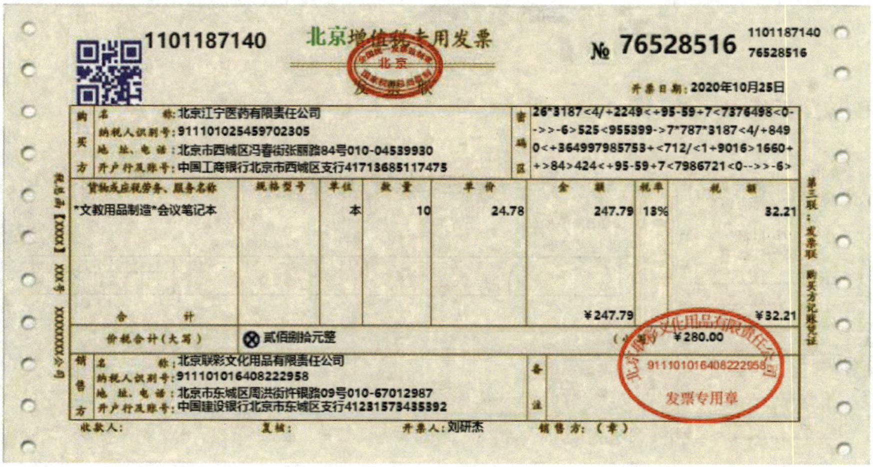

1101187140 北京增值税专用发票 № 76528516 1101187140 76528516

发票联

开票日期：2020年10月25日

购买方 名称：北京江宁医药有限责任公司
纳税人识别号：911101025459702305
地址、电话：北京市西城区冯春街张丽路84号010-04539930
开户行及账号：中国工商银行北京市西城区支行41713685117475

密码区 26*3187<4/+2249<+95-59+7<7376498<0-->>-6>525<955399->7*787*3187<4/+8490<+364997985753+<712/<1+9016>1660++>84>424<+95-59+7<7986721<0-->>-6>

| 货物或应税劳务、服务名称 | 规格型号 | 单位 | 数量 | 单价 | 金额 | 税率 | 税额 |
|---|---|---|---|---|---|---|---|
| *文教用品制造*会议笔记本 | | 本 | 10 | 24.78 | 247.79 | 13% | 32.21 |
| 合计 | | | | | ¥247.79 | | ¥32.21 |
| 价税合计（大写） | ⊗贰佰捌拾元整 | | | | （小写）¥280.00 | | |

销售方 名称：北京联彩文化用品有限责任公司
纳税人识别号：911101016408222958
地址、电话：北京市东城区周洪街许银路09号010-67012987
开户行及账号：中国建设银行北京市东城区支行41231573435392

备注

收款人： 复核： 开票人：刘研杰 销售方：（章）

第三联：发票联 购买方记账凭证

图 4-11

任务单据：如图 4-12 所示。

**报销申请单**

填报日期： 年 月 日

| 姓名 | | 所属部门 | |
|---|---|---|---|
| 报销项目 | 摘要 | 金额 | 备注： |
| | | | |
| | | | |
| | | | |
| | | | |
| | | | |
| 合计 | | | |
| 金额大写： 拾 万 仟 佰 拾 元 角 分 | | | |

报销人： 部门审核： 财务审核： 审批：

图 4-12

业务 5：2020 年 10 月 26 日，签发转账支票 120 060. 00 元交于采购部经理高宏飞用于支付货款，请填制转账支票(收款人：天津华深科技有限责任公司，支付密码：0535-7021-9855-1616，付款银行：中国工商银行北京市西城区支行，付款账号：41713685117475，银行预留印鉴：北京江宁医药有限责任公司财务专用章+法定代表人私章周国丽)。如图 4-13 所示。

**付款申请书**

2020年10月26日

| 用途及情况 | 金额 | | | | | | | | | | | 收款单位(人)：天津华深科技有限责任公司 |
|---|---|---|---|---|---|---|---|---|---|---|---|---|
| | 亿 | 千 | 百 | 十 | 万 | 千 | 百 | 十 | 元 | 角 | 分 | 账号：41527858736451 |
| | | | ¥ | 1 | 2 | 0 | 0 | 6 | 0 | 0 | 0 | 开户行：中国工商银行天津市和平区支行 |

| 金额(大写)合计： | 人民币 壹拾贰万零陆拾元整 | | 结算方式：转账支票 | | |
|---|---|---|---|---|---|
| 总经理 | 魏敬安 | 财务部门 | 经理 周景卫<br>会计 赵志伟 | 业务部门 | 经理 高宏飞<br>经办人 张锦如 |

图 4-13

任务单据：如图 4-14~图 4-16 所示。

中国工商银行
转账支票存根
10201120
68294198
附加信息
出票日期 年 月 日
收款人:
金 额:
用 途:
单位主管 会计

**中国工商银行 转账支票** 10201120 68294198

付款期限自出票之日起十天

出票日期（大写） 年 月 日 付款行名称:
收款人: 出票人账号:

| 人民币（大写） | 亿 | 千 | 百 | 十 | 万 | 千 | 百 | 十 | 元 | 角 | 分 |
|---|---|---|---|---|---|---|---|---|---|---|---|
| | | | | | | | | | | | |

用途 密码
上列款项请从
我账户内支付
出票人签章 复核 记账

图 4-14

| 附加信息： | 被背书人 | 被背书人 | （贴粘单处） | 科技伴随 高效学习 |
|---|---|---|---|---|
| | 背书人签章<br>年　月　日 | 背书人签章<br>年　月　日 | | 根据《中国人民共和国票据法》等法律法规的规定，签发空头支票由中国人民银行处以票面金额5%单不低于1000元的罚款。 |

××印制有限公司·××年印制

图 4-15

转账支票备查簿

| 开户银行： | 中国工商银行北京市西城区支行 | 银行账号： | 41713685117475 |
|---|---|---|---|

| 日期 | | | 购入 | | | 使用 | | | | 结存数量 | 使用部门 | 领用人签字 |
|---|---|---|---|---|---|---|---|---|---|---|---|---|
| 年 | 月 | 日 | 数量 | 支票起始号 | 支票终止号 | 支票号 | 用途 | 收款人 | 金额 | | | |
| 2020 | 09 | 30 | 25 | 00007575 | 00007599 | | | | | 25 | | |
| | | | | | | | | | | | | |
| | | | | | | | | | | | | |
| | | | | | | | | | | | | |
| | | | | | | | | | | | | |
| | | | | | | | | | | | | |
| | | | | | | | | | | | | |
| | | | | | | | | | | | | |

图 4-16

业务 6：2020 年 10 月 26 日，生产车间李辉为生产甲产品请领材料编号 001 的 A(40 000 公斤)，请领材料编号 002 的 B(10 000 公斤)；生产乙产品请领材料编号 002 的 B(20 000 公斤)，仓管员李明峰实发 A(40 000 公斤)、B(30 000 公斤)，请填制领料单。如图 4-17 所示。

任务单据：如图 4-18 所示。

领料申请表

领料部门：生产车间　　　　编号：126542

项目名称：生产产品　　　　申请日期：2020-10-26

| 序号 | 材料编码 | 名称 | 规格 | 单位 | 请领数 | 备注 |
|---|---|---|---|---|---|---|
| 1 | 001 | A | | 公斤 | 40000 | 生产甲产品 |
| 2 | 002 | B | | 公斤 | 10000 | 生产甲产品 |
| 3 | 002 | B | | 公斤 | 20000 | 生产乙产品 |
| | | | | | | |
| | | | | | | |
| | | | | | | |
| | | | | | | |

第二联仓库留存联

领料部门主管审核：李军　　　　领料人：李辉

图 4-17

**领　料　单**

领用部门：

仓库：　　　　　　　　　　年　　月　　日　　　　　编号：787

| 编号 | 类别 | 材料名称 | 规格 | 单位 | 数量 | | 实际成本 | |
|---|---|---|---|---|---|---|---|---|
| | | | | | 请领 | 实发 | 单价 | 金额 |
| | | | | | | | | |
| | | | | | | | | |
| | | | | | | | | |
| | | | | | | | | |
| | | | | | | | | |
| | | | | | | | | |
| | | | | | | | | |
| | | | | | | | | |
| | | | | | | | | |
| | | | | | | | | |
| | | | | | | | | |
| | | | | | | | | |
| | | | | | | | | |
| 合计 | | | | | | | | |
| 用途 | | | | | 领料部门 | | 发料部门 | |
| | | | | | 负责人 | 领料人 | 核准人 | 发料人 |
| | | | | | | | | |

第三联　记账联

图 4-18

业务 7：2020 年 10 月 28 日，天津华深科技有限责任公司金启旺交来材料编号 001 的 A（30 000 公斤）、材料编号 002 的 B（20 000 公斤），仓管员李明峰实收 A（30 000 公斤）、B（20 000 公斤），请填制收料单。如图 4-19、图 4-20 所示。

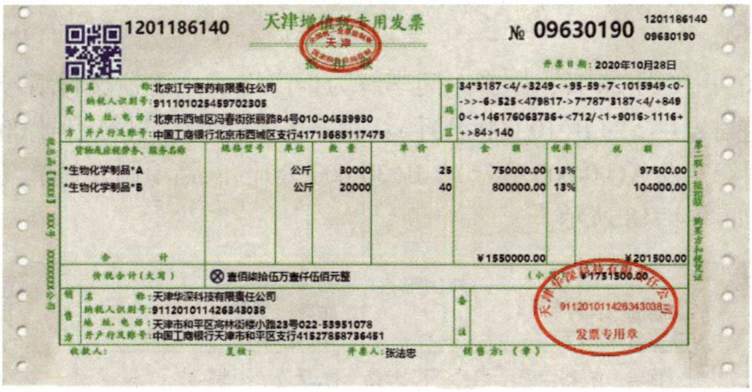
1201186140　天津增值税专用发票　№ 09630190　1201186140　09630190

开票日期：2020年10月28日

购买方　名称：北京江宁医药有限责任公司
纳税人识别号：911101025459702305
地址、电话：北京市西城区冯春街张丽路84号010-04539930
开户行及账号：中国工商银行北京市西城区支行41713685117475

密码区：34*3187<4/+3249<+95-59+7<1015949<0-->>-6>525<479817->7*787*3187<4/+8490<+146176063736+<712/<1+9016>1116++>84>140

| 货物或应税劳务、服务名称 | 规格型号 | 单位 | 数量 | 单价 | 金额 | 税率 | 税额 |
|---|---|---|---|---|---|---|---|
| *生物化学制品*A | | 公斤 | 30000 | 25 | 750000.00 | 13% | 97500.00 |
| *生物化学制品*B | | 公斤 | 20000 | 40 | 800000.00 | 13% | 104000.00 |
| 合计 | | | | | ¥1550000.00 | | ¥201500.00 |

价税合计（大写）：⊗壹佰柒拾伍万壹仟伍佰元整　（小写）¥1751500.00

销售方　名称：天津华深科技有限责任公司
纳税人识别号：911201011426343038
地址、电话：天津市和平区高林街楼小路23号022-53951078
开户行及账号：中国工商银行天津市和平区支行41527858736451

备注：（天津华深科技有限责任公司 911201011426343038 发票专用章）

收款人：　复核：　开票人：张法忠　销售方：（章）

第二联：抵扣联　购买方扣税凭证

发票联

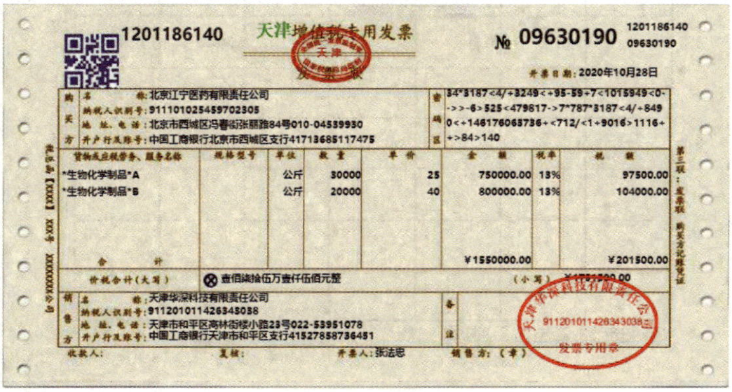
1201186140　天津增值税专用发票　№ 09630190　1201186140　09630190

开票日期：2020年10月28日

购买方　名称：北京江宁医药有限责任公司
纳税人识别号：911101025459702305
地址、电话：北京市西城区冯春街张丽路84号010-04539930
开户行及账号：中国工商银行北京市西城区支行41713685117475

密码区：34*3187<4/+3249<+95-59+7<1015949<0-->>-6>525<479817->7*787*3187<4/+8490<+146176063736+<712/<1+9016>1116++>84>140

| 货物或应税劳务、服务名称 | 规格型号 | 单位 | 数量 | 单价 | 金额 | 税率 | 税额 |
|---|---|---|---|---|---|---|---|
| *生物化学制品*A | | 公斤 | 30000 | 25 | 750000.00 | 13% | 97500.00 |
| *生物化学制品*B | | 公斤 | 20000 | 40 | 800000.00 | 13% | 104000.00 |
| 合计 | | | | | ¥1550000.00 | | ¥201500.00 |

价税合计（大写）：⊗壹佰柒拾伍万壹仟伍佰元整　（小写）¥1751500.00

销售方　名称：天津华深科技有限责任公司
纳税人识别号：911201011426343038
地址、电话：天津市和平区高林街楼小路23号022-53951078
开户行及账号：中国工商银行天津市和平区支行41527858736451

备注：（天津华深科技有限责任公司 911201011426343038 发票专用章）

收款人：　复核：　开票人：张法忠　销售方：（章）

第三联：发票联　购买方记账凭证

图 4-19

背景单据2：

送货单 送货单位

## 送货单

日期：2020-10-28　　编号：149782

收货单位：北京江宁医药有限责任公司　　收货地址：北京市西城区冯春街张丽路84号

发货单位：天津华深科技有限责任公司　　发货地址：天津市和平区高林街楼小路23号

| 货号 | 名称 | 规格 | 单位 | 数量 |
|---|---|---|---|---|
| 001 | A | | 公斤 | 30000 |
| 002 | B | | 公斤 | 20000 |
| | | | | |
| | | | | |
| | | | | |
| | | | | |

第二联收货单位联

收货单位经手人：李明峰　　送货单位经手人：金启旺

图 4-20

任务单据：如图 4-21 所示。

科技伴随 高效学习

## 收　料　单

供应单位：　　收料单编号：

材料类别：　　年　月　日　　收料仓库：

| 材料编号 | 名称 | 规格 | 单位 | 数量 | | 实际成本 | | | | |
|---|---|---|---|---|---|---|---|---|---|---|
| | | | | 应收 | 实收 | 买价 | | 运杂费 | 其他 | 合计 |
| | | | | | | 单价 | 金额 | | | |
| | | | | | | | | | | |
| | | | | | | | | | | |
| | | | | | | | | | | |
| | | | | | | | | | | |
| 合　计 | | | | | | | | | | |
| 备　注 | | | | | | | | | | |

第三联 记账联

仓库主管：　　记账：　　收料：　　制单：

图 4-21

业务 8：2020 年 10 月 28 日，签发转账支票 1 751 500. 00 元交于采购部经理高宏飞用于支付货款，请填制转账支票(收款人：天津华深科技有限责任公司，支付密码：3119-3786-9685-3489，付款银行：中国工商银行北京市西城区支行，付款账号：41713685117475，银行预留印鉴：北京江宁医药有限责任公司财务专用章+法定代表人私章周国丽)。如图 4-22 所示。

## 付款申请书

2020年 10月 28日

| 用途及情况 | 金额 | | | | | | | | | | | 收款单位(人)：天津华深科技有限责任公司 |
|---|---|---|---|---|---|---|---|---|---|---|---|---|
| | 亿 | 千 | 百 | 十 | 万 | 千 | 百 | 十 | 元 | 角 | 分 | 账号：41527858736451 |
| | | ¥ | 1 | 7 | 5 | 1 | 5 | 0 | 0 | 0 | 0 | 开户行：中国工商银行天津市和平区支行 |

| 金额(大写)合计： | 人民币 壹佰柒拾伍万壹仟伍佰元整 | 结算方式：转账支票 |
|---|---|---|

| 总经理 | 魏敬安 | 财务部门 | 经理 | 周景卫 | 业务部门 | 经理 | 高宏飞 |
|---|---|---|---|---|---|---|---|
| | | | 会计 | 赵志伟 | | 经办人 | 张锦如 |

图 4-22

任务单据：如图 4-23～图 4-25 所示。

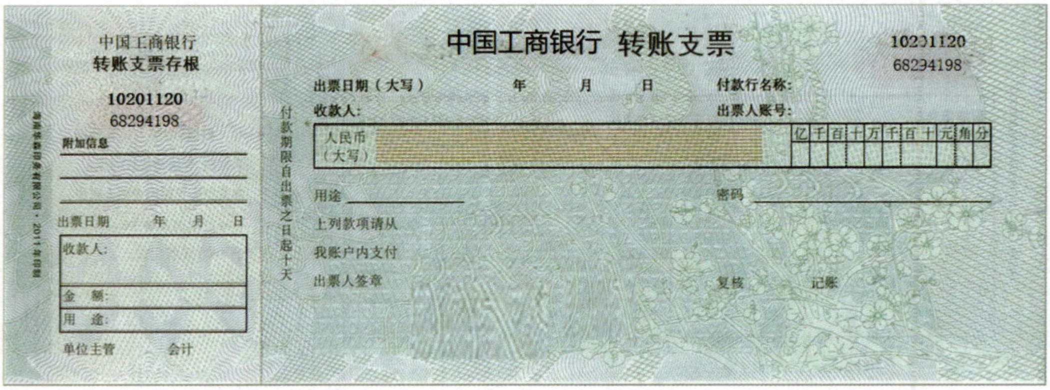


图 4-23

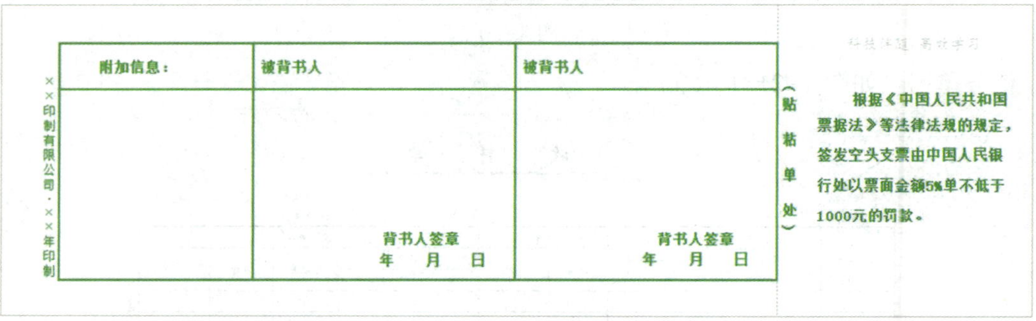


图 4-24

转账支票备查簿

| 开户银行: | | | 中国工商银行北京市西城区支行 | | | 银行账号: | | 41713685117475 | | | | |
|---|---|---|---|---|---|---|---|---|---|---|---|---|
| 日期 | | | 购入 | | | 使用 | | | | 结存数量 | 使用部门 | 领用人签字 |
| 年 | 月 | 日 | 数量 | 支票起始号 | 支票终止号 | 支票号 | 用途 | 收款人 | 金额 | | | |
| 2020 | 09 | 30 | 25 | 00007576 | 00007600 | | | | | 25 | | |
| | | | | | | | | | | | | |
| | | | | | | | | | | | | |
| | | | | | | | | | | | | |
| | | | | | | | | | | | | |
| | | | | | | | | | | | | |
| | | | | | | | | | | | | |
| | | | | | | | | | | | | |

图 4-25

业务 9：2020 年 10 月 28 日，行政部王欢因洽谈公务出差，出差补贴为每天 100.00 元，现王欢根据往返交通费用等差旅费相关票据，填写差旅费报销单，以备审核。如图 4-26～图 4-30 所示。

任务单据：如图 4-31 所示。

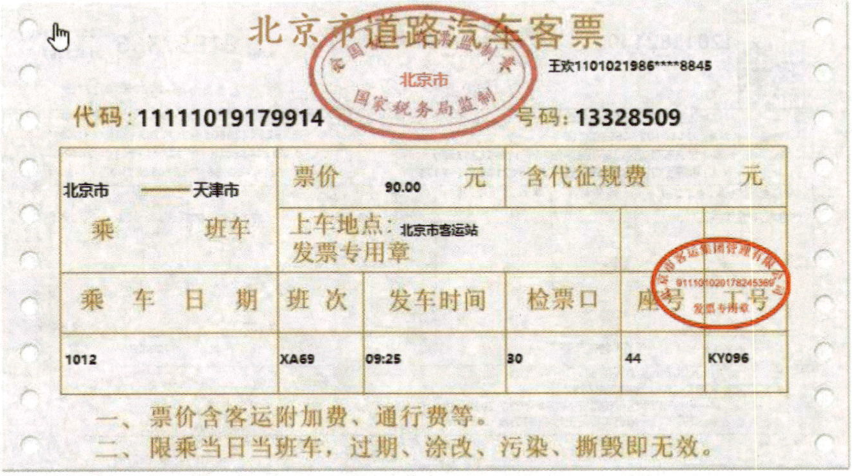

**北京市道路汽车客票**

王欢1101021986****8845

代码：11111019179914　　号码：13328509

| | | | | | |
|---|---|---|---|---|---|
| 北京市 ——天津市 | 票价 90.00 元 | | 含代征规费 元 | | |
| 乘 班车 | 上车地点：北京市客运站<br>发票专用章 | | | | |
| 乘车日期 | 班次 | 发车时间 | 检票口 | 座号 | 工号 |
| 1012 | XA69 | 09:25 | 30 | 44 | KY096 |

一、票价含客运附加费、通行费等。

二、限乘当日当班车，过期、涂改、污染、撕毁即无效。

图 4-26

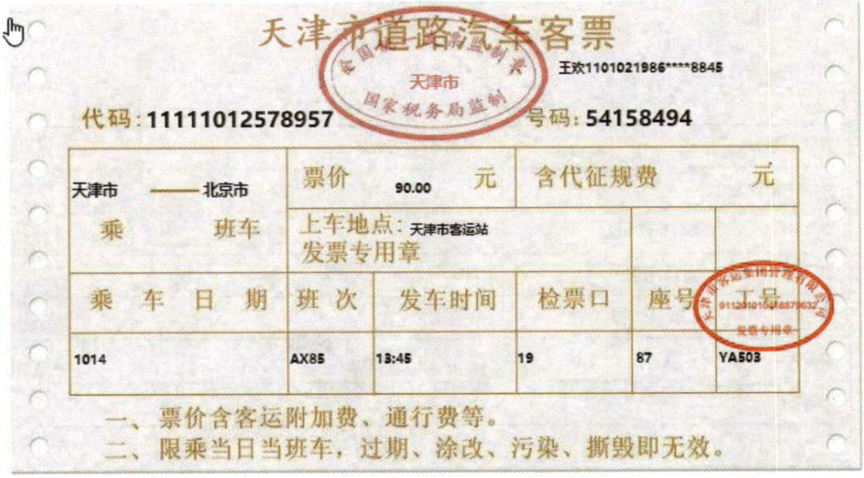

**天津市道路汽车客票**

王欢1101021986****8845

代码：11111012578957　　号码：54158494

| | | | | | |
|---|---|---|---|---|---|
| 天津市 ——北京市 | 票价 90.00 元 | | 含代征规费 元 | | |
| 乘 班车 | 上车地点：天津市客运站<br>发票专用章 | | | | |
| 乘车日期 | 班次 | 发车时间 | 检票口 | 座号 | 工号 |
| 1014 | AX85 | 13:45 | 19 | 87 | YA503 |

一、票价含客运附加费、通行费等。

二、限乘当日当班车，过期、涂改、污染、撕毁即无效。

图 4-27

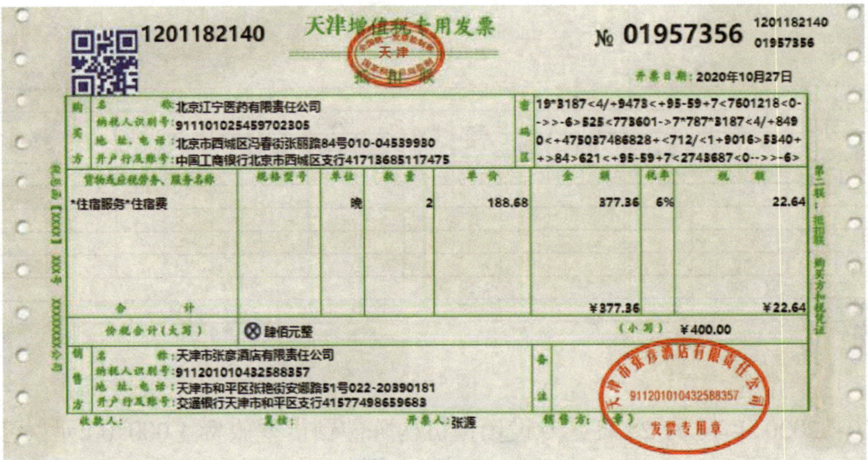

**天津增值税专用发票**

1201182140　　№ 01957356　1201182140　01957356

开票日期：2020年10月27日

购买方　名称：北京江宁医药有限责任公司

纳税人识别号：911101025459702305

地址、电话：北京市西城区冯春街张丽路84号010-04539930

开户行及账号：中国工商银行北京市西城区支行41713685117475

密码区：19*3187<4/+9473<+95-59+7<7601218<0-->>-6>525<773601->7*787*3187<4/+8490<+475037486828+<712/<1+9016>5340++>84>621<+95-59+7<2743687<0-->>-6>

| 货物或应税劳务、服务名称 | 规格型号 | 单位 | 数量 | 单价 | 金额 | 税率 | 税额 |
|---|---|---|---|---|---|---|---|
| *住宿服务*住宿费 | | 晚 | 2 | 188.68 | 377.36 | 6% | 22.64 |
| 合计 | | | | | ¥377.36 | | ¥22.64 |
| 价税合计（大写） | ⊗肆佰元整 | | | | （小写） ¥400.00 | | |

销售方　名称：天津市张彦酒店有限责任公司

纳税人识别号：911201010432588357

地址、电话：天津市和平区张艳街安娜路51号022-20390181

开户行及账号：交通银行天津市和平区支行41577498659683

备注

收款人：　　复核：　　开票人：张源　　销售方：（章）

第二联：抵扣联　购买方扣税凭证

图 4-28

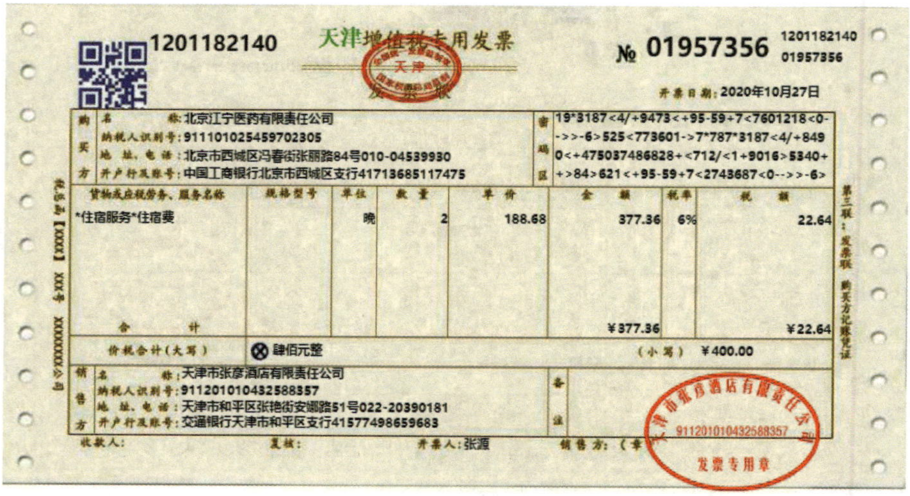

1201182140　天津增值税专用发票　№ 01957356　1201182140　01957356

发票联

开票日期：2020年10月27日

购买方　名称：北京江宁医药有限责任公司
纳税人识别号：911101025459702305
地址、电话：北京市西城区冯春街张丽路84号010-04539930
开户行及账号：中国工商银行北京市西城区支行41713685117475

密码区：
19*3187<4/+9473<+95-59+7<7601218<0-
->>-6>525<773601->7*787*3187<4/+849
0<+475037486828+<712/<1+9016>5340+
+>84>621<+95-59+7<2743687<0-->>-6>

| 货物或应税劳务、服务名称 | 规格型号 | 单位 | 数量 | 单价 | 金额 | 税率 | 税额 |
|---|---|---|---|---|---|---|---|
| *住宿服务*住宿费 | | 晚 | 2 | 188.68 | 377.36 | 6% | 22.64 |
| 合计 | | | | | ¥377.36 | | ¥22.64 |
| 价税合计（大写） | ⊗肆佰元整 | | | | （小写）¥400.00 | | |

销售方　名称：天津市张彦酒店有限责任公司
纳税人识别号：911201010432588357
地址、电话：天津市和平区张艳街安娜路51号022-20390181
开户行及账号：交通银行天津市和平区支行41577498659683

备注

收款人：　复核：　开票人：张源　销售方：（章）

天津市张彦酒店有限责任公司　911201010432588357　发票专用章

税总函【XXXX】XXX号 XXXXXXXX公司

第三联：发票联　购买方记账凭证

图 4-29

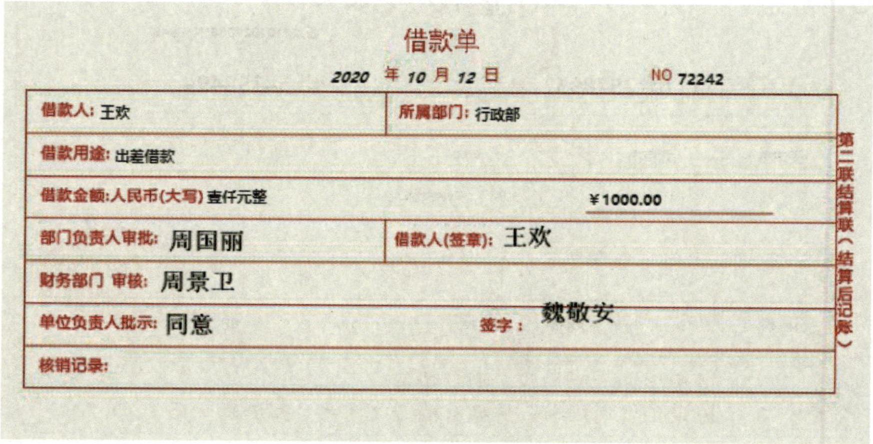

借款单

2020 年 10 月 12 日　NO 72242

| | |
|---|---|
| 借款人：王欢 | 所属部门：行政部 |
| 借款用途：出差借款 | |
| 借款金额：人民币（大写）壹仟元整　¥1000.00 | |
| 部门负责人审批：周国丽 | 借款人（签章）：王欢 |
| 财务部门 审核：周景卫 | |
| 单位负责人批示：同意 | 签字：魏敬安 |
| 核销记录： | |

第二联结算联（结算后记账）

图 4-30

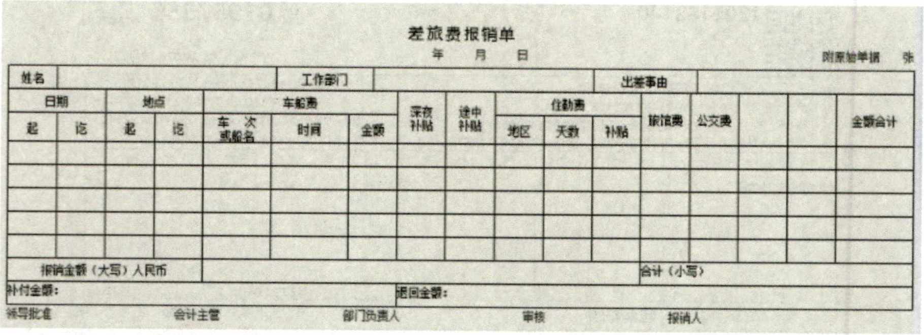

差旅费报销单

年　月　日　附原始单据　张

| 姓名 | | | | 工作部门 | | | | | | 出差事由 | | | | |
|---|---|---|---|---|---|---|---|---|---|---|---|---|---|---|
| 日期 | | 地点 | | 车船费 | | | 深夜补贴 | 途中补贴 | 住勤费 | | | 旅馆费 | 公交费 | | | 金额合计 |
| 起 | 讫 | 起 | 讫 | 车次或船名 | 时间 | 金额 | | | 地区 | 天数 | 补贴 | | | | | |
| 报销金额（大写）人民币 | | | | | | | | | | | 合计（小写） | | | | | |
| 补付金额： | | | | | | | 退回金额： | | | | | | | | | |
| 领导批准 | | 会计主管 | | | 部门负责人 | | | 审核 | | | 报销人 | | | | | |

图 4-31

业务 10：2020 年 10 月 28 日，专设销售机构陈霞预借差旅费 4 000.00 元，已经部门负责人陈霞及财务部经理审核，总经理已批示同意。请填制借款单。

任务单据：如图 4-32 所示。

**借款单**

年　月　日　　NO 72244

| | |
|---|---|
| 借款人: | 所属部门: |
| 借款用途: | |
| 借款金额:人民币(大写) | |
| 部门负责人审批: | 借款人(签章): |
| 财务部门 审核: | |
| 单位负责人批示: | 签字： |
| 核销记录: | |

第一联付款联（付款人记账）

图 4-32

业务 11：2020 年 10 月 28 日，生产车间李辉为生产甲产品请领材料编号 001 的 A（30 000 公斤），材料编号 002 的 B（8 000 公斤）；为生产乙产品请领材料编号 002 的 B（10 000 公斤），仓管员李明峰实发 A（30 000 公斤）、B（18 000 公斤），请填制领料单。如图 4-33 所示。

**领料申请表**

领料部门:生产车间　　编号：864[illegible]1

项目名称:生产产品　　申请日期:2020-10-28

| 序号 | 材料编码 | 名称 | 规格 | 单位 | 请领数 | 备注 |
|---|---|---|---|---|---|---|
| 01 | 001 | A | | 公斤 | 30000 | 生产甲产品 |
| 02 | 002 | B | | 公斤 | 8000 | 生产甲产品 |
| 03 | 002 | B | | 公斤 | 10000 | 生产乙产品 |
| | | | | | | |
| | | | | | | |
| | | | | | | |
| | | | | | | |

第二联仓库留存联

领料部门主管审核：李军　　领料人：李辉

图 4-33

任务单据：如图 4-34 所示。

**领 料 单**

科技伴随 高效学习

领用部门：

仓库：　　　　　年　　月　　日　　　　编号：787

| 编号 | 类别 | 材料名称 | 规格 | 单位 | 数量 | | 实际成本 | |
|---|---|---|---|---|---|---|---|---|
| | | | | | 请领 | 实发 | 单价 | 金额 |
| | | | | | | | | |
| | | | | | | | | |
| | | | | | | | | |
| | | | | | | | | |
| | | | | | | | | |
| | | | | | | | | |
| | | | | | | | | |
| | | | | | | | | |
| | | | | | | | | |
| | | | | | | | | |
| | | | | | | | | |
| | | | | | | | | |
| 合 | | 计 | | | | | | |
| 用途 | | | | | 领料部门 | | 发料部门 | |
| | | | | | 负责人 | 领料人 | 核准人 | 发料人 |
| | | | | | | | | |

第三联 记账联

图 4-34

业务 12：2020 年 10 月 28 日，签发转账支票 80 000.00 元交于采购部经理高宏飞用于支付货款，请填制转账支票(收款人：大连兴昌医药有限责任公司，支付密码：5035-4752-5815-6075，付款银行：中国工商银行北京市西城区支行，付款账号：41713685117475，银行预留印鉴：北京江宁医药有限责任公司财务专用章+法定代表人私章周国丽)。如图 4-35 所示。

**付款申请书**

2020年 10月 28日

| 用途及情况 | 金额 | | | | | | | | | | | 收款单位(人)：大连兴昌医药有限责任公司 |
|---|---|---|---|---|---|---|---|---|---|---|---|---|
| | 亿 | 千 | 百 | 十 | 万 | 千 | 百 | 十 | 元 | 角 | 分 | 账号：41315661493957 |
| | | | | ¥ | 8 | 0 | 0 | 0 | 0 | 0 | 0 | 开户行：中国建设银行大连市中山区支行 |
| 金额(大写)合计： | 人民币 捌万元整 | | | | | | | | | | | 结算方式：转账支票 |

| 总经理 | 魏敬安 | 财务部门 | 经理 | 周景卫 | 业务部门 | 经理 | 高宏飞 |
|---|---|---|---|---|---|---|---|
| | | | 会计 | 赵志伟 | | 经办人 | 张锦如 |

图 4-35

任务单据：如图 4-36~图 4-38 所示。

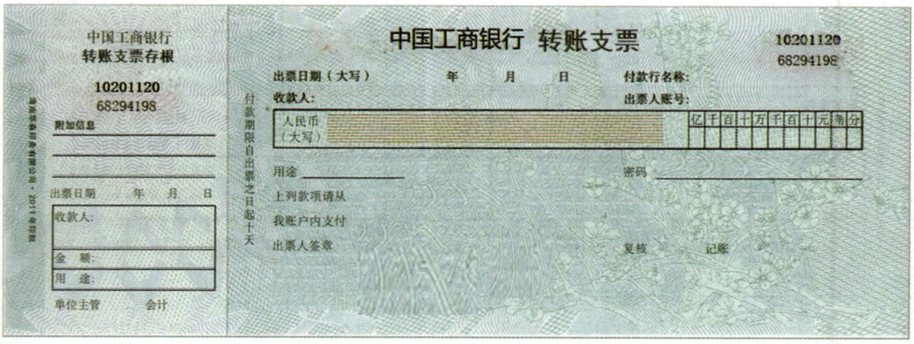
中国工商银行
转账支票存根
10201120
68294198
附加信息
出票日期　年　月　日
收款人：
金额：
用途：
单位主管　会计

中国工商银行 转账支票　10201120 68294198
出票日期（大写）　年　月　日　付款行名称：
收款人：　出票人账号：
人民币（大写）　亿 千 百 十 万 千 百 十 元 角 分
付款期限自出票之日起十天
用途　密码
上列款项请从
我账户内支付
出票人签章　复核　记账

图 4-36

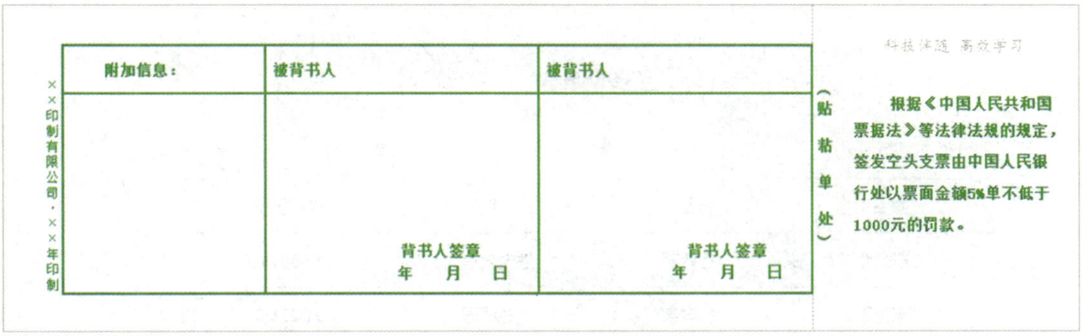


图 4-37

转账支票备查簿

| 开户银行: | | | 中国工商银行北京市西城区支行 | | | 银行账号: | | 41713685117475 | | | | |
|---|---|---|---|---|---|---|---|---|---|---|---|---|
| 日期 | | | 购入 | | | 使用 | | | | 结存数量 | 使用部门 | 领用人签字 |
| 年 | 月 | 日 | 数量 | 支票起始号 | 支票终止号 | 支票号 | 用途 | 收款人 | 金额 | | | |
| 2020 | 09 | 30 | 25 | 00007577 | 00007601 | | | | | 25 | | |
| | | | | | | | | | | | | |
| | | | | | | | | | | | | |
| | | | | | | | | | | | | |
| | | | | | | | | | | | | |
| | | | | | | | | | | | | |
| | | | | | | | | | | | | |
| | | | | | | | | | | | | |

图 4-38

业务 13：2020 年 10 月 28 日，分配工资。要求根据生产工时明细表和工资明细表编制公司 2020 年 10 月份工资费用分配表。如图 4-39、图 4-40 所示。

任务单据：如图 4-41 所示。

生产工时明细表

2020-10-28　　　　单位：小时

| 车间 | 产品 | 生产工时（小时） |
|---|---|---|
| 生产车间 | 甲 | 372 |
| 生产车间 | 乙 | 487 |
| 生产车间 | 丙 | 142 |
| 合计 | | 1001 |

制表：赵志伟　　　　审核：周景卫

图 4-39

工资明细表

2020-10-28　　　　　　　　　　　　　　　　　　　单位：元

| 姓名 | 部门 | 岗位 | 应付工资 |
| --- | --- | --- | --- |
| 周国丽 | 行政部 | 法定代表人 | 8000.00 |
| 魏敬安 | 行政部 | 总经理 | 7000.00 |
| 王欢 | 行政部 | 办公室主任 | 5000.00 |
| 陈亮 | 行政部 | 职员 | 3800.00 |
| 李明峰 | 行政部 | 仓管员 | 3800.00 |
| 周景卫 | 财务部 | 财务经理 | 5000.00 |
| 赵志伟 | 财务部 | 会计 | 4000.00 |
| 杨秋青 | 财务部 | 出纳 | 4000.00 |
| 高宏飞 | 采购部 | 采购经理 | 5000.00 |
| 张锦如 | 采购部 | 采购员 | 4000.00 |
| 陈鼎 | 专设销售机构 | 销售经理 | 9000.00 |
| 李有成 | 专设销售机构 | 销售员 | 7000.00 |
| 李军 | 生产车间 | 生产车间主任 | 8000.00 |
| 李辉 | 生产车间 | 车间工人 | 16000.00 |
| 安娜 | 生产车间 | 车间工人 | 16000.00 |
| 高艳萍 | 生产车间 | 车间工人 | 21000.00 |
| 赵立杰 | 生产车间 | 车间工人 | 21000.00 |
| 邢宏佩 | 生产车间 | 车间工人 | 6100.00 |
| 贾丰斌 | 生产车间 | 车间工人 | 6100.00 |
| 合计 | | | 159800.00 |

制表：赵志伟　　　　　　　　　　　　　　　　　　审核：周景卫

图 4-40

工资分配表

2020-10-28　　　　　　　　　　　　　　　　单位：元

| 应借科目 | | 直接计入 | 分配计入 | | | 合计 |
|---|---|---|---|---|---|---|
| | | | 生产工时（小时） | 分配率 | 分配金额 | |
| 管理费用 | | | | | | |
| 销售费用 | | | | | | |
| 制造费用 | | | | | | |
| 生产成本 | 甲 | | | | | |
| 生产成本 | 乙 | | | | | |
| 生产成本 | 丙 | | | | | |
| 合计 | | | | | | |

制表：　　　　　　　　　　　　　　　　审核：

图 4-41

业务 14：2020 年 10 月 28 日，生产车间李辉将生产单号为 01434514 的产品编号 001 的甲(6 000 批)、产品编号 002 的乙(4 000 批)、产品编号 003 的丙(2 000 批)交成品库，仓管员李明峰实收甲(6 000 批)、乙(4 000 批)、丙(2 000 批)，请填制产品入库单，以备生产车间以及财务部门审核。如图 4-42 所示。

产品交接清单

日期：2020-10-28　　　　　　编号：834272

| 名称 | 规格 | 单位 | 数量 | 生产日期 | 备注 |
|---|---|---|---|---|---|
| 甲 | | 批 | 6000 | 2020-10-( | |
| 乙 | | 批 | 4000 | 2020-10-( | |
| 丙 | | 批 | 2000 | 2020-10-( | |
| | | | | | |
| | | | | | |
| | | | | | |
| | | | | | |
| | | | | | |

车间交货人李辉　　　　仓库接收人：李明峰

第二联仓库留存联

图 4-42

任务单据：如图 4-43 所示。

标准入库单

年　月　日　　　　　　　　单号 RK3099

| 交来单位及部门 | | 发票号码或生产单号码 | | 验收仓库 | | 入库日期 | |
|---|---|---|---|---|---|---|---|

| 编号 | 名称规格 | 单位 | 数量 | | 实际价格 | | 计划价格 | | 价格差异 |
|---|---|---|---|---|---|---|---|---|---|
| | | | 交库 | 验收 | 单价 | 金额 | 单价 | 金额 | |
| | | | | | | | | | |
| | | | | | | | | | |
| | | | | | | | | | |
| | | | | | | | | | |
| | | | | | | | | | |
| 合计 | | - | - | - | - | | - | | |

部门经理：　　会计：　　仓库：　　交库人：

会计联

图 4-43

## 任务二 通用记账凭证填制

【任务目的】

通过对不同经济业务在通用记账凭证的填制，掌握通用记账凭证的填制方法和要点。

【任务实施】

期初信息如表 4-2 所示。

**表 4-2 期初信息**

| 序号 | 科目代码 | 总账科目 | 明细科目 | 明细科目简称 | 期初借方余额 | 期初贷方余额 | 单位 | 数量 |
|---|---|---|---|---|---|---|---|---|
| 1 | 1001 | 库存现金 | | | 9450.00 | | | |
| 2 | 1002 | 银行存款 | | | 5425836.11 | | | |
| 3 | 100201 | 银行存款 | 中国工商银行北京市西城区支行-41713685117475 | 工商银行=工行 | 5425836.11 | | | |
| 4 | 100202 | 银行存款 | 交通银行北京市西城区支行-62935868904080 | 交行=交通银行 | | | | |
| 5 | 1012 | 其他货币资金 | | | | | | |
| 6 | 1101 | 交易性金融资产 | | | | | | |
| 7 | 1122 | 应收账款 | | | 28250.00 | | | |
| 8 | 112201 | 应收账款 | 北京海河商贸有限公司 | | 28250.00 | | | |
| 9 | 1123 | 预付账款 | | | 11800.00 | | | |
| 10 | 112306 | 预付账款 | 北京电力股份有限公司 | | 11800.00 | | | |
| 11 | 1131 | 应收股利 | | | | | | |
| 12 | 1132 | 应收利息 | | | | | | |
| 13 | 1221 | 其他应收款 | | | 0.00 | 0 | | |
| 14 | 122101 | 其他应收款 | | | | | | |
| 15 | 1231 | 坏账准备 | | | | | | |
| 16 | 123102 | 坏账准备 | 其他应收款坏账准备 | | | | | |
| 17 | 1402 | 在途物资 | | | | | | |
| 18 | 140201 | 在途物资 | A | A | | | | |
| 19 | 140202 | 在途物资 | B | B | | | | |
| 20 | 1403 | 原材料 | | | 97500.00 | | | |
| 21 | 140301 | 原材料 | A | A | 37500.00 | | 公斤 | 1500 |
| 22 | 140302 | 原材料 | B | B | 60000.00 | | 公斤 | 1500 |
| 23 | 1405 | 库存商品 | | | 1283400.00 | | | |
| 24 | 140501 | 库存商品 | 甲 | 甲 | 621000.00 | | 批 | 2300 |
| 25 | 140502 | 库存商品 | 乙 | 乙 | 276000.00 | | 批 | 2300 |
| 26 | 140503 | 库存商品 | 丙 | 丙 | 386400.00 | | 批 | 2300 |

续表

| 序号 | 科目代码 | 总账科目 | 明细科目 | 明细科目简称 | 期初借方余额 | 期初贷方余额 | 单位 | 数量 |
|---|---|---|---|---|---|---|---|---|
| 91 | 2202 | 应付账款 | | | | 120060.00 | | |
| 92 | 220201 | 应付账款 | 天津华深科技有限责任公司 | | | 120060.00 | | |
| 96 | 2211 | 应付职工薪酬 | | | | 128614.40 | | |
| 97 | 221101 | 应付职工薪酬 | 工资 | | | 102400.00 | | |
| 98 | 221102 | 应付职工薪酬 | 职工福利费 | | | | | |
| 99 | 221103 | 应付职工薪酬 | 社会保险费-医疗保险 | | | 3072.00 | | |
| 100 | 221104 | 应付职工薪酬 | 设定提存计划-养老保险 | | | 12288.00 | | |
| 101 | 221105 | 应付职工薪酬 | 设定提存计划-失业保险 | | | 512.00 | | |
| 102 | 221107 | 应付职工薪酬 | 社会保险费-工伤保险 | | | 102.40 | | |
| 103 | 221108 | 应付职工薪酬 | 住房公积金 | | | 10240.00 | | |
| 113 | 2221 | 应交税费 | | | | 67596.57 | | |
| 121 | 222111 | 应交税费 | 未交增值税 | | | 36456.70 | | |
| 130 | 222121 | 应交税费 | 应交企业所得税 | | | 25761.45 | | |
| 133 | 222124 | 应交税费 | 应交城市维护建设税 | | | 2551.97 | | |
| 134 | 222125 | 应交税费 | 应交教育费附加 | | | 1093.70 | | |
| 135 | 222126 | 应交税费 | 应交地方教育费附加 | | | 729.13 | | |
| 139 | 222130 | 应交税费 | 应交个人所得税 | | | 1003.62 | | |
| 171 | 2801 | 预计负债 | | | 0 | 0.00 | | |
| 183 | 4001 | 实收资本 | | | | 4000000.00 | | |
| 184 | 400101 | 实收资本 | 张广兴 | | | 1000000.00 | | |
| 185 | 400102 | 实收资本 | 北京市车福林实业有限责任公司 | | | 3000000.00 | | |
| 186 | 4002 | 资本公积 | | | | 300000.00 | | |
| 187 | 400201 | 资本公积 | 资本溢价 | | | 300000.00 | | |
| 188 | 400202 | 资本公积 | 其他资本公积 | | | | | |
| 189 | 4101 | 盈余公积 | | | | 133900.67 | | |
| 190 | 410101 | 盈余公积 | 法定盈余公积 | | | 133900.67 | | |
| 200 | 4103 | 本年利润 | | | | 192855.17 | | |
| 201 | 4104 | 利润分配 | | | | 2059409.3 | | |
| 211 | 410410 | 利润分配 | 未分配利润 | | | 2059409.3 | | |
| 212 | 5001 | 生产成本 | | | 146200.00 | | | |
| 213 | 500101 | 生产成本 | 基本生产成本 | | 146200 | | | |
| 214 | 50010101 | 生产成本 | 基本生产成本-甲 | | 47500.00 | | | |
| 215 | 5001010101 | 生产成本 | 基本生产成本-甲-直接材料 | 甲 | 38500.00 | | 批 | 800 |
| 216 | 5001010102 | 生产成本 | 基本生产成本-甲-直接人工 | 甲 | 6000.00 | | 批 | 800 |
| 217 | 5001010103 | 生产成本 | 基本生产成本-甲-制造费用 | 甲 | 3000.00 | | 批 | 800 |

续表

| 序号 | 科目代码 | 总账科目 | 明细科目 | 明细科目简称 | 期初借方余额 | 期初贷方余额 | 单位 | 数量 |
|---|---|---|---|---|---|---|---|---|
| 218 | 50010102 | 生产成本 | 基本生产成本-乙 | | 47600.00 | | | |
| 219 | 5001010201 | 生产成本 | 基本生产成本-乙-直接材料 | 乙 | 39800.00 | | 批 | 500 |
| 220 | 5001010202 | 生产成本 | 基本生产成本-乙-直接人工 | 乙 | 5800.00 | | 批 | 500 |
| 221 | 5001010203 | 生产成本 | 基本生产成本-乙-制造费用 | 乙 | 2000.00 | | 批 | 500 |
| 222 | 50010103 | 生产成本 | 基本生产成本-丙 | | 51100.00 | | | |
| 223 | 5001010301 | 生产成本 | 基本生产成本-丙-直接材料 | 丙 | 39600.00 | | 批 | 700 |
| 224 | 5001010302 | 生产成本 | 基本生产成本-丙-直接人工 | 丙 | 6000.00 | | 批 | 700 |
| 225 | 5001010303 | 生产成本 | 基本生产成本-丙-制造费用 | 丙 | 5500.00 | | 批 | 700 |

业务1：2020年10月26日，从银行提取备用金，取得现金支票1张。如图4-44所示。

图4-44

任务单据：如图4-45所示。

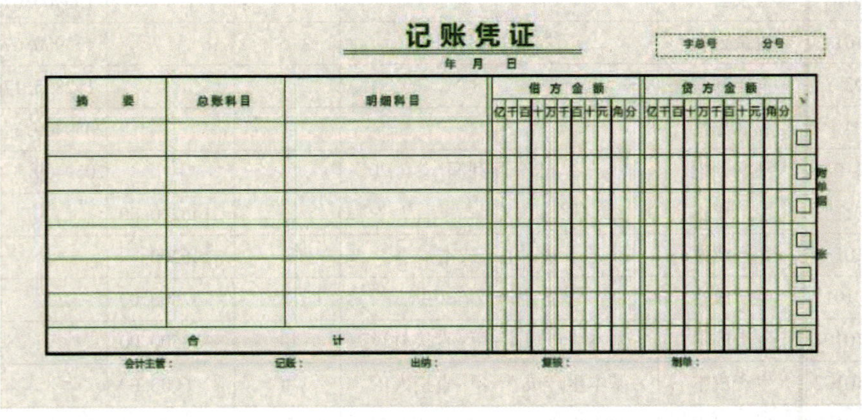


图4-45

业务 2：2020 年 10 月 26 日，收回应收账款。如图 4-46 所示。

ICBC 中国工商银行　　进账单（收账通知）

2020年 10月 26日　　No 58346060

| | | | | | |
|---|---|---|---|---|---|
| 出票人 | 全称 | 北京海河商贸有限公司 | 收款人 | 全称 | 北京江宁医药有限责任公司 |
| | 账号 | 41953790030974 | | 账号 | 41713685117475 |
| | 开户银行 | 中国工商银行北京市东城区支行 | | 开户银行 | 中国工商银行北京市西城区支行 |
| 金额 | 人民币（大写）贰万捌仟贰佰伍拾元整 | | | 亿千百十万千百十元角分 | ¥ 2 8 2 5 0 0 0 |
| 票据种类 | 转账支票 | 票据张数 | 1 | | |
| 票据号码 | 1020182173891212 | | | | |
| | 复核　记账 | | | 开户银行签章 | |

中国工商银行北京市西城区支行 2020-10-26 办讫 (01)

此联是收款人开户银行交给收款人的收账通知

图 4-46

任务单据：如图 4-47 所示。

记账凭证

年 月 日　　字总号　分号

| 摘要 | 总账科目 | 明细科目 | 借方金额（亿千百十万千百十元角分） | 贷方金额（亿千百十万千百十元角分） | √ |
|---|---|---|---|---|---|
| | | | | | □ |
| | | | | | □ |
| | | | | | □ |
| | | | | | □ |
| | | | | | □ |
| | | | | | □ |
| 合计 | | | | | □ |

会计主管：　记账：　出纳：　复核：　制单：

附单据　张

图 4-47

业务 3：2020 年 10 月 26 日，采购材料并验收入库。如图 4-48~图 4-50 所示。

收料单

供应单位：大连兴昌医药有限责任公司　　2020年10月26日　　编号 SL001

| 材料编号 | 名称 | 单位 | 规格 | 数量 | | 实际成本 | | | |
|---|---|---|---|---|---|---|---|---|---|
| | | | | 应收 | 实收 | 单价 | 发票价格 | 运杂费 | 总价 |
| 001 | A | 公斤 | | 80000 | 80000 | | | | |
| 002 | B | 公斤 | | 60000 | 60000 | | | | |
| | | | | | | | | | |
| | | | | | | | | | |
| | | | | | | | | | |
| 备注： | | | | | | | | | |

收料人：李明峰　　交料人：赵想飞

第二联记账联

图 4-48

2102186140 **大连增值税专用发票** № 07067393 2102186140 07067393

抵扣联

开票日期：2020年10月26日

| 购买方 | | 密码区 |
|---|---|---|
| 名　　称 | 北京江宁医药有限责任公司 | 11*3187<4/+7694<+95-59+7<0408320<0- |
| 纳税人识别号 | 911101025459702305 | ->>-6>525<979727->7*787*3187<4/+849 |
| 地址、电话 | 北京市西城区冯春街张丽路84号010-04539930 | 0<+823915108275+<712/<1+9016>3280+ |
| 开户行及账号 | 中国工商银行北京市西城区支行41713685117475 | +>84>527 |

| 货物或应税劳务、服务名称 | 规格型号 | 单位 | 数量 | 单价 | 金额 | 税率 | 税额 |
|---|---|---|---|---|---|---|---|
| *生物化学制品*A | | 公斤 | 80000 | 25 | 2000000.00 | 13% | 260000.00 |
| *生物化学制品*B | | 公斤 | 60000 | 40 | 2400000.00 | 13% | 312000.00 |
| 合　　计 | | | | | ¥4400000.00 | | ¥572000.00 |
| 价税合计（大写） | ⊗肆佰玖拾柒万贰仟元整 | | | | （小写）¥4972000.00 | | |

| 销售方 | | 备注 |
|---|---|---|
| 名　　称 | 大连兴昌医药有限责任公司 | 大连兴昌医药有限责任公司 912102022128285582 发票专用章 |
| 纳税人识别号 | 912102022128285582 | |
| 地址、电话 | 辽宁省大连市中山区康振街王永路80号0411-24870007 | |
| 开户行及账号 | 中国建设银行大连市中山区支行41315661493957 | |

收款人：　复核：　开票人：孙素敏　销售方：（章）

税总函【XXXX】XXX号 XXXXXXXX公司

第二联：抵扣联 购买方扣税凭证

图 4-49

2102186140 **大连增值税专用发票** № 07067393 2102186140 07067393

发票联

开票日期：2020年10月26日

| 购买方 | | 密码区 |
|---|---|---|
| 名　　称 | 北京江宁医药有限责任公司 | 11*3187<4/+7694<+95-59+7<0408320<0- |
| 纳税人识别号 | 911101025459702305 | ->>-6>525<979727->7*787*3187<4/+849 |
| 地址、电话 | 北京市西城区冯春街张丽路84号010-04539930 | 0<+823915108275+<712/<1+9016>3280+ |
| 开户行及账号 | 中国工商银行北京市西城区支行41713685117475 | +>84>527 |

| 货物或应税劳务、服务名称 | 规格型号 | 单位 | 数量 | 单价 | 金额 | 税率 | 税额 |
|---|---|---|---|---|---|---|---|
| *生物化学制品*A | | 公斤 | 80000 | 25 | 2000000.00 | 13% | 260000.00 |
| *生物化学制品*B | | 公斤 | 60000 | 40 | 2400000.00 | 13% | 312000.00 |
| 合　　计 | | | | | ¥4400000.00 | | ¥572000.00 |
| 价税合计（大写） | ⊗肆佰玖拾柒万贰仟元整 | | | | （小写）¥4972000.00 | | |

| 销售方 | | 备注 |
|---|---|---|
| 名　　称 | 大连兴昌医药有限责任公司 | 大连兴昌医药有限责任公司 912102022128285582 发票专用章 |
| 纳税人识别号 | 912102022128285582 | |
| 地址、电话 | 辽宁省大连市中山区康振街王永路80号0411-24870007 | |
| 开户行及账号 | 中国建设银行大连市中山区支行41315661493957 | |

收款人：　复核：　开票人：孙素敏　销售方：（章）

税总函【XXXX】XXX号 XXXXXXXX公司

第三联：发票联 购买方记账凭证

图 4-50

任务单据：如图 4-51 所示。

**记账凭证**

年　月　日　　　字总号　　分号

| 摘要 | 总账科目 | 明细科目 | 借方金额（亿千百十万千百十元角分） | 贷方金额（亿千百十万千百十元角分） | √ |
|---|---|---|---|---|---|
| | | | | | □ |
| | | | | | □ |
| | | | | | □ |
| | | | | | □ |
| | | | | | □ |
| | | | | | □ |
| 合　　计 | | | | | □ |

会计主管：　记账：　出纳：　复核：　制单：

附单据　张

图 4-51

业务 4：2020 年 10 月 26 日，支付会议用笔记本。如图 4-52、图 4-53 所示。

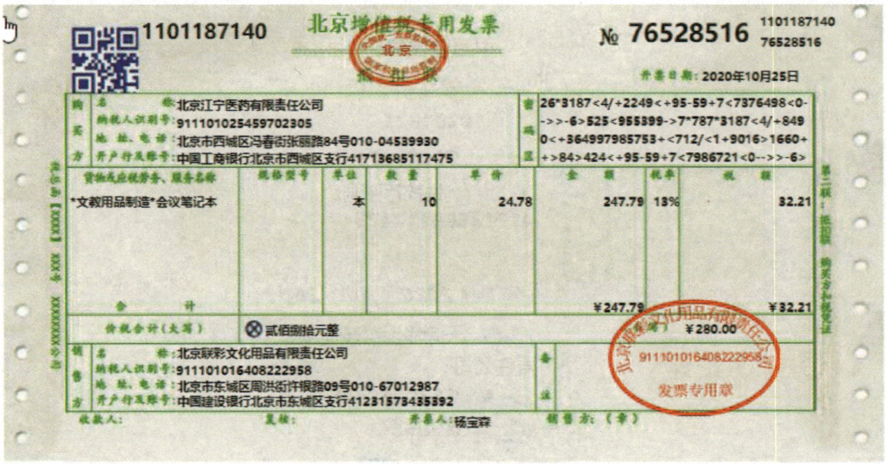
1101187140　北京增值税专用发票　№ 76528516　1101187140　76528516

开票日期：2020年10月25日

| 购买方 | 名称：北京江宁医药有限责任公司<br>纳税人识别号：911101025459702305<br>地址、电话：北京市西城区冯春街张丽路84号010-04539930<br>开户行及账号：中国工商银行北京市西城区支行41713685117475 | 密码区 | 26*3187<4/+2249<+95-59+7<7376498<0-<br>->>-6>525<955399->7*787*3187<4/+849<br>0<+364997985753+<712/<1+9016>1660+<br>+>84>424<+95-59+7<7986721<0-->>-6> |
|---|---|---|---|

| 货物或应税劳务、服务名称 | 规格型号 | 单位 | 数量 | 单价 | 金额 | 税率 | 税额 |
|---|---|---|---|---|---|---|---|
| *文教用品制造*会议笔记本 | | 本 | 10 | 24.78 | 247.79 | 13% | 32.21 |
| 合计 | | | | | ¥247.79 | | ¥32.21 |
| 价税合计（大写） | ⊗贰佰捌拾元整 | | | | （小写）¥280.00 | | |

| 销售方 | 名称：北京联彩文化用品有限责任公司<br>纳税人识别号：911101016408222958<br>地址、电话：北京市东城区周洪街许银路09号010-67012987<br>开户行及账号：中国建设银行北京市东城区支行41231573435392 | 备注 | 北京联彩文化用品有限责任公司 911101016408222958 发票专用章 |
|---|---|---|---|

收款人：　复核：　开票人：杨宝森　销售方：（章）

税总函【XXXX】XXX号 XXXXXXXX公司　第二联：抵扣联　购买方扣税凭证

图 4-52

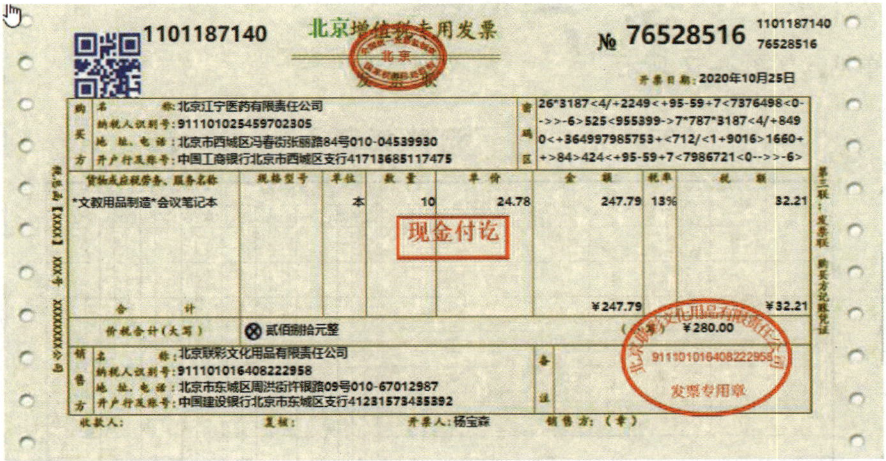
1101187140　北京增值税专用发票　№ 76528516　1101187140　76528516

开票日期：2020年10月25日

| 购买方 | 名称：北京江宁医药有限责任公司<br>纳税人识别号：911101025459702305<br>地址、电话：北京市西城区冯春街张丽路84号010-04539930<br>开户行及账号：中国工商银行北京市西城区支行41713685117475 | 密码区 | 26*3187<4/+2249<+95-59+7<7376498<0-<br>->>-6>525<955399->7*787*3187<4/+849<br>0<+364997985753+<712/<1+9016>1660+<br>+>84>424<+95-59+7<7986721<0-->>-6> |
|---|---|---|---|

| 货物或应税劳务、服务名称 | 规格型号 | 单位 | 数量 | 单价 | 金额 | 税率 | 税额 |
|---|---|---|---|---|---|---|---|
| *文教用品制造*会议笔记本 | | 本 | 10 | 24.78 | 247.79 | 13% | 32.21 |
| 合计 | | | | | ¥247.79 | | ¥32.21 |
| 价税合计（大写） | ⊗贰佰捌拾元整 | | | | （小写）¥280.00 | | |

现金付讫

| 销售方 | 名称：北京联彩文化用品有限责任公司<br>纳税人识别号：911101016408222958<br>地址、电话：北京市东城区周洪街许银路09号010-67012987<br>开户行及账号：中国建设银行北京市东城区支行41231573435392 | 备注 | 北京联彩文化用品有限责任公司 911101016408222958 发票专用章 |
|---|---|---|---|

收款人：　复核：　开票人：杨宝森　销售方：（章）

税总函【XXXX】XXX号 XXXXXXXX公司　第三联：发票联　购买方记账凭证

图 4-53

任务单据：如图 4-54 所示。

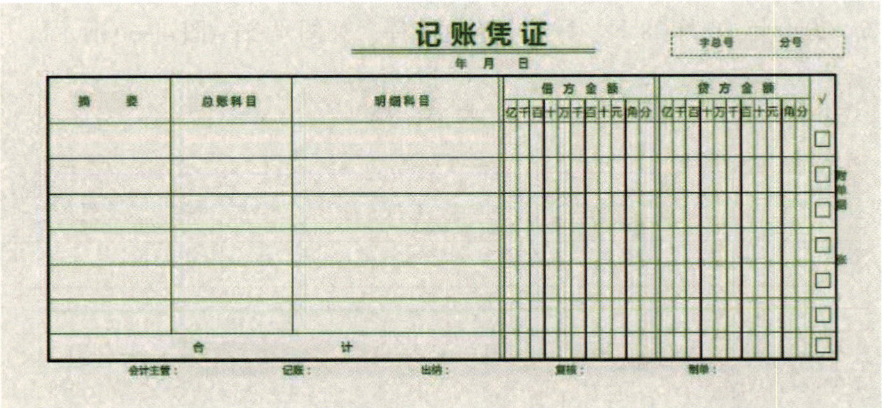
记账凭证

年　月　日　　字总号　分号

| 摘要 | 总账科目 | 明细科目 | 借方金额（亿千百十万千百十元角分） | 贷方金额（亿千百十万千百十元角分） | √ |
|---|---|---|---|---|---|
| | | | | | |
| | | | | | |
| | | | | | |
| | | | | | |
| | | | | | |
| | | | | | |
| 合计 | | | | | |

会计主管：　记账：　出纳：　复核：　制单：

附单据　张

图 4-54

业务 5：2020 年 10 月 26 日，支付期初前欠货款。如图 4-55 所示。

中国工商银行
转账支票存根
10201821
00007575
附加信息 付款行账号：
41713685117475
出票日期 2020年 10月 26日
收款人：天津华深科技有限责任公司
金　额：￥120060.00
用　途：支付货款
单位主管　　会计

图 4-55

任务单据：如图 4-56 所示。

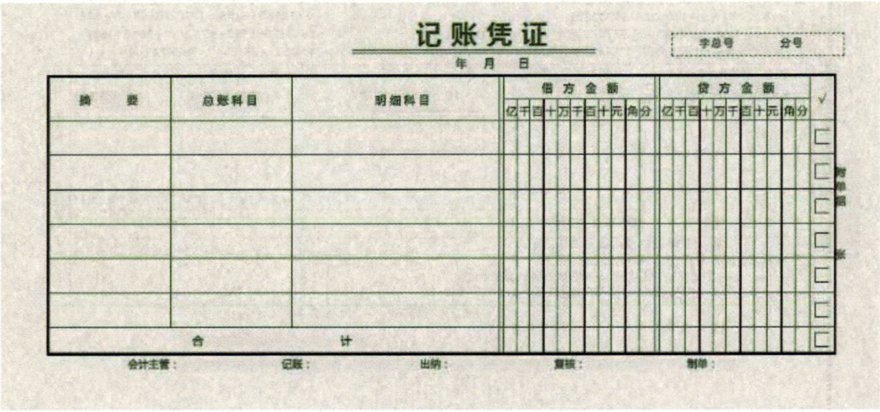
记账凭证

年　月　日

字总号　　分号

| 摘要 | 总账科目 | 明细科目 | 借方金额（亿千百十万千百十元角分） | 贷方金额（亿千百十万千百十元角分） | √ |
| --- | --- | --- | --- | --- | --- |
| | | | | | |
| | | | | | |
| | | | | | |
| | | | | | |
| | | | | | |
| | | | | | |
| 合计 | | | | | |

会计主管：　记账：　出纳：　复核：　制单：

附单据　张

图 4-56

业务 6：2020 年 10 月 28 日，采购材料并入库。如图 4-57~图 4-60 所示。

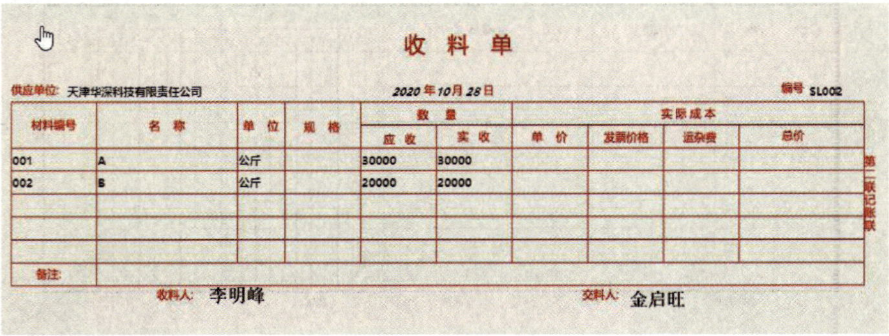
收　料　单

供应单位：天津华深科技有限责任公司　　2020 年 10 月 28 日　　编号 SL002

| 材料编号 | 名称 | 单位 | 规格 | 数量 应收 | 数量 实收 | 实际成本 单价 | 实际成本 发票价格 | 实际成本 运杂费 | 实际成本 总价 |
| --- | --- | --- | --- | --- | --- | --- | --- | --- | --- |
| 001 | A | 公斤 | | 30000 | 30000 | | | | |
| 002 | B | 公斤 | | 20000 | 20000 | | | | |
| | | | | | | | | | |
| | | | | | | | | | |
| | | | | | | | | | |
| 备注： | | | | | | | | | |

收料人：李明峰　　交料人：金启旺

第二联记账联

图 4-57

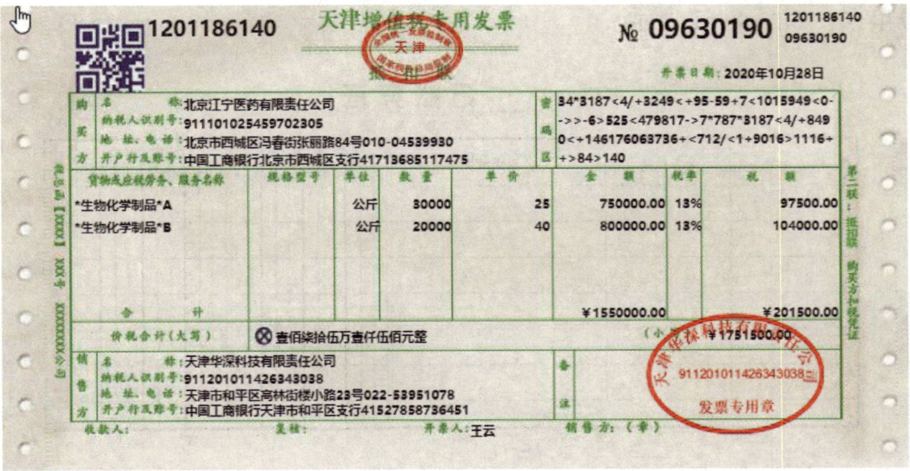
1201186140　天津增值税专用发票　№ 09630190　1201186140 09630190

抵扣联

开票日期：2020年10月28日

| | | | | | | | |
|---|---|---|---|---|---|---|---|
| 购买方 | 名　　称：北京江宁医药有限责任公司<br>纳税人识别号：911101025459702305<br>地址、电话：北京市西城区冯春街张丽路84号010-04539930<br>开户行及账号：中国工商银行北京市西城区支行41713685117475 | | | 密码区 | 34*3187<4/+3249<+95-59+7<1015949<0-->>-6>525<479817->7*787*3187<4/+8490<+146176063736+<712/<1+9016>1116++>84>140 | | |
| 货物或应税劳务、服务名称 | 规格型号 | 单位 | 数量 | 单价 | 金额 | 税率 | 税额 |
| *生物化学制品*A | | 公斤 | 30000 | 25 | 750000.00 | 13% | 97500.00 |
| *生物化学制品*B | | 公斤 | 20000 | 40 | 800000.00 | 13% | 104000.00 |
| 合　　计 | | | | | ¥1550000.00 | | ¥201500.00 |
| 价税合计（大写） | ⊗壹佰柒拾伍万壹仟伍佰元整 | | | | （小写）¥1751500.00 | | |
| 销售方 | 名　　称：天津华深科技有限责任公司<br>纳税人识别号：911201011426343038<br>地址、电话：天津市和平区高林街楼小路23号022-53951078<br>开户行及账号：中国工商银行天津市和平区支行41527858736451 | | | 备注 | | | |

收款人：　复核：　开票人：王云　销售方：（章）

第二联：抵扣联　购买方扣税凭证

天津华深科技有限责任公司　911201011426343038　发票专用章

图 4-58

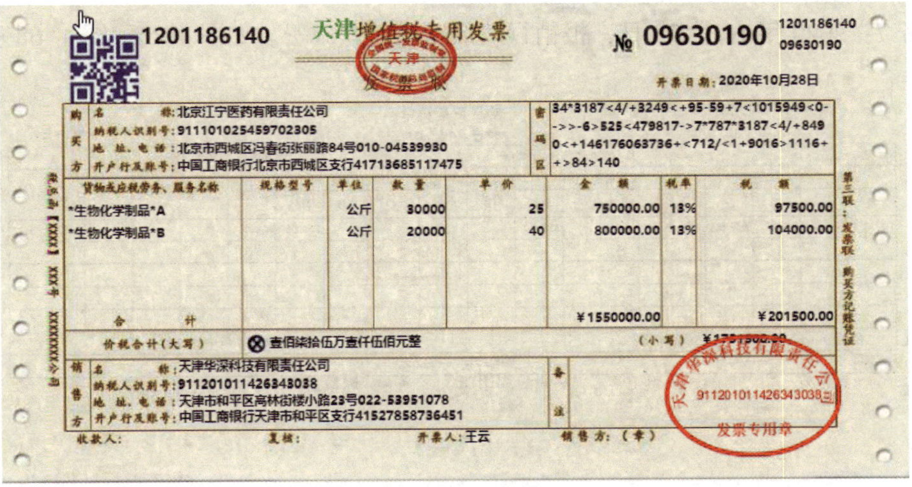
1201186140　天津增值税专用发票　№ 09630190　1201186140 09630190

发票联

开票日期：2020年10月28日

| | | | | | | | |
|---|---|---|---|---|---|---|---|
| 购买方 | 名　　称：北京江宁医药有限责任公司<br>纳税人识别号：911101025459702305<br>地址、电话：北京市西城区冯春街张丽路84号010-04539930<br>开户行及账号：中国工商银行北京市西城区支行41713685117475 | | | 密码区 | 34*3187<4/+3249<+95-59+7<1015949<0-->>-6>525<479817->7*787*3187<4/+8490<+146176063736+<712/<1+9016>1116++>84>140 | | |
| 货物或应税劳务、服务名称 | 规格型号 | 单位 | 数量 | 单价 | 金额 | 税率 | 税额 |
| *生物化学制品*A | | 公斤 | 30000 | 25 | 750000.00 | 13% | 97500.00 |
| *生物化学制品*B | | 公斤 | 20000 | 40 | 800000.00 | 13% | 104000.00 |
| 合　　计 | | | | | ¥1550000.00 | | ¥201500.00 |
| 价税合计（大写） | ⊗壹佰柒拾伍万壹仟伍佰元整 | | | | （小写）¥1751500.00 | | |
| 销售方 | 名　　称：天津华深科技有限责任公司<br>纳税人识别号：911201011426343038<br>地址、电话：天津市和平区高林街楼小路23号022-53951078<br>开户行及账号：中国工商银行天津市和平区支行41527858736451 | | | 备注 | | | |

收款人：　复核：　开票人：王云　销售方：（章）

第三联：发票联　购买方记账凭证

天津华深科技有限责任公司　911201011426343038　发票专用章

图 4-59

中国工商银行

转账支票存根

10201821

00007576

附加信息　付款行账号：

41713685117475

出票日期 2020年 10月 28日

收款人：天津华深科技有限责任公司

金　额：¥1751500.00

用　途：支付货款

单位主管　　会计

图 4-60

任务单据：如图 4-61 所示。

**记账凭证**

年 月 日　　　　字总号　　分号

| 摘要 | 总账科目 | 明细科目 | 借方金额 | | | | | | | | | | | 贷方金额 | | | | | | | | | | | ✓ |
|---|---|---|---|---|---|---|---|---|---|---|---|---|---|---|---|---|---|---|---|---|---|---|---|---|---|
| | | | 亿 | 千 | 百 | 十 | 万 | 千 | 百 | 十 | 元 | 角 | 分 | 亿 | 千 | 百 | 十 | 万 | 千 | 百 | 十 | 元 | 角 | 分 | |
| | | | | | | | | | | | | | | | | | | | | | | | | | □ |
| | | | | | | | | | | | | | | | | | | | | | | | | | □ |
| | | | | | | | | | | | | | | | | | | | | | | | | | □ |
| | | | | | | | | | | | | | | | | | | | | | | | | | □ |
| | | | | | | | | | | | | | | | | | | | | | | | | | □ |
| | | | | | | | | | | | | | | | | | | | | | | | | | □ |
| 合 | 计 | | | | | | | | | | | | | | | | | | | | | | | | □ |

附单据　张

会计主管：　记账：　出纳：　复核：　制单：

图 4-61

业务 7：2020 年 10 月 28 日，报销行政部王欢的差旅费。如图 4-62~图 4-68 所示。

**差旅费报销单**

2020 年 10 月 28 日　　　　附原始单据 3 张

| 姓名 | 王欢 | | | 工作部门 | 行政部 | | | | | | | 出差事由 | 洽谈公务 | | | |
|---|---|---|---|---|---|---|---|---|---|---|---|---|---|---|---|---|
| 日期 | | 地点 | | 车船费 | | | 深夜补贴 | 途中补贴 | 住勤费 | | | 旅馆费 | 公文费 | | | 金额合计 |
| 起 | 讫 | 起 | 讫 | 车次或船名 | 时间 | 金额 | | | 地区 | 天数 | 补贴 | | | | | |
| 10-12 | 10-14 | 北京市 | 天津市 | 汽车 | | 180.00 | | | | 3 | 300.00 | 400.00 | | | | 880.80 |
| | | | | | | | | | | | | | | | | |
| | | | | | | | | | | | | | | | | |
| | | | | | | | | | | | | | | | | |
| | | | | | | | | | | | | | | | | |
| 报销金额（大写）人民币 | | | | 捌佰捌拾元整 | | | | | | | | 合计（小写）¥880.00 | | | | |
| 补付金额： | | | | | | | 退回金额：¥120.00 | | | | | | | | | |

现金收讫

领导批准 魏敬安　会计主管 周景卫　部门负责人 周国丽　审核 周景卫　报销人 王欢

图 4-62

**北京市道路汽车客票**

全国统一发票监制章 北京市 国家税务局监制

王欢1101021986****8845

代码：11111010289072　　号码：96567805

| 北京市 ——天津市<br>乘　班车 | 票价 90.00 元 | 含代征规费 元 | | |
|---|---|---|---|---|
| | 上车地点：北京市客运站<br>发票专用章 | | | |

| 乘车日期 | 班次 | 发车时间 | 检票口 | 座号 | 工号 |
|---|---|---|---|---|---|
| 1012 | XA81 | 09:25 | 12 | 81 | KY245 |

发票专用章 911101020176245369

一、票价含客运附加费、通行费等。

二、限乘当日当班车，过期、涂改、污染、撕毁即无效。

图 4-63

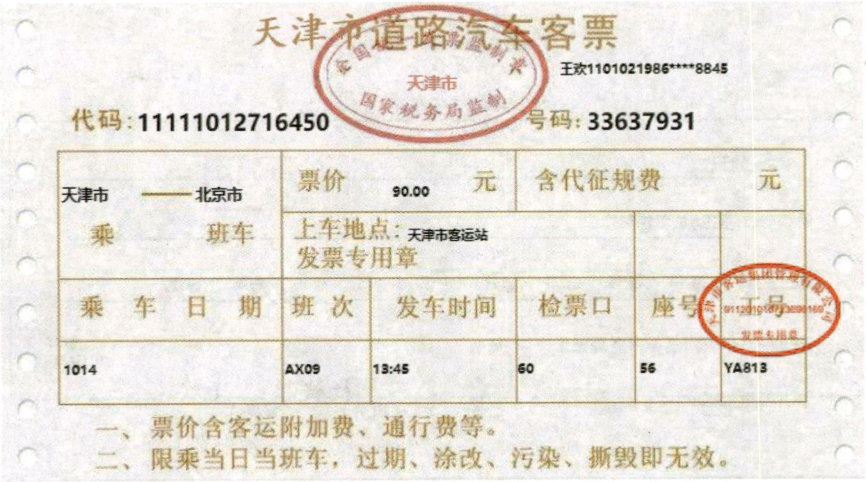
天津市道路汽车客票

王欢1101021986****8845

代码：11111012716450　　号码：33637931

| | | | | | |
|---|---|---|---|---|---|
| 天津市——北京市 | 票价 90.00 元 | | 含代征规费　元 | | |
| 乘　　班车 | 上车地点：天津市客运站<br>发票专用章 | | | | |
| 乘车日期 | 班次 | 发车时间 | 检票口 | 座号 | 工号 |
| 1014 | AX09 | 13:45 | 60 | 56 | YA813 |

一、票价含客运附加费、通行费等。

二、限乘当日当班车，过期、涂改、污染、撕毁即无效。

图 4-64

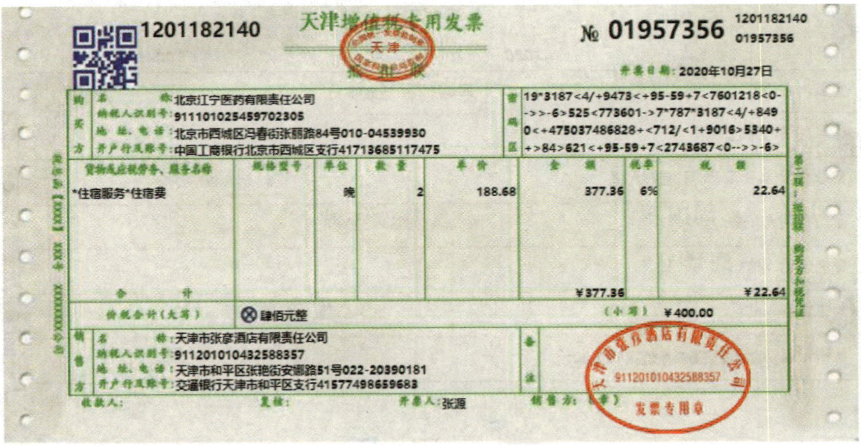
1201182140　天津增值税专用发票　№ 01957356　1201182140 01957356

开票日期：2020年10月27日

购买方　名称：北京江宁医药有限责任公司
纳税人识别号：911101025459702305
地址、电话：北京市西城区冯春街张丽路84号010-04539930
开户行及账号：中国工商银行北京市西城区支行41713685117475

密码区　19*3187<4/+9473<+95-59+7<7601218<0-->>-6>525<773601->7*787*3187<4/+8490<+475037486828+<712/<1+9016>5340++>84>621<+95-59+7<2743687<0-->>-6>

| 货物或应税劳务、服务名称 | 规格型号 | 单位 | 数量 | 单价 | 金额 | 税率 | 税额 |
|---|---|---|---|---|---|---|---|
| *住宿服务*住宿费 | | 晚 | 2 | 188.68 | 377.36 | 6% | 22.64 |
| 合计 | | | | | ¥377.36 | | ¥22.64 |
| 价税合计（大写） | ⊗肆佰元整 | | | | （小写）¥400.00 | | |

销售方　名称：天津市张彦酒店有限责任公司
纳税人识别号：911201010432588357
地址、电话：天津市和平区张艳街安娜路51号022-20390181
开户行及账号：交通银行天津市和平区支行41577498659683

备注　天津市张彦酒店有限责任公司 911201010432588357 发票专用章

收款人：　复核：　开票人：张源　销售方：（章）

图 4-65

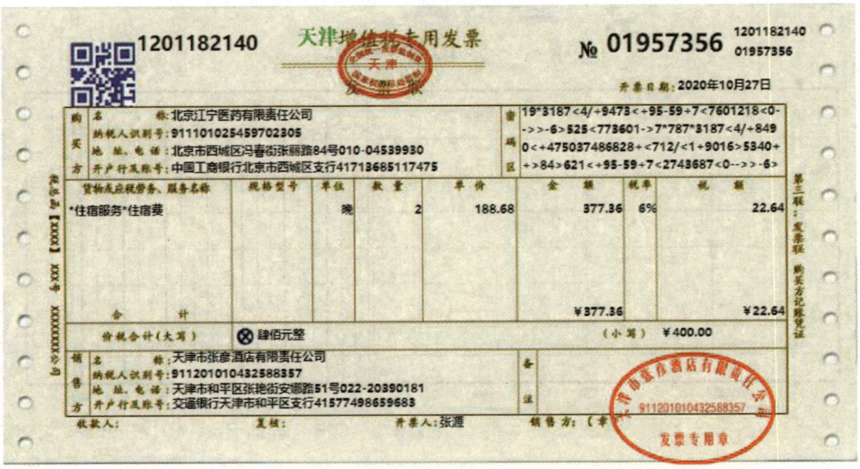
1201182140　天津增值税专用发票　№ 01957356　1201182140 01957356

开票日期：2020年10月27日

购买方　名称：北京江宁医药有限责任公司
纳税人识别号：911101025459702305
地址、电话：北京市西城区冯春街张丽路84号010-04539930
开户行及账号：中国工商银行北京市西城区支行41713685117475

密码区　19*3187<4/+9473<+95-59+7<7601218<0-->>-6>525<773601->7*787*3187<4/+8490<+475037486828+<712/<1+9016>5340++>84>621<+95-59+7<2743687<0-->>-6>

| 货物或应税劳务、服务名称 | 规格型号 | 单位 | 数量 | 单价 | 金额 | 税率 | 税额 |
|---|---|---|---|---|---|---|---|
| *住宿服务*住宿费 | | 晚 | 2 | 188.68 | 377.36 | 6% | 22.64 |
| 合计 | | | | | ¥377.36 | | ¥22.64 |
| 价税合计（大写） | ⊗肆佰元整 | | | | （小写）¥400.00 | | |

销售方　名称：天津市张彦酒店有限责任公司
纳税人识别号：911201010432588357
地址、电话：天津市和平区张艳街安娜路51号022-20390181
开户行及账号：交通银行天津市和平区支行41577498659683

备注　天津市张彦酒店有限责任公司 911201010432588357 发票专用章

收款人：　复核：　开票人：张源　销售方：（章）

第三联：发票联　购买方记账凭证

图 4-66

**收款收据**

NO.541532

2020 年 10 月 28 日

今收到王欢

交来：退还差旅费多余款

现金收讫

金额(大写) 零佰 零拾 零万 零仟 壹佰 贰拾 零元 零角 零分

¥ 120.00　☑现金　☐转账支票　☐其他　收款单位(盖章)

核准　会计　记账　出纳 杨秋青　经手人 王欢

第三联交财务

图 4-67

**借款单**

2020 年 10 月 12 日　NO 72245

| | |
|---|---|
| 借款人：王欢 | 所属部门：行政部 |
| 借款用途：预借差旅费 | |
| 借款金额：人民币(大写) 壹仟元整 | ¥1000.00 |
| 部门负责人审批：周国丽 | 借款人(签章)：王欢 |
| 财务部门 审核：周景卫 | |
| 单位负责人批示：同意 | 签字：魏敬安 |
| 核销记录：收回差旅费多余借款120.00元。 | |

第二联结算联（结算后记账）

图 4-68

任务单据：如图 4-69 所示。

**记账凭证**

年　月　日　　字总号　分号

| 摘要 | 总账科目 | 明细科目 | 借方金额 亿千百十万千百十元角分 | 贷方金额 亿千百十万千百十元角分 | √ |
|---|---|---|---|---|---|
| | | | | | ☐ |
| | | | | | ☐ |
| | | | | | ☐ |
| | | | | | ☐ |
| | | | | | ☐ |
| | | | | | ☐ |
| 合 | | 计 | | | ☐ |

会计主管：　记账：　出纳：　复核：　制单：

附单据　张

图 4-69

业务 8：2020 年 10 月 28 日，预借差旅费给销售机构的陈霞。如图 4-70 所示。

借款单

2020 年 10 月 28 日 NO 72244

| | |
|---|---|
| 借款人：陈霞 | 所属部门：专设销售机构 |
| 借款用途：预借差旅费 | 现金付讫 |
| 借款金额：人民币(大写) 肆仟元整 | ¥4000.00 |
| 部门负责人审批：陈霞 | 借款人(签章)：陈霞 |
| 财务部门 审核：周景卫 | |
| 单位负责人批示：同意 | 签字：魏敬安 |
| 核销记录： | |

第一联付款联（付款人记账）

图 4-70

任务单据：如图 4-71 所示。

记账凭证

年 月 日 字总号 分号

| 摘要 | 总账科目 | 明细科目 | 借方金额 亿千百十万千百十元角分 | 贷方金额 亿千百十万千百十元角分 | √ |
|---|---|---|---|---|---|
| | | | | | □ |
| | | | | | □ |
| | | | | | □ |
| | | | | | □ |
| | | | | | □ |
| | | | | | □ |
| 合计 | | | | | □ |

会计主管： 记账： 出纳： 复核： 制单：

附单据 张

图 4-71

业务 9：2020 年 10 月 28 日，结转发出材料成本。如图 4-72 所示。

发出材料单位成本计算表

202■-10-28 单位：元

| 材料名称 | 单位 | 期初数量 | 期初金额 | 本期入库数量 | 本期入库金额 | 单位成本 |
|---|---|---|---|---|---|---|
| A | 公斤 | 1500 | 37500.00 | 110000 | 2750000 | 25.00 |
| B | 公斤 | 1500 | 60000.00 | 80000 | 3200000 | 40.00 |
| 合计 | | | 97500.00 | | 5950000.00 | |

制表：赵志伟 审核：周景卫

材料发出汇总表

2020--0-28 单位：元

| 领用部门 | 领料用途 | 产品 | A | | B | | 合计 |
|---|---|---|---|---|---|---|---|
| | | | 数量 | 金额 | 数量 | 金额 | |
| 主产车间 | 生产产品直接领用 | 甲 | 70000 | 1750000.00 | 18000 | 720000.00 | 2470000.00 |
| 主产车间 | 生产产品直接领用 | 乙 | | | 30000 | 1200000.00 | 1200000.00 |
| 合计 | | | 70000 | 1750000.00 | 48000 | 1920000.00 | 3670000.00 |

制表：赵志伟 审核：周景卫

图 4-72

任务单据：如图 4-73 所示。

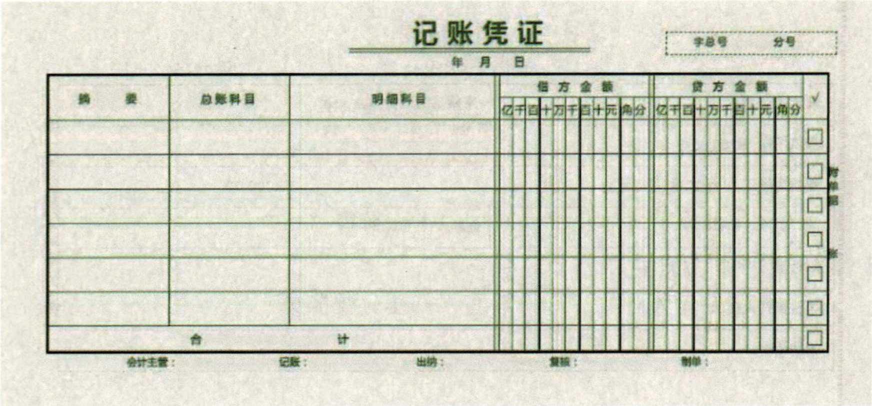
记账凭证

年 月 日

字总号 分号

| 摘要 | 总账科目 | 明细科目 | 借方金额 | 贷方金额 | √ |
|---|---|---|---|---|---|
| | | | 亿千百十万千百十元角分 | 亿千百十万千百十元角分 | |
| | | | | | □ |
| | | | | | □ |
| | | | | | □ |
| | | | | | □ |
| | | | | | □ |
| | | | | | □ |
| 合计 | | | | | □ |

附单据 张

会计主管： 记账： 出纳： 复核： 制单：

图 4-73

业务 10：2020 年 10 月 28 日，支付本月前欠货款。如图 4-74 所示。

中国工商银行

转账支票存根

10201821

00007577

附加信息 付款行账号：

41713685117475

出票日期 2020年 10月 28日

收款人：大连兴昌医药有限责任公司

金 额：¥80000.00

用 途：支付货款

单位主管 会计

图 4-74

任务单据：如图 4-75 所示。

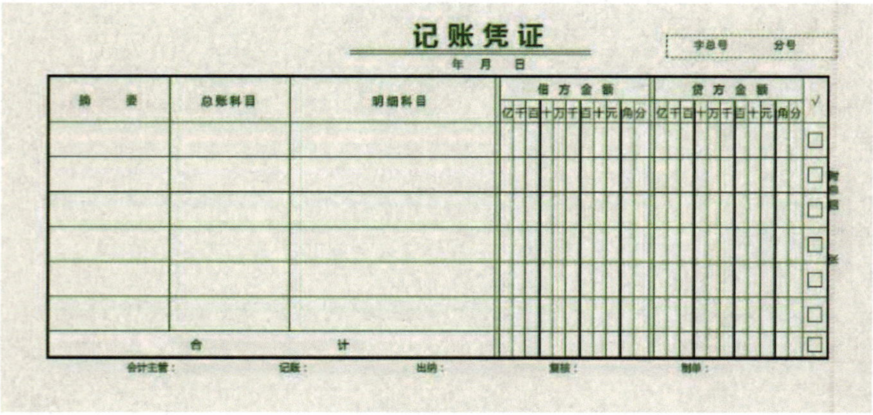
记账凭证

年 月 日

字总号 分号

| 摘要 | 总账科目 | 明细科目 | 借方金额 | 贷方金额 | √ |
|---|---|---|---|---|---|
| | | | 亿千百十万千百十元角分 | 亿千百十万千百十元角分 | |
| | | | | | □ |
| | | | | | □ |
| | | | | | □ |
| | | | | | □ |
| | | | | | □ |
| | | | | | □ |
| 合计 | | | | | □ |

附单据 张

会计主管： 记账： 出纳： 复核： 制单：

图 4-75

业务 11：2020 年 10 月 28 日，计提职工工资。如图 4-76 所示。

**工资分配表**

2020-10-28　　　　　　　　　　　　　　　　　　　　　　　　单位：元

| 应借科目 | | 直接计入 | 分配计入 | | | 合计 |
|---|---|---|---|---|---|---|
| | | | 生产工时（小时） | 分配率 | 分配金额 | |
| 管理费用 | | 49600.00 | | | | 49600.00 |
| 销售费用 | | 16000.00 | | | | 16000.00 |
| 制造费用 | | 8000.00 | | | | 8000.00 |
| 生产成本 | 甲 | | 372 | 86.113886 | 32034.37 | 32034.37 |
| 生产成本 | 乙 | | 487 | 86.113886 | 41937.46 | 41937.46 |
| 生产成本 | 丙 | | 142 | 86.113886 | 12228.17 | 12228.17 |
| 合计 | | 73600.00 | 1001 | | 86200.00 | 159800.00 |

制表：赵志伟　　　　　　　　　　　　　　　　　　审核：周景卫

图 4-76

任务单据：如图 4-77、图 4-78 所示。

**记账凭证**

字总号　　分号

年　月　日

| 摘　要 | 总账科目 | 明细科目 | 借方金额（亿千百十万千百十元角分） | 贷方金额（亿千百十万千百十元角分） | √ |
|---|---|---|---|---|---|
| | | | | | □ |
| | | | | | □ |
| | | | | | □ |
| | | | | | □ |
| | | | | | □ |
| | | | | | □ |
| 合　计 | | | | | □ |

附单据　张

会计主管：　记账：　出纳：　复核：　制单：

图 4-77

**记账凭证**

字总号　　分号

年　月　日

| 摘　要 | 总账科目 | 明细科目 | 借方金额（亿千百十万千百十元角分） | 贷方金额（亿千百十万千百十元角分） | √ |
|---|---|---|---|---|---|
| | | | | | □ |
| | | | | | □ |
| | | | | | □ |
| | | | | | □ |
| | | | | | □ |
| | | | | | □ |
| 合　计 | | | | | □ |

附单据　张

会计主管：　记账：　出纳：　复核：　制单：

图 4-78

业务 12：2020 年 10 月 28 日，完工产品入库。如图 4-79 所示。

产品产量明细表

2020-10-28　　　　　　　　　　　　　　　　　　单位：件

| 生产部门 | 产品 | 月初在产品数量 | 本月投产产品数量 | 本月完工产品数量 | 本月产品入库数量 | 月末在产品数量 | 投料率 | 期末在产品完工率 |
|---|---|---|---|---|---|---|---|---|
| 生产车间 | 甲 | 800 | 7000 | 6000 | 6000 | 1800 | 100% | 75% |
| 生产车间 | 乙 | 500 | 4000 | 4000 | 4000 | 500 | 100% | 85% |
| 生产车间 | 丙 | 700 | 2100 | 2000 | 2000 | 800 | 100% | 80% |

制表：赵志伟　　　　　　　　　　　　　　审核：周景卫

产品成本计算表

2020-10-28　　　　　　　　　　　　　　　　　　单位：元

| 生产部门 | 产品名称 | 成本项目 | 月初在产品成本 | 本月生产费用 | 生产成本合计 | 完工产品产量 | 在产品产量 | 在产品约当产量 | 产量合计 | 单位成本 | 完工产品成本 | 在产品成本 |
|---|---|---|---|---|---|---|---|---|---|---|---|---|
| 生产车间 | 甲 | 直接材料 | 38500.00 | 2470000 | 2508500.00 | 6000 | 1800 | 1800 | 7800.00 | 321.602564 | 1929615.38 | 578884.62 |
| 生产车间 | 甲 | 直接人工 | 6000.00 | 32034.37 | 38034.37 | 6000 | 1800 | 1350 | 7350.00 | 5.174744 | 31048.46 | 6985.9 |
| 生产车间 | 甲 | 制造费用 | 3000.00 | | 3000.00 | 6000 | 1800 | 1350 | 7350.00 | 0.408163 | 2448.98 | 551.02 |
| 小计 | | | 47500.00 | 2502034.37 | 2549534.37 | | | | | 327.185471 | 1963112.82 | 586421.55 |
| 生产车间 | 乙 | 直接材料 | 39800.00 | 1200000 | 1239800.00 | 4000 | 500 | 500 | 4500.00 | 275.511111 | 1102044.44 | 137755.56 |
| 生产车间 | 乙 | 直接人工 | 5800.00 | 41937.46 | 47737.46 | 4000 | 500 | 425 | 4425.00 | 10.788127 | 43152.51 | 4584.95 |
| 生产车间 | 乙 | 制造费用 | 2000.00 | | 2000.00 | 4000 | 500 | 425 | 4425.00 | 0.451977 | 1807.91 | 192.09 |
| 小计 | | | 47600.00 | 1241937.46 | 1289537.46 | | | | | 286.751215 | 1147004.86 | 142532.60 |
| 生产车间 | 丙 | 直接材料 | 39600.00 | | 39600.00 | 2000 | 800 | 800 | 2800.00 | 14.142857 | 28285.71 | 11314.29 |
| 生产车间 | 丙 | 直接人工 | 6000.00 | 12228.17 | 18228.17 | 2000 | 800 | 640 | 2640.00 | 6.904610 | 13809.22 | 4418.95 |
| 生产车间 | 丙 | 制造费用 | 5500.00 | | 5500.00 | 2000 | 800 | 640 | 2640.00 | 2.083333 | 4166.67 | 1333.33 |
| 小计 | | | 51100.00 | 12228.17 | 63328.17 | | | | | 23.1308 | 46261.60 | 17066.57 |
| 合计 | | | 146200.00 | 3756200.00 | 3902400.00 | | | | | | 3156379.28 | 746020.72 |

制表：赵志伟　　　　　　　　　　　　　　审核：周景卫

图 4-79

任务单据：如图 4-80、图 4-81 所示。

记账凭证

字总号　　分号

年　月　日

| 摘　要 | 总账科目 | 明细科目 | 借方金额（亿千百十万千百十元角分） | 贷方金额（亿千百十万千百十元角分） | √ |
|---|---|---|---|---|---|
| | | | | | □ |
| | | | | | □ |
| | | | | | □ |
| | | | | | □ |
| | | | | | □ |
| | | | | | □ |
| 合 | | 计 | | | □ |

附单据　　张

会计主管：　　记账：　　出纳：　　复核：　　制单：

图 4-80

记账凭证

字总号　　分号

年　月　日

| 摘　要 | 总账科目 | 明细科目 | 借方金额（亿千百十万千百十元角分） | 贷方金额（亿千百十万千百十元角分） | √ |
|---|---|---|---|---|---|
| | | | | | □ |
| | | | | | □ |
| | | | | | □ |
| | | | | | □ |
| | | | | | □ |
| | | | | | □ |
| 合 | | 计 | | | □ |

附单据　　张

会计主管：　　记账：　　出纳：　　复核：　　制单：

图 4-81

业务 13：2020 年 10 月 31 日，月末结转损益类账户。如图 4-82 所示。

**损益类账户发生额结转表**

2020-10-31　　　　单位：元

| 科目名称 | 本期借方发生额 | 本期贷方发生额 |
|---|---|---|
| 销售费用-工资 | 16000 | |
| 管理费用-工资 | 49600 | |
| 管理费用-差旅费 | 857.36 | |
| 管理费用-董事会费 | 247.79 | |
| 合计 | 66705.15 | |

制表：赵志伟　　　　审核：周景卫

图 4-82

任务单据：如图 4-83 所示。

**记账凭证**

年　月　日　　　　字总号　　分号

| 摘　要 | 总账科目 | 明细科目 | 借方金额（亿千百十万千百十元角分） | 贷方金额（亿千百十万千百十元角分） | √ |
|---|---|---|---|---|---|
| | | | | | □ |
| | | | | | □ |
| | | | | | □ |
| | | | | | □ |
| | | | | | □ |
| | | | | | □ |
| 合　　计 | | | | | □ |

附单据　张

会计主管：　记账：　出纳：　复核：　制单：

图 4-83

## 任务三　会计账簿的启用

【任务目的】

通过填制账簿启用登记表，熟悉会计账簿的启用流程和方法。

【任务实施】

北京江宁医药有限责任公司出纳杨秋青 2020 年 11 月 01 日启用库存现金日记账，本账簿共计 200 页，请根据资料填写库存现金日记账账簿启用表。如图 4-84 所示。

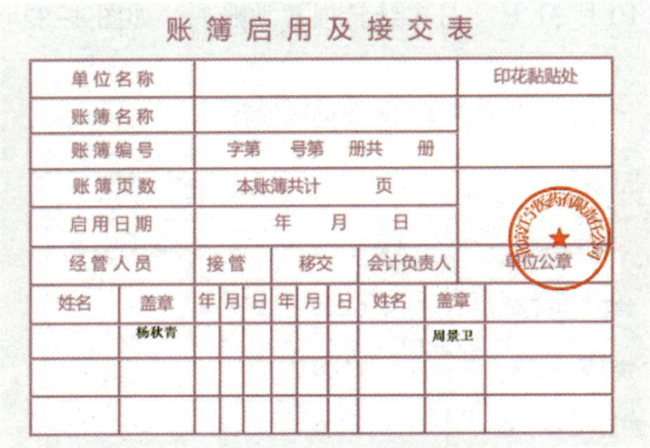

账簿启用及接交表

| 单位名称 | | | | | | | | | | 印花黏贴处 |
|---|---|---|---|---|---|---|---|---|---|---|
| 账簿名称 | | | | | | | | | | |
| 账簿编号 | 字第　号第　册共　册 | | | | | | | | | |
| 账簿页数 | 本账簿共计　页 | | | | | | | | | |
| 启用日期 | 年　月　日 | | | | | | | | | |
| 经管人员 | | 接管 | | | 移交 | | | 会计负责人 | | 单位公章 |
| 姓名 | 盖章 | 年 | 月 | 日 | 年 | 月 | 日 | 姓名 | 盖章 | |
| | 杨秋青 | | | | | | | | 周景卫 | |
| | | | | | | | | | | |
| | | | | | | | | | | |

图 4-84

## 任务四 账簿的登记

【任务目的】

通过对不同经济业务在不同格式账页中的登记，掌握库存现金日记账、银行存款日记账、总账、三栏式明细账、数量金额式明细账、多栏式明细账等账簿登记要点和方法。

【任务实施】

业务 1：请根据本套账编制的记账凭证部分，登记库存现金日记账，并进行月度结账（登记日记账，不做每日合计）。如图 4-85 所示。

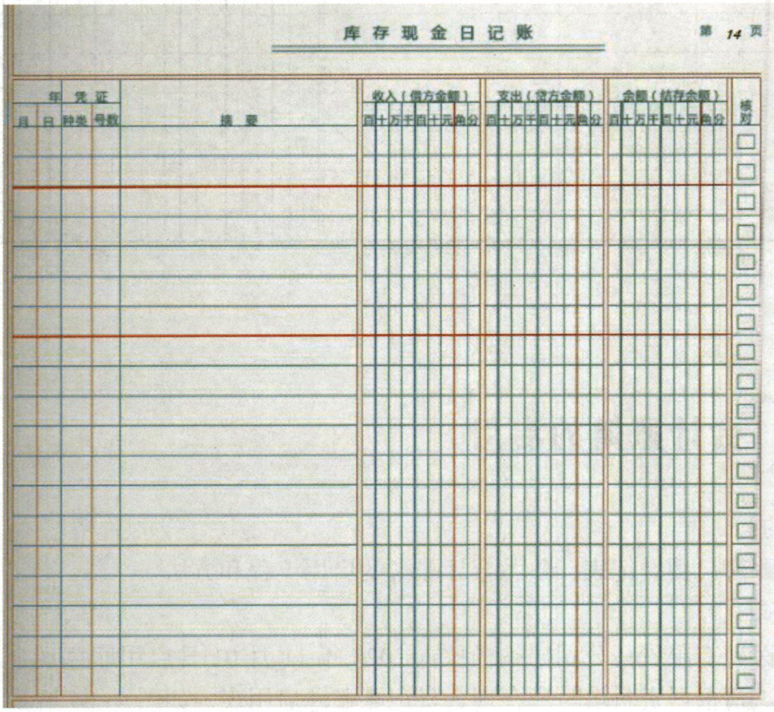

库存现金日记账　　第 14 页

| 年 | | 凭证 | | 摘要 | 收入（借方金额） | 支出（贷方金额） | 余额（结存余额） | 核对 |
|---|---|---|---|---|---|---|---|---|
| 月 | 日 | 种类 | 号数 | | 百十万千百十元角分 | 百十万千百十元角分 | 百十万千百十元角分 | |

图 4-85

业务 2：请根据本套账编制的记账凭证部分，登记银行存款——中国工商银行北京市西城区支行，账号 41713685117475 的人民币户日记账，并进行月度结账（登记日记账，不做每日合计）。如图 4-86 所示。

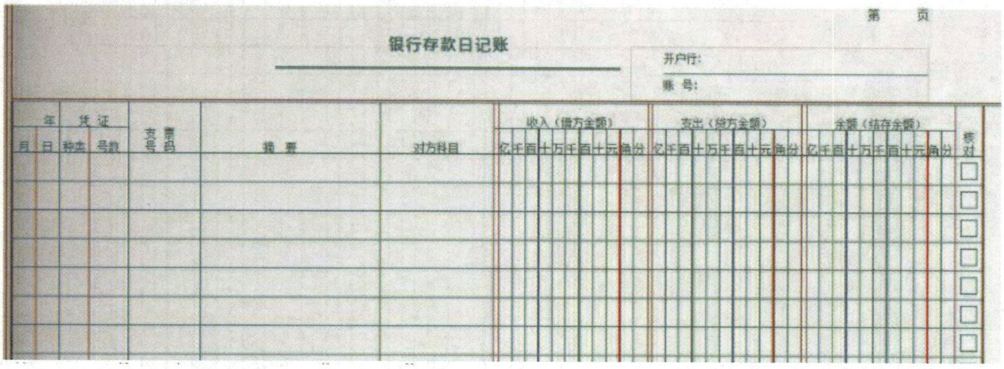


图 4-86

业务 3：登记应付账款明细分类账簿，并进行月度结账。如图 4-87、图 4-88 所示。

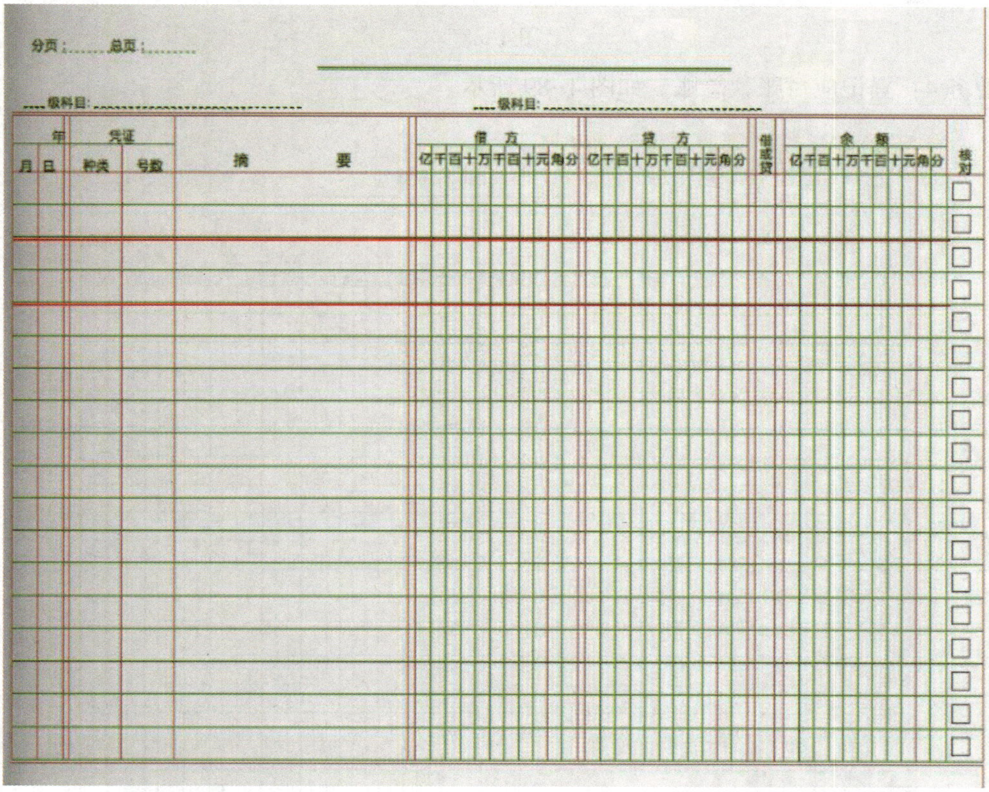


图 4-87

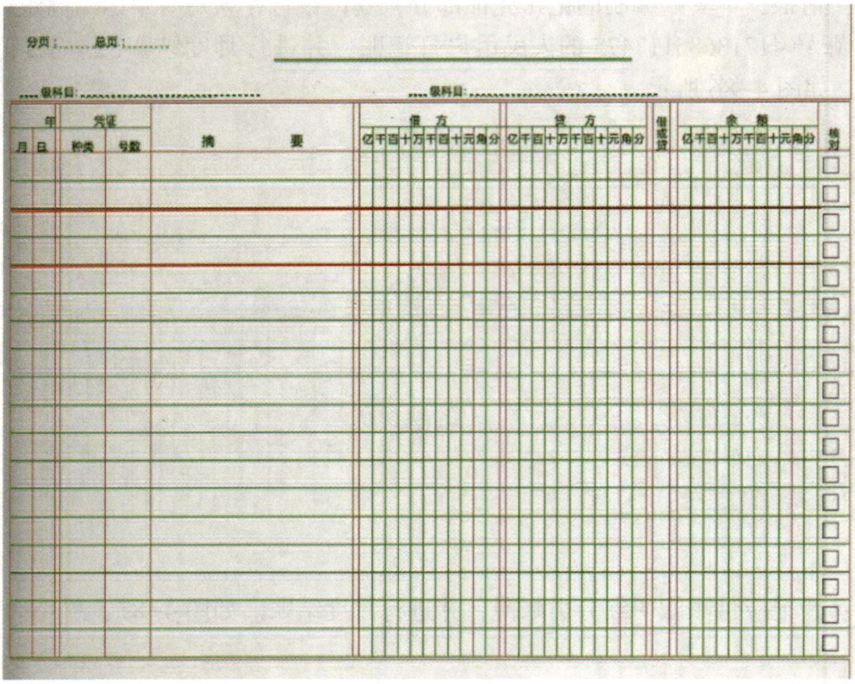

分页：……总页：……

……级科目：…………　　……级科目：…………

| 年 | | 凭证 | | 摘要 | 借方 | 贷方 | 借或贷 | 余额 | 核对 |
|---|---|---|---|---|---|---|---|---|---|
| 月 | 日 | 种类 | 号数 | | 亿千百十万千百十元角分 | 亿千百十万千百十元角分 | | 亿千百十万千百十元角分 | |

图 4-88

业务 4：登记应付账款总账。如图 4-89 所示。

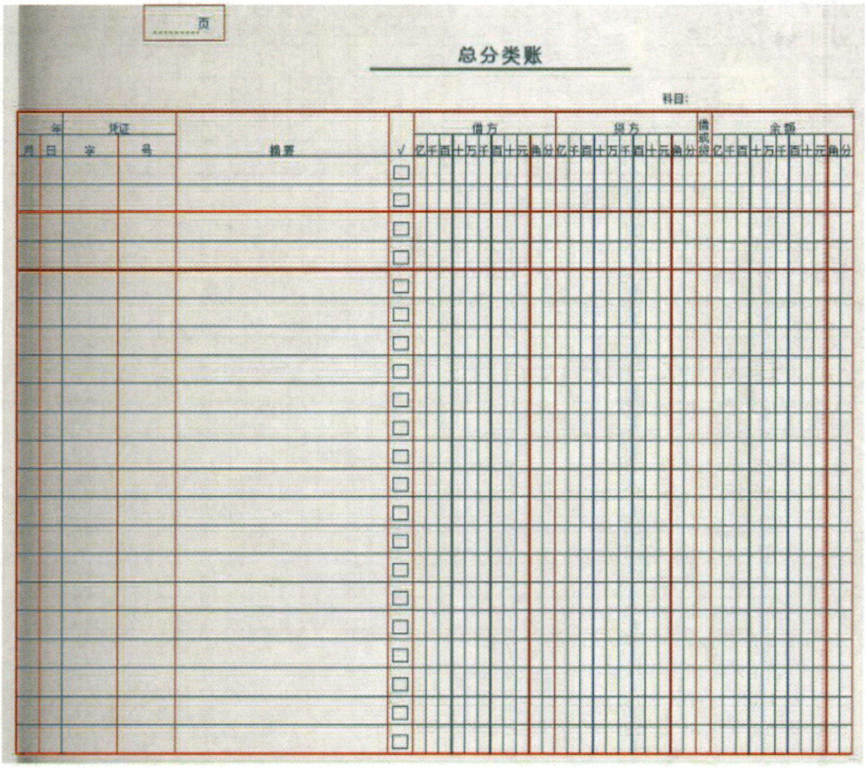

……页

总分类账

科目：

| 年 | | 凭证 | | 摘要 | √ | 借方 | 贷方 | 借或贷 | 余额 |
|---|---|---|---|---|---|---|---|---|---|
| 月 | 日 | 字 | 号 | | | 亿千百十万千百十元角分 | 亿千百十万千百十元角分 | | 亿千百十万千百十元角分 |

图 4-89

业务 5：登记原材料明细分类账，并进行月度结账。如图 4-90、图 4-91 所示。

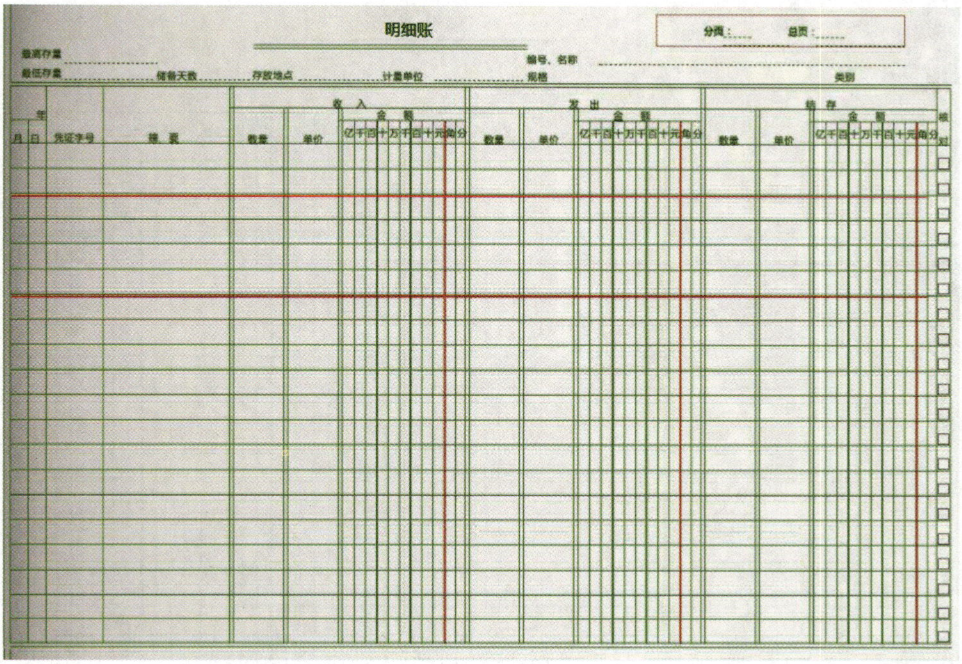
明细账
分页：　总页：
最高存量
最低存量　储备天数　存放地点　计量单位　编号、名称　规格　类别
年 月 日 | 凭证字号 | 摘要 | 收入：数量 单价 金额（亿千百十万千百十元角分） | 发出：数量 单价 金额（亿千百十万千百十元角分） | 结存：数量 单价 金额（亿千百十万千百十元角分） | 核对

图 4-90

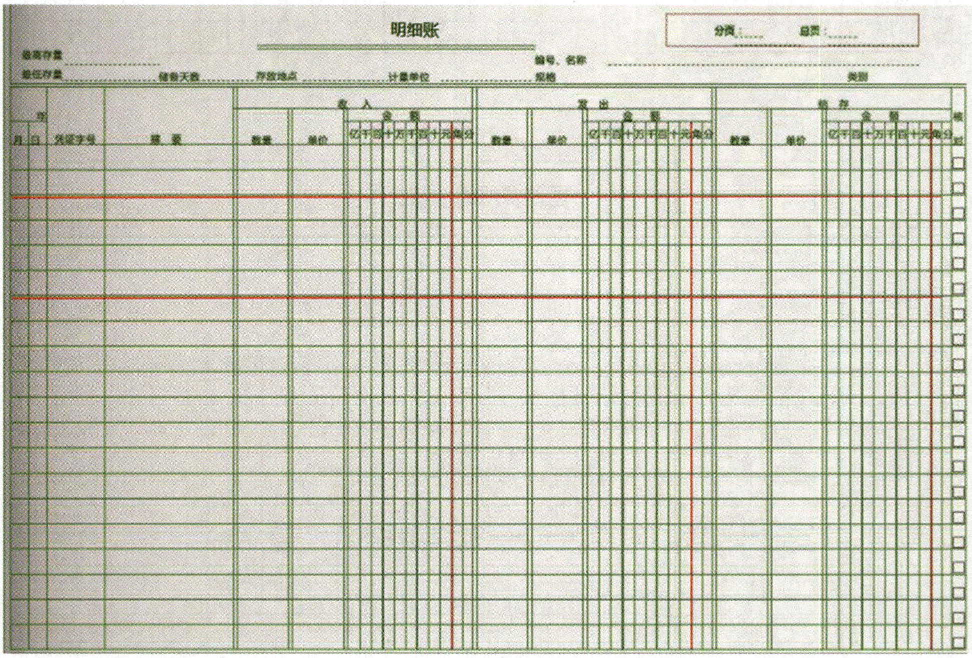
明细账
分页：　总页：
最高存量
最低存量　储备天数　存放地点　计量单位　编号、名称　规格　类别
年 月 日 | 凭证字号 | 摘要 | 收入：数量 单价 金额（亿千百十万千百十元角分） | 发出：数量 单价 金额（亿千百十万千百十元角分） | 结存：数量 单价 金额（亿千百十万千百十元角分） | 核对

图 4-91

业务 6：登记原材料总分类账簿，并进行月度结账。如图 4-92 所示。

业务 7：登记管理费用明细分类账，并进行月度结账。如图 4-93 所示。

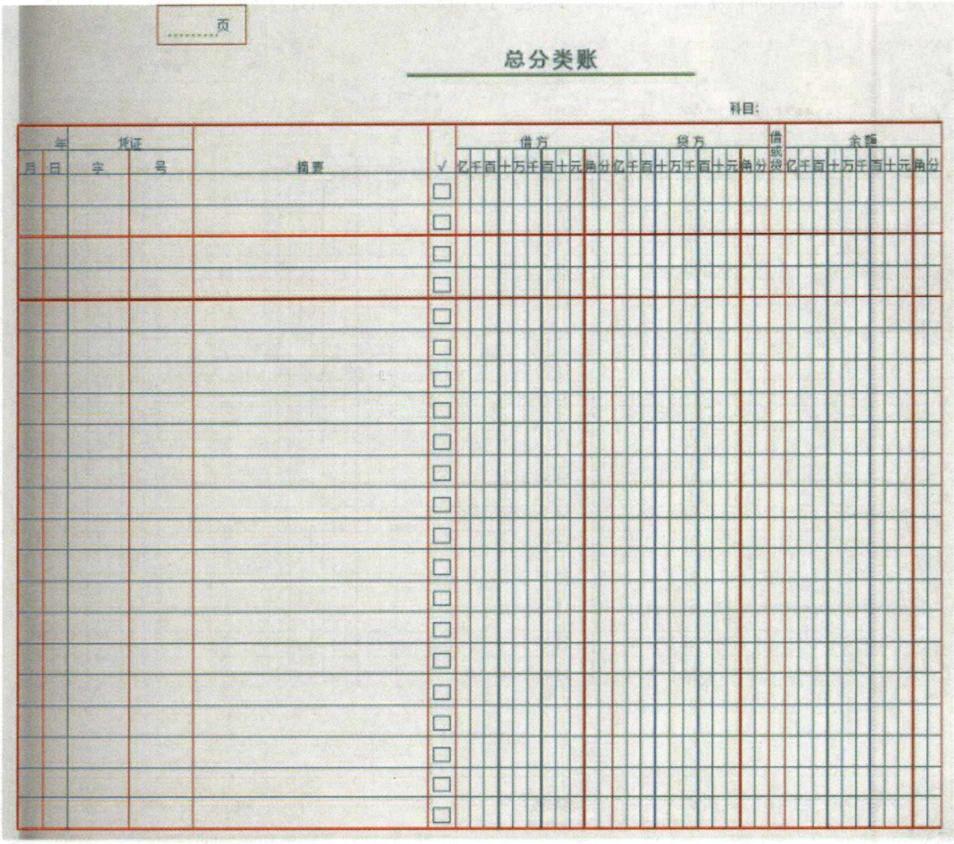

页

## 总分类账

科目：

| 年 | | 凭证 | | 摘要 | √ | 借方 | 贷方 | 借或贷 | 余额 |
|---|---|---|---|---|---|---|---|---|---|
| 月 | 日 | 字 | 号 | | | 亿千百十万千百十元角分 | 亿千百十万千百十元角分 | | 亿千百十万千百十元角分 |

图 4-92

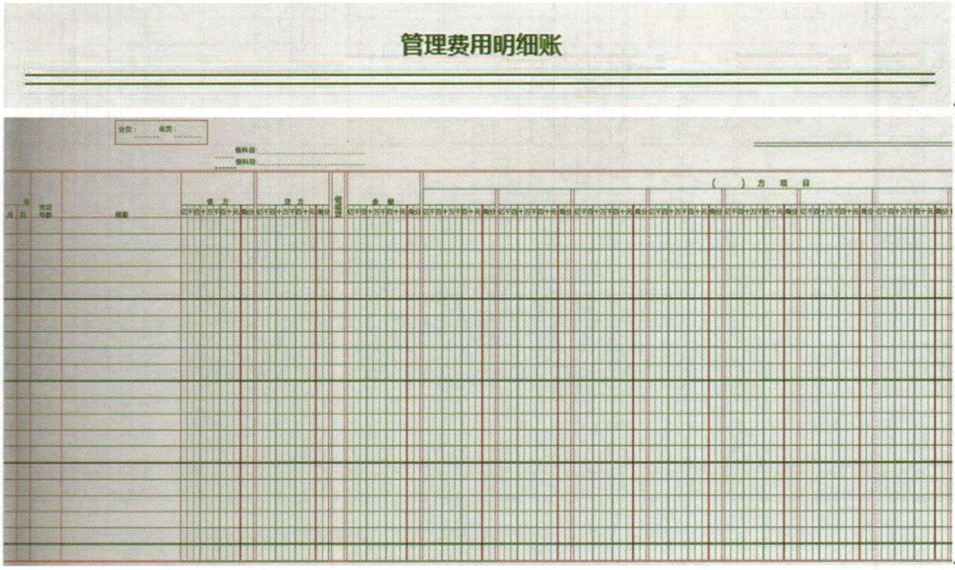


图 4-93

业务 8：登记管理费用总分类账，并进行月度结账。如图 4-94 所示。

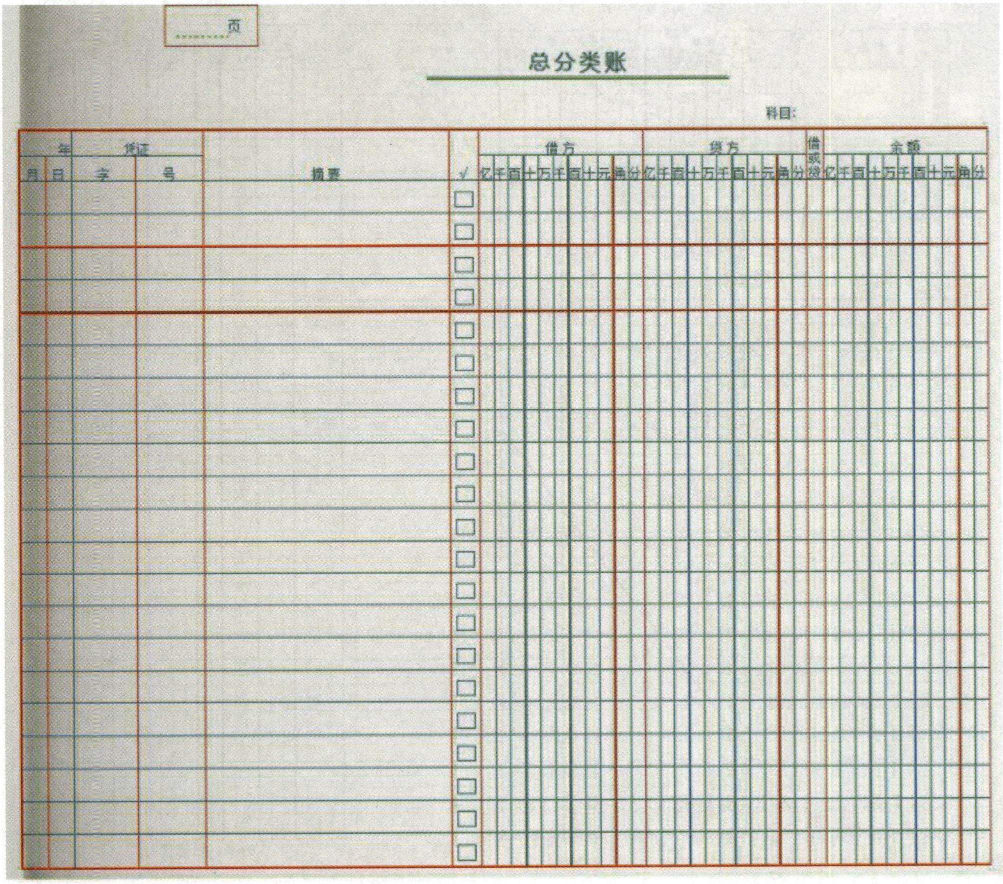


图 4-94

## 任务五　科目汇总表的编制

【任务目的】

通过编制科目汇总表，掌握科目汇总表编制的方法和要点。

【任务实施】

编制 10 月的科目汇总表。如图 4-95 所示。

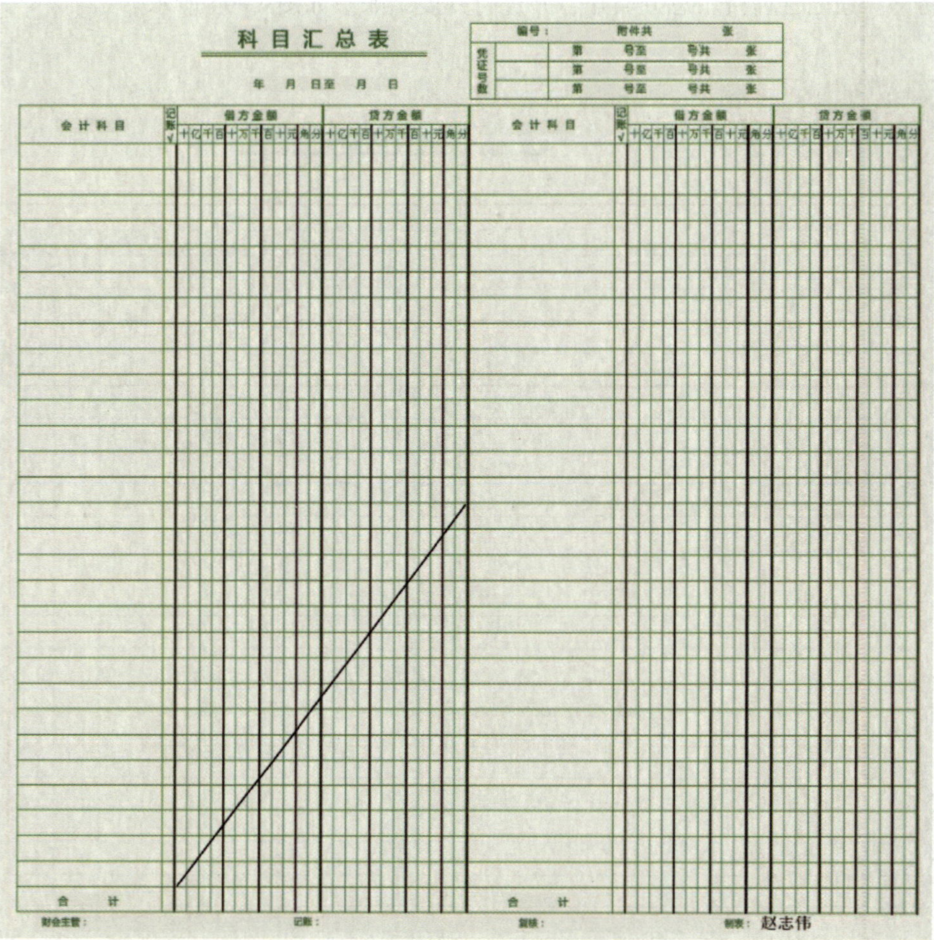
科目汇总表

年 月 日至 月 日

| 凭证号数 | 编号： 附件共 张 |
|---|---|
| | 第 号至 号共 张 |
| | 第 号至 号共 张 |
| | 第 号至 号共 张 |

| 会计科目 | 记账√ | 借方金额（十亿千百十万千百十元角分） | 贷方金额（十亿千百十万千百十元角分） | 会计科目 | 记账√ | 借方金额（十亿千百十万千百十元角分） | 贷方金额（十亿千百十万千百十元角分） |
|---|---|---|---|---|---|---|---|
| 合计 | | | | 合计 | | | |

财会主管： 记账： 复核： 制表：赵志伟

图 4-95

## 任务六 财务报表的编制

【任务目的】

通过财务报表的编制，掌握资产负债表、利润表的编制方法和要点。

【任务实施】

业务 1：请根据本套账编制的记账凭证和科目汇总表等部分的资料，编制本月资产负债表。如表 4-3 所示。

**表 4-3 资产负债表(样表) 会企 01 表**

编制单位： 年 月 日 单位：元

| 资 产 | 期末余额 | 上年年末余额 | 负债和所有者(股东)权益 | 期末余额 | 上年年末余额 |
|---|---|---|---|---|---|
| 流动资产： | | | 流动负债： | | |
| 货币资金 | | | 短期借款 | | |

续表

| 资　产 | 期末余额 | 上年年末余额 | 负债和所有者(股东)权益 | 期末余额 | 上年年末余额 |
|---|---|---|---|---|---|
| 交易性金融资产 | | | 交易性金融负债 | | |
| 应收票据 | | | 应付票据 | | |
| 应收账款 | | | 应付账款 | | |
| 应收款项融资 | | | 预收款项 | | |
| 预付款项 | | | 合同负债 | | |
| 其他应收款 | | | 应付职工薪酬 | | |
| 存货 | | | 应交税费 | | |
| 合同资产 | | | 其他应付款 | | |
| 持有待售资产 | | | 持有待售负债 | | |
| 一年内到期的非流动资产 | | | 一年内到期的非流动动负债 | | |
| 其他流动资产 | | | 其他流动负债 | | |
| 流动资产合计 | | | 流动负债合计 | | |
| 非流动资产： | | | 非流动负债： | | |
| 债权投资 | | | 长期借款 | | |
| 其他债权投资 | | | 应付债券 | | |
| 长期应收款 | | | 长期应付款 | | |
| 长期股权投资 | | | 预计负债 | | |
| 其他非流动金融资产 | | | 递延所得税负债 | | |
| 投资性房地产 | | | 其他非流动负债 | | |
| 固定资产 | | | 非流动负债合计 | | |
| 在建工程 | | | 负债合计 | | |
| 生产性生物资产 | | | 所有者权益(或股东权益) | | |
| 油气资产 | | | 实收资本(或股本) | | |
| 使用权资产 | | | 其他权益工具 | | |
| 无形资产 | | | 资本公积 | | |
| 开发支出 | | | 减：库存股 | | |
| 商誉 | | | 其他综合收益 | | |
| 长期待摊费用 | | | 专项储备 | | |
| 递延所得税资产 | | | 盈余公积 | | |
| 其他非流动资产 | | | 未分配利润 | | |
| 非流动资产合计 | | | 所有者权益(或股东权益)合计 | | |
| 资产总计 | | | 负债和所有者(股东)权益总计 | | |

业务 2：请根据本套账编制的记账凭证和科目汇总表等部分的资料，编制本月利润表。如表 4-4 所示。

表 4-4 利润表

| 项　　目 | 本期金额额 | 上期金额 |
|---|---|---|
| 一、营业收入 | | |
| 减：营业成本 | | |
| 税金及附加 | | |
| 销售费用 | | |
| 管理费用 | | |
| 研发费用 | | |
| 财务费用 | | |
| 其中：利息费用 | | |
| 利息收入 | | |
| 加：其他收益 | | |
| 投资收益（损失以“-”号填列） | | |
| 公允价值变动收益（损失以“-”号填列） | | |
| 信用减值损失（损失以“-”号填列） | | |
| 资产减值损失（损失以“-”号填列） | | |
| 资产处置收益（损失以“-”号填列） | | |
| 二、营业利润（亏损以“-”号填列） | | |
| 加：营业外收入 | | |
| 减：营业外支出 | | |
| 三、利润总额（亏损总额以“-”号填列） | | |
| 减：所得税费用 | | |
| 四、净利润（净亏损以“-”号填列） | | |

## 任务七　对　　账

【任务目的】

通过现金清查，掌握现金盘点的要点和处理方法；通过银行存款对账，掌握银行存款余额调节表的编制方法。

【任务实施】

任务 7-1　现金清查

编制原始凭证

业务 1：2020 年 11 月 24 日，库存现金账存金额 8 326. 50 元，实存金额 8 026. 50 元，请填制库存现金盘点表。（注：假设记账凭证已编制 128 号）

任务单据：如图 4-96、图 4-97 所示。

**库存现金盘点表**

年　月　日　　　　编号0159

| 账存金额 | 实存金额 | 盘盈 | 盘亏 | 备注 |
|---|---|---|---|---|
| | | | | |
| | | | | |
| | | | | |

监盘人（签章）：　　　　盘点人（签章）：

图 4-96

**记账凭证**

字总号　　分号

年　月　日

| 摘要 | 总账科目 | 明细科目 | 借方金额 | 贷方金额 | √ |
|---|---|---|---|---|---|
| | | | 亿千百十万千百十元角分 | 亿千百十万千百十元角分 | |
| | | | | | □ |
| | | | | | □ |
| | | | | | □ |
| | | | | | □ |
| | | | | | □ |
| | | | | | □ |
| 合计 | | | | | □ |

附单据　张

会计主管：　记账：　出纳：　复核：　制单：

图 4-97

业务 2：2020 年 11 月 26 日，现金盘亏结果处置。如图 4-98、图 4-99 所示。

**现金盘盈盘亏处置结果表**

2020-11-26

| 账存金额 | 实存金额 | 盘盈 | 盘亏 |
|---|---|---|---|
| 8326.50 | 8026.50 | | 300.00 |
| | | | |
| | | | |

| 财务部门意见： | 公司领导意见： |
|---|---|
| 盘亏款应由出纳人员赔偿<br>周景卫 | 同意<br>魏敬安 |

图 4-98

**收 款 收 据**

NO.541533

2020 年 11 月 26 日

今 收 到 杨秋青　　现金收讫

交 来 现金盘亏款

金额（大写）　零佰　零拾　零万　零仟　叁佰　零拾　零元　零角　零分

¥ 300.00　☑现金　□转账支票　□其他　　收款单位（盖章）

核准　会计　记账　出纳 杨秋青　经手人 杨秋青

第三联交财务

图 4-99

任务单据：如图 4-100 所示。

**记账凭证**

年 月 日

字总号 分号

| 摘要 | 总账科目 | 明细科目 | 借方金额 亿千百十万千百十元角分 | 贷方金额 亿千百十万千百十元角分 | √ |
|---|---|---|---|---|---|
| | | | | | □ |
| | | | | | □ |
| | | | | | □ |
| | | | | | □ |
| | | | | | □ |
| | | | | | □ |
| 合计 | | | | | □ |

附单据 张

会计主管： 记账： 出纳： 复核： 制单：

图 4-100

任务 7-2 银行存款对账

2020 年 11 月 30 日，编制银行存款余额调节表。如图 4-101、图 4-102 所示。

**中国建设银行客户存款对账**

单位：[illegible] 2020-11-30 账号：416715869647

| 交易日期 | 凭证种类 | 凭证号 | 摘要 | 对方户名 | 借方发生额 | 贷方发生额 | 余额 | 交易流水号 | 核对 |
|---|---|---|---|---|---|---|---|---|---|
| 1031 | | | | | | | 2355800 | | |
| 1101 | | | 转账 | | | 110000 | 2410800 | | |
| 1101 | | | 转账 | | 55000 | | 2310800 | | |
| 1102 | | | 转账 | | 100000 | | 2310800 | | |
| 1106 | | | 转账 | | | 10000 | 2317800 | | |
| 1106 | | | 转账 | | 3000 | | 2317300 | | |
| 1106 | | | 转账 | | 500 | | 2317300 | | |
| 1109 | | | 转账 | | | 100000 | 2417300 | | |
| [illegible] | | | 转账 | | | 352.19 | 2417652.19 | | |
| [illegible] | | | 转账 | | | 75000 | 2482652.19 | | |
| [illegible] | | | 转账 | | 10000 | | 2479652.19 | | |
| 1121 | | | 转账 | | 3000 | | 2477652.19 | | |
| 1121 | | | 转账 | | 2000 | | 2477652.19 | | |
| 1125 | | | 转账 | | | 50000 | 2527652.19 | | |
| 1125 | | | 转账 | | | 110000 | 2637652.19 | | |
| 1125 | | | 转账 | | | 200000 | 2837452.19 | | |
| 1130 | | | 转账 | | 200 | | 2837452.19 | | |

打印时间：2020-11-30 打印机构：105597283 打印柜员：111636161

中国建设银行北京市朝阳区支行 业务公章

图 4-101

第 5 页

**银行存款日记账**

开户行：中国建设银行北京市朝阳区支行

账 号：41671586964791

| 2020年 月 | 日 | 凭证 种类 | 号数 | 支票号码 | 摘要 | 对方科目 | 收入（借方金额） | 支出（贷方金额） | 余额（结存金额） | 核对 |
|---|---|---|---|---|---|---|---|---|---|---|
| 11 | 1 | | | | 期初金额 | | | | 2355800 | □ |
| 11 | 1 | 记 | 1 | | 购买办公用品 | 管理费用等 | | 100000 | 2255800 | □ |
| 11 | 2 | 记 | 3 | | 购入原材料 | 原材料等 | | 55000 | 2200800 | □ |
| 11 | 6 | 记 | 5 | | 存入现金 | 库存现金 | 10000 | | 2210800 | □ |
| 11 | 6 | 记 | 6 | | 支付手续费 | 财务费用等 | | 500 | 2210300 | □ |
| 11 | 7 | 记 | 8 | | 支付业务招待费 | 管理费用 | | 3000 | 2207300 | □ |
| 11 | 9 | 记 | 14 | | 收到赔偿款 | 营业外收入等 | 100000 | | 2307300 | □ |
| 11 | 15 | 记 | 51 | | 银行存款利息收入 | 财务费用 | 352.19 | | 2307652.19 | □ |
| 11 | 15 | 记 | 52 | | 收到前期货款 | 应收账款 | 75000 | | 2382652.19 | □ |
| 11 | 15 | 记 | 53 | | 销售商品 | 主营业务收入等 | 200000 | | 2582652.19 | □ |
| 11 | 20 | 记 | 64 | | 提取现金 | 库存现金 | | 10000 | 2572652.19 | □ |
| 11 | 21 | 记 | 67 | | 支付水费 | 管理费用等 | | 2000 | 2570652.19 | □ |
| 11 | 21 | 记 | 68 | | 支付电费 | 管理费用等 | | 3000 | 2567652.19 | □ |
| 11 | 21 | 记 | 69 | | 收回员工借款 | 其他应收款 | 5000 | | 2572652.19 | □ |
| 11 | 23 | 记 | 75 | | 收到税费返还 | 应交税费 | 110000 | | 2682652.19 | □ |
| 11 | 25 | 记 | 76 | | 收到货款 | 应收账款 | 200000 | | 2882652.19 | □ |
| | | | | | | | | | | □ |
| | | | | | | | | | | □ |
| | | | | | | | | | | □ |

图 4-102

任务单据：如图 4-103 所示。

银行存款余额调节表

账户：　　　　　　　　年　　　月　　　日　　　　　　　单位：元

| 项目 | 金额 | 项目 | 金额 |
|---|---|---|---|
| 企业银行存款日记账余额 | | 银行对账单余额 | |
| 加：银行已收企业未收款项 | | 加：企业已收银行未收款项 | |
| 减：银行已付企业未付款项 | | 减：企业已付银行未付款项 | |
| 调节后的存款余额 | | 调节后的存款余额 | |

制单：　　　　　　　　　　　　　　审核：

图 4-103

# 附录 实验报告表模板

实验报告表

| | | | | | |
|---|---|---|---|---|---|
| 班　级 | | 学　号 | | 姓　名 | |
| 课程名称 | | | | 指导教师 | |
| 项目名称 | | | | 实验日期 | |
| 实验目的 | | | | | |
| 实验注意事项 | | | | | |
| 实验过程 | | | | | |
| 实验结果 | | | | | |
| 实验体会 | | | | | |

# 实验参考答案

## 项目二

### 任务一　活动二实验任务

1. 填写账表算

账表算(一)

| | 一 | 二 | 三 | 四 | 五 | 合计 |
|---|---|---|---|---|---|---|
| 一 | 3,049,827 | 9,240 | 270,658 | 18,462,537 | 91,563 | 21,883,825 |
| 二 | 8,523,409 | 40,713,598 | 9,143 | -604,921 | 59,281 | 48,700,510 |
| 三 | 7,830 | 69,825 | 3,581,609 | 3,609 | 645,319 | 4,308,192 |
| 四 | 316,578 | 7,136,042 | 42,813 | 79,205,416 | 68,129,075 | 154,829,924 |
| 五 | 91,678,325 | 804,795 | 9,064,378 | 41,267 | 2,406 | 101,591,171 |
| 六 | 60,174 | 1,263,409 | 159,826 | 5,823 | 53,607,928 | 55,097,160 |
| 七 | 20,941,563 | 7,863 | 32,570 | 981,537 | -4,910,267 | 17,053,266 |
| 八 | 6,245 | 591,280 | 72,561,409 | 4,097,823 | 36,781 | 77,293,538 |
| 九 | 80,791 | 63,127,458 | 3,127 | 820,395 | 8,945,306 | 72,977,077 |
| 十 | 6,015,429 | 80,591 | 64,082,951 | 7,608 | 281,437 | 70,468,016 |
| 十一 | 67,891 | 6,437 | 7,136,098 | 253,041 | 95,723,014 | 103,186,481 |
| 十二 | 390,467 | 73,490,521 | 5,283 | -84,356 | 8,479,532 | 82,281,447 |
| 十三 | 15,243,078 | 16,294 | 694,320 | 7,058,169 | 5,603 | 23,017,464 |
| 十四 | 4,235 | 6,285,317 | 41,578 | 93,206,548 | 280,179 | 99,817,857 |
| 十五 | 8,140 | 147,593 | 6,278,019 | 29,368,175 | 73,240 | 35,875,167 |
| 十六 | 2,039,168 | 38,401,679 | 607,593 | 45,201 | 2,785 | 41,096,426 |
| 十七 | 517,293 | 2,096 | 37,148,625 | 50,943 | 6,734,981 | 44,453,938 |
| 十八 | 53,698,271 | 5,034,821 | 18,943 | 6,170 | -405,269 | 58,352,936 |
| 十九 | 451,769 | 67,592 | 4,025 | 3,094,817 | 49,183,076 | 52,801,279 |
| 二十 | 70,415 | 836,715 | 78,690,452 | 7,936,281 | 9,804 | 87,543,667 |
| 合计 | 203,170,898 | 238,093,166 | 280,433,420 | 243,956,083 | 286,975,774 | 1,252,629,341 |

2. 会计数字金额练习

| 有数位分割线 | | | | | | | | 没有数位分割线 |
|---|---|---|---|---|---|---|---|---|
| 十 | 万 | 千 | 百 | 十 | 元 | 角 | 分 | |
| | | | | | | | 7 | ¥0.07 |
| | | | | | | 1 | 0 | ¥0.10 |
| | | | | | 5 | 0 | 0 | ¥5.00 |
| | | | | | 4 | 0 | 7 | ¥4.07 |
| | | | | 1 | 0 | 5 | 5 | ¥10.55 |
| | | | | 3 | 2 | 5 | 0 | ¥32.50 |
| | | | 2 | 7 | 6 | 8 | 1 | ¥276.81 |
| | | 5 | 3 | 6 | 2 | 0 | 0 | ¥5362.00 |
| 6 | 2 | 4 | 4 | 5 | 7 | 1 | 0 | ¥624 457.10 |

**任务二　活动二**

任务案例答案：

(1) 分析："人民币"后面多一个冒号。

正确写法：人民币陆仟贰佰元整

(2) 分析：大写金额要紧靠"人民币"三字书写，不得留有空白。

正确写法：人民币壹仟壹佰肆拾贰元伍角整

(3) 分析：有分位的，"分"后不写"整"。

正确写法：人民币叁拾伍元伍角贰分

(4) 分析：人民币大写金额最高位是"拾壹至拾玖"的，要在前面加写"壹"。

正确写法：人民币壹拾肆万贰仟叁佰伍拾捌元整

(5) 分析：大写金额数字到"元"或"角"，在"元"或"角"后写"整"字。

正确写法：人民币伍元陆角整

(6) 分析：数字金额多写一个"万"字。

正确写法：人民币玖仟零壹万贰仟元整

(7) 分析：漏写一个"元"字。

正确写法：人民币柒万伍仟元零壹角陆分

(8) 分析：将"零"写成"另"。

正确写法：人民币捌万肆仟叁佰零玖元整

(9) 分析：大写金额数字到"元"或"角"，在"元"或"角"后写"整"字。

正确写法：人民币伍元整

(10) 分析：阿拉伯金额数字金额角位是"0"，而分位不是"0"时，汉字大写金额"元"后面应写"零"字。

正确写法：人民币贰佰壹拾玖元零伍分

(11) 分析：在印有大写金额万、仟、佰、拾、元、角、分位置的凭证上书写大写金额时，金额前面如有空位，需在前面空位处划"⊗"注销。

正确写法：合计人民币(大写) 佰 拾⊗万壹仟伍佰叁拾贰元伍角柒分

(12) 分析：阿拉伯金额数字中间有几个“0”(含分位)，汉字大写金额就应写几个“零”字。

正确写法：合计人民币(大写) 佰 拾 万⊗仟伍佰零拾零元零角零分

实验任务答案：

1. 中文大小写金额书写对照

| 原始凭证小写金额栏(没有数位分割线) | 会计凭证和账表上的小写金额(有数位分割线) | | | | | | | | | | 原始凭证上的大写金额栏 |
|---|---|---|---|---|---|---|---|---|---|---|---|
| | 千 | 百 | 十 | 万 | 千 | 百 | 十 | 元 | 角 | 分 | |
| 例：¥2.50 | | | | | | | | 2 | 5 | 0 | 例：人民币贰元伍角整 |
| ¥0.06 | | | | | | | | | | 6 | 人民币陆分 |
| ¥0.40 | | | | | | | | | 4 | 0 | 人民币肆角整 |
| ¥0.35 | | | | | | | | | 3 | 5 | 人民币叁角伍分 |
| ¥1.26 | | | | | | | | 1 | 2 | 6 | 人民币壹元贰角陆分 |
| ¥8.05 | | | | | | | | 8 | 0 | 5 | 人民币捌元零伍分 |
| ¥70.10 | | | | | | | 7 | 0 | 1 | 0 | 人民币柒拾元(零)壹角整 |
| ¥86.00 | | | | | | | 8 | 6 | 0 | 0 | 人民币捌拾陆元整 |
| ¥400.00 | | | | | | 4 | 0 | 0 | 0 | 0 | 人民币肆佰元整 |
| ¥5680.03 | | | | | 5 | 6 | 8 | 0 | 0 | 3 | 人民币伍仟陆佰捌拾元零叁分 |
| ¥2000800.00 | | 2 | 0 | 0 | 0 | 8 | 0 | 0 | 0 | 0 | 人民币贰佰万(零)捌佰元整 |
| ¥130520.56 | | | 1 | 3 | 0 | 5 | 2 | 0 | 5 | 6 | 人民币壹拾叁万零伍佰贰拾元伍角陆分 |

中文大写金额书写训练

| 原始凭证小写金额栏(没有数位分割线) | 原始凭证上印有金额位数的大写金额合计栏 |
|---|---|
| ¥236862.50 | 例：人民币 仟⊗佰贰拾叁万陆仟捌佰陆拾贰元伍角零分 |
| ¥642.03 | 人民币 仟佰 拾万⊗仟陆佰肆拾贰元零角叁分 |
| ¥9802.00 | 人民币 仟佰 拾⊗万玖仟捌佰零拾贰元零角零分 |
| ¥60.00 | 人民币 仟佰 拾万仟⊗佰陆拾零元零角零分 |
| ¥140060.00 | 人民币 仟⊗佰壹拾肆万零仟零佰陆拾零元零角零分 |
| ¥6000.50 | 人民币 仟佰 拾⊗万陆仟零佰零拾零元伍角零分 |
| ¥236862.37 | 人民币 仟⊗佰贰拾叁万陆仟捌佰陆拾贰元叁角柒分 |
| ¥0.50 | 人民币 仟佰 拾万仟佰拾⊗元伍角零分 |
| ¥261.09 | 人民币 仟佰 拾万⊗仟贰佰陆拾壹元零角玖分 |
| ¥1.00 | 人民币 仟佰 拾万仟佰⊗拾壹元零角零分 |
| ¥468720.50 | 人民币 仟⊗佰肆拾陆万捌仟柒佰贰拾零元伍角零分 |
| ¥3798215.46 | 人民币⊗仟叁佰柒拾玖万捌仟贰佰壹拾伍元肆角陆分 |

2. 金额大小写应用

**北疆市增值税专用发票**

开票日期：2019 年 12 月 15 日

<table>
<tr><td>购<br>货<br>单<br>位</td><td colspan="4">购货名称：旭日公司<br>纳税人识别号：460602376508102<br>地址、电话：北疆市民建路 11 号 4698835<br>开户银行及账号：工商银行江宁分行 60845654392</td><td>密<br>码<br>区</td><td colspan="3"></td></tr>
<tr><td>货物及应税名称</td><td>规格型号</td><td>单位</td><td>数量</td><td>单价</td><td>金额</td><td>税率</td><td>税额</td></tr>
<tr><td>数控机床</td><td>563-2</td><td>台</td><td>250</td><td>1 400</td><td>350 000</td><td>13%</td><td>45 500</td></tr>
<tr><td>合 计：</td><td></td><td></td><td></td><td></td><td>350 000</td><td>13%</td><td>45 500</td></tr>
<tr><td>人民币（大写）</td><td colspan="7">⊗ 肆万伍仟伍佰元整　　（小写）¥45500.00</td></tr>
<tr><td>销<br>货<br>单<br>位</td><td colspan="4">销货名称：华宇经贸有限责任公司<br>纳税人识别号：370602165010208<br>地址、电话：北疆市江海路 28 号 46816750<br>开户行及账号：工行银行北疆市分行 1501028899560</td><td></td><td colspan="3">华宇经贸有限责任公司财务专用章</td></tr>
</table>

收款人：王玲　　复核：刘建宇　　开票人：刘丽　　销货单位：（章）

**任务二　活动三　任务案例答案**

(1) 分析：日期是 1~9 日的，在该日期前面加“零”。

正确写法：贰零壹玖年伍月零玖日

(2) 分析：月份是 1、2、10 月的，在该月前加写“零”。

正确写法：贰零贰零年零壹月贰拾壹日

(3) 分析：日期是 11~19 日的，在该日期前加“壹”。

正确写法：贰零贰零年零壹月壹拾玖日

(4) 分析：日期是 10 日、20 日、30 日的，在前加“零”。

正确写法：贰零壹玖年零贰月零贰拾日

(5) 分析：日期是 10 日、20 日、30 日的，在前加“零”。

正确写法：贰零贰零年捌月零叁拾日

(6) 分析：日期是 10 日、20 日、30 日的，在前加“零”。

正确写法：贰零壹玖年零壹拾月零贰拾日

活动三实验任务参考答案：

中国工商银行
现金支票存根
22415101
附加信息
签发日期2020年02月15日
收款人：新华有限责任公司
金　额：¥135 800.00
用　途：提现
备　注：
单位主管 陆伟　会计李艳

中国工商银行 现金支票　　支票号码：22415101
出票日期（大写）贰零贰零年零贰月壹拾伍日　　付款行名称：工商银行江海分行
收款人：新华有限责任公司　　出票人账号：1501028899560

| 人民币（大写） | 壹拾叁万伍仟捌佰元整 | 亿 | 千 | 百 | 十 | 万 | 千 | 百 | 十 | 元 | 角 | 分 |
|---|---|---|---|---|---|---|---|---|---|---|---|---|
| | | | | ¥ | 1 | 3 | 5 | 8 | 0 | 0 | 0 | 0 |

本支票付款期限十天
用途 提现
上列款项请从
我账户内支付
出票人签章　　复核　　记账

# 项目三

## 任务一　活动三

实验任务答案：

（1）根据支票申请单填写正确的现金支票。

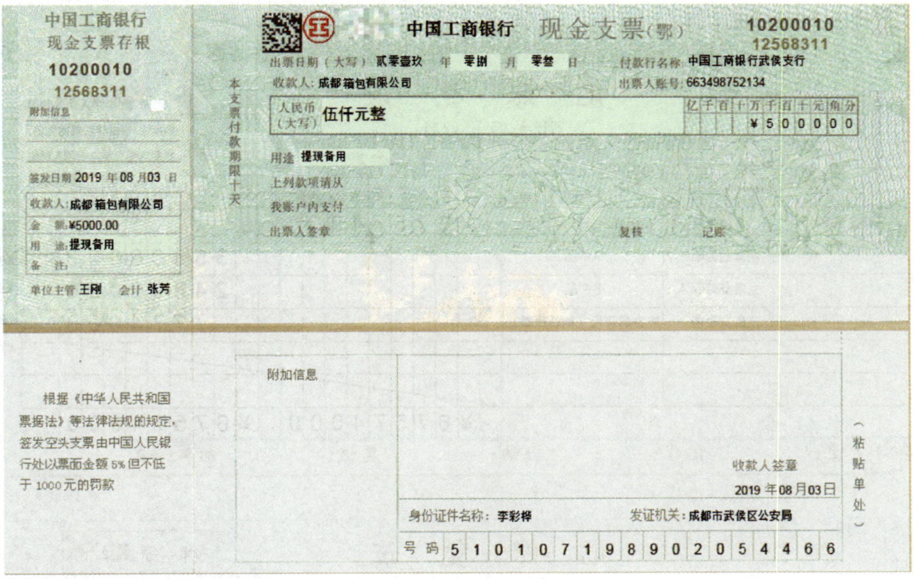
中国工商银行 现金支票存根
10200010
12568311
附加信息
签发日期 2019 年 08 月03 日
收款人：成都箱包有限公司
金　额：¥5000.00
用　途：提现备用
备　注：
单位主管 王刚　会计 张芳

中国工商银行　现金支票（鄂）　10200010　12568311
出票日期（大写）贰零壹玖 年 零捌 月 零叁 日　付款行名称：中国工商银行武侯支行
收款人：成都箱包有限公司　出票人账号：663498752134
人民币（大写）伍仟元整　¥500000
本支票付款期限十天
用途 提现备用
上列款项请从
我账户内支付
出票人签章　复核　记账

根据《中华人民共和国票据法》等法律法规的规定，签发空头支票由中国人民银行处以票面金额5%但不低于1000元的罚款
附加信息
收款人签章
2019 年08 月03 日
身份证件名称：李彩桦　发证机关：成都市武侯区公安局
号码 510107198902054466
（粘贴单处）

（2）根据发票申请单填写增值税专用发票(第一联 记账联)

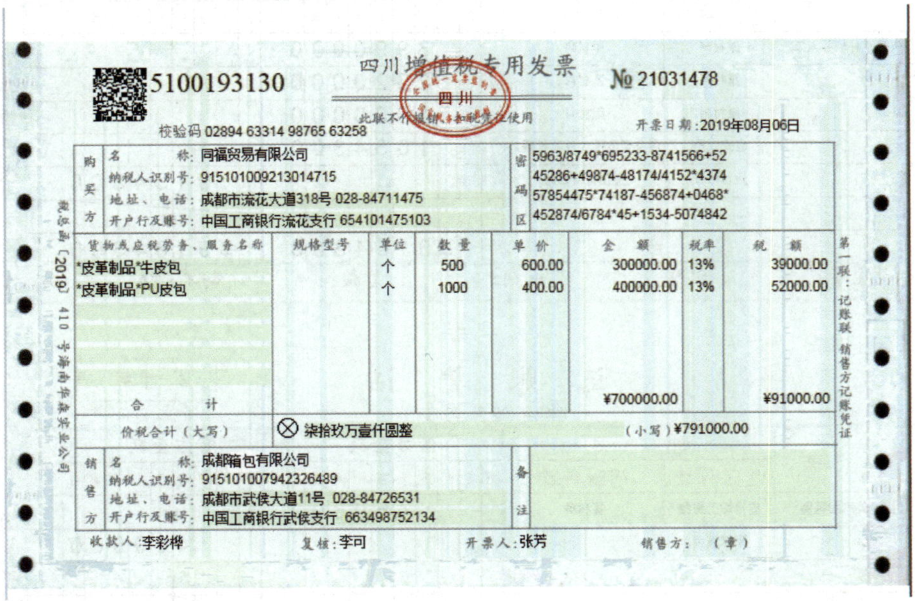
5100193130　四川增值税专用发票　№ 21031478
此联不作报销、扣税凭证使用
校验码 02894 63314 98765 63258　开票日期：2019年08月06日

| | | | |
|---|---|---|---|
| 购买方 | 名　称：同福贸易有限公司<br>纳税人识别号：915101009213014715<br>地址、电话：成都市流花大道318号 028-84711475<br>开户行及账号：中国工商银行流花支行 654101475103 | 密码区 | 5963/8749*695233-8741566+52<br>45286+49874-48174/4152*4374<br>57854475*74187-456874+0468*<br>452874/6784*45+1534-5074842 |

| 货物或应税劳务、服务名称 | 规格型号 | 单位 | 数量 | 单价 | 金额 | 税率 | 税额 |
|---|---|---|---|---|---|---|---|
| *皮革制品*牛皮包 | | 个 | 500 | 600.00 | 300000.00 | 13% | 39000.00 |
| *皮革制品*PU皮包 | | 个 | 1000 | 400.00 | 400000.00 | 13% | 52000.00 |
| 合　计 | | | | | ¥700000.00 | | ¥91000.00 |
| 价税合计（大写） | ⊗柒拾玖万壹仟圆整 | | | | （小写）¥791000.00 | | |

| | | | |
|---|---|---|---|
| 销售方 | 名　称：成都箱包有限公司<br>纳税人识别号：915101007942326489<br>地址、电话：成都市武侯大道11号 028-84726531<br>开户行及账号：中国工商银行武侯支行 663498752134 | 备注 | |

收款人：李彩桦　复核：李可　开票人：张芳　销售方：（章）
第一联：记账联　销售方记账凭证
税总函〔2019〕410号海南华森实业公司

## 任务二　活动二

实验任务答案：（学生需通过手工实操完成）

（1）转账凭证。

（2）收款凭证。

（3）付款凭证。

（4）转账凭证。

**任务三　活动四**

实验任务答案：

（1）根据业务编制记账凭证。

## 记　账　凭　证

记　字第 1 号

2019年 06 月 02 日

| 摘要 | 科目 | | 借方金额 | | | | | | | | | | 贷方金额 | | | | | | | | | | √ |
|---|---|---|---|---|---|---|---|---|---|---|---|---|---|---|---|---|---|---|---|---|---|---|---|
| | 总账科目 | 明细科目 | 千 | 百 | 十 | 万 | 千 | 百 | 十 | 元 | 角 | 分 | 千 | 百 | 十 | 万 | 千 | 百 | 十 | 元 | 角 | 分 | |
| 销售商品 | 应收账款 | 友美科技有限公司 | | | 6 | 7 | 5 | 7 | 4 | 0 | 0 | 0 | | | | | | | | | | | |
| | 主营业务收入 | A产品 | | | | | | | | | | | | | 3 | 5 | 0 | 0 | 0 | 0 | 0 | 0 | |
| | 主营业务收入 | B产品 | | | | | | | | | | | | | 2 | 4 | 8 | 0 | 0 | 0 | 0 | 0 | |
| | 应交税费 | 应交增值税（销项税额） | | | | | | | | | | | | | | 7 | 7 | 7 | 4 | 0 | 0 | 0 | |
| 合计 | | | | ¥ | 6 | 7 | 5 | 7 | 4 | 0 | 0 | 0 | | ¥ | 6 | 7 | 5 | 7 | 4 | 0 | 0 | 0 | |

附单据 3 张

会计主管：　记账：　出纳：　复核：　制单：李磊

## 记　账　凭　证

记　字第 2 号

2019年 06 月 03 日

| 摘要 | 科目 | | 借方金额 | | | | | | | | | | 贷方金额 | | | | | | | | | | √ |
|---|---|---|---|---|---|---|---|---|---|---|---|---|---|---|---|---|---|---|---|---|---|---|---|
| | 总账科目 | 明细科目 | 千 | 百 | 十 | 万 | 千 | 百 | 十 | 元 | 角 | 分 | 千 | 百 | 十 | 万 | 千 | 百 | 十 | 元 | 角 | 分 | |
| 购买原材料并入库 | 原材料 | 甲材料 | | | | 3 | 9 | 9 | 0 | 0 | 0 | 0 | | | | | | | | | | | |
| | 原材料 | 乙材料 | | | | 2 | 3 | 2 | 0 | 0 | 0 | 0 | | | | | | | | | | | |
| | 原材料 | 丙材料 | | | | 1 | 8 | 0 | 0 | 0 | 0 | 0 | | | | | | | | | | | |
| | 应交税费 | 应交增值税（进项税额） | | | | 1 | 0 | 5 | 4 | 3 | 0 | 0 | | | | | | | | | | | |
| | 预付账款 | 金塑材料公司 | | | | | | | | | | | | | | 9 | 1 | 6 | 4 | 3 | 0 | 0 | |
| 合计 | | | | | ¥ | 9 | 1 | 6 | 4 | 3 | 0 | 0 | | | ¥ | 9 | 1 | 6 | 4 | 3 | 0 | 0 | |

附单据 3 张

会计主管：　记账：　出纳：　复核：　制单：李磊

## 记　账　凭　证

记　字第 3 号

2019年 06 月 06 日

| 摘要 | 科目 | | 借方金额 | | | | | | | | | | 贷方金额 | | | | | | | | | | √ |
|---|---|---|---|---|---|---|---|---|---|---|---|---|---|---|---|---|---|---|---|---|---|---|---|
| | 总账科目 | 明细科目 | 千 | 百 | 十 | 万 | 千 | 百 | 十 | 元 | 角 | 分 | 千 | 百 | 十 | 万 | 千 | 百 | 十 | 元 | 角 | 分 | |
| 报销公司团餐费 | 应付职工薪酬 | 福利费 | | | | | 4 | 5 | 0 | 8 | 0 | 0 | | | | | | | | | | | |
| | 库存现金 | | | | | | | | | | | | | | | | 4 | 5 | 0 | 8 | 0 | 0 | |
| 合计 | | | | | | ¥ | 4 | 5 | 0 | 8 | 0 | 0 | | | | ¥ | 4 | 5 | 0 | 8 | 0 | 0 | |

附单据 2 张

会计主管：　记账：　出纳：　复核：　制单：李磊

## 记 账 凭 证

2019年 06 月 10 日　　　　记 字第 4 号

| 摘要 | 总账科目 | 明细科目 | 借方金额 | 贷方金额 | ✓ |
|---|---|---|---|---|---|
| 收到货款 | 银行存款 | | 66898260 | | |
| | 财务费用 | 现金折扣 | 675740 | | |
| | 应收账款 | 友美科技有限公司 | | 67574000 | |
| | | | | | |
| | | | | | |
| | | | | | |
| 合计 | | | ¥67574000 | ¥67574000 | |

附单据 2 张

会计主管：　　记账：　　出纳：　　复核：　　制单：李磊

## 记 账 凭 证

2019年 06 月 27 日　　　　记 字第 5 号

| 摘要 | 总账科目 | 明细科目 | 借方金额 | 贷方金额 | ✓ |
|---|---|---|---|---|---|
| 购买固定资产 | 固定资产 | 销售用固定资产 | 16000000 | | |
| | 应交税费 | 应交增值税（进项税额） | 1440000 | | |
| | 银行存款 | | | 17440000 | |
| | | | | | |
| | | | | | |
| | | | | | |
| 合计 | | | ¥17440000 | ¥17440000 | |

附单据 3 张

会计主管：　　记账：　　出纳：　　复核：　　制单：李磊

（2）根据记账凭证编制科目汇总表(全部汇总法，全月一汇)。

## 科目汇总表

2019 年 06 月 30 日

第1 号至第 5 号共 5 张　　　　汇字第1 号

| 科目 | 借方金额 | 贷方金额 | 记账 |
|---|---|---|---|
| 库存现金 | | 4508.00 | |
| 银行存款 | 668982.60 | 174400.00 | |
| 应收账款 | 675740.00 | 675740.00 | |
| 固定资产 | 160000.00 | | |
| 应付职工薪酬 | 4508.00 | | |
| 原材料 | 81100.00 | | |
| 主营业务收入 | | 598000.00 | |
| 应交税费 | 24943.00 | 77740.00 | |
| 预付账款 | | 91643.00 | |
| 财务费用 | 6757.40 | | |
| | | | |
| | | | |
| 合计 | 1622031.00 | 1622031.00 | |

制表人：李磊

（3）根据科目汇总表登记预付账款的总账并结账。

## 总分类账

第 1 号

科目：预付账款

| 2018年 月 | 日 | 凭证 字 | 号 | 摘要 | 借方 | 贷方 | 借或贷 | 余额 | 核对 |
|---|---|---|---|---|---|---|---|---|---|
| 6 | 1 | | | 期初余额 | | | 借 | 9164300 | |
| | 30 | 汇 | 1 | 记账凭证第1号至第30号 | | 9164300 | | | |
| | 30 | | | 本月合计 | | 9164300 | 平 | θ | |

**任务四　活动一**

实验任务答案：

**资产负债表(简表)**

2021 年 4 月 30 日

制表单位：航天公司　　　　单位：元

| 资产 | 期初数 | 期末数 | 负债所有者权益 | 期初数 | 期末数 |
|---|---|---|---|---|---|
| 流动资产： | (略) | | 流动负债： | (略) | |
| 货币资金 | | (1)169040 | 应付账款 | | (7)98000 |
| 应收账款 | | (2)93500 | 预收账款 | | (8)24540 |
| 预付账款 | | (3)5000 | 一年内到期的非流动负债 | | (9)100000 |
| 存货 | | (4)166500 | 流动负债合计 | | 222540 |
| 一年内到期的非流动资产 | | 8000 | 非流动负债： | | |
| 流动资产合计 | | 442040 | 长期借款 | | 150000 |
| 非流动资产： | | | 非流动负债合计 | | 150000 |
| 固定资产 | | (5)465550 | 负债合计 | | 372540 |
| 固定资产清理 | | -5600 | 所有者权益 | | |
| 长期待摊费用 | | (6)6500 | 实收资本 | | 500000 |
| 非流动资产合计 | | 466450 | 盈余公积 | | 4500 |
| | | | 未分配利润 | | (10)31450 |
| | | | 所有者权益合计 | | 535950 |
| 资产合计 | | 908490 | 负债及所有者权益总计 | | 908490 |

**活动二：利　润　表**

编制单位：　　　年　　　　单位：元

| 项　目 | 本期金额 | 上期金额(略) |
|---|---|---|
| 一、营业收入 | 1450000 | |
| 减：营业成本 | 950000 | |
| 营业税金及附加 | 2000 | |
| 销售费用 | 20000 | |
| 管理费用 | 157000 | |
| 财务费用 | 41500 | |

续表

| 项　目 | 本期金额 | 上期金额(略) |
|---|---|---|
| 资产减值损失 | 30000 | |
| 加：公允价值变动收益(损失以"-"号填列) | | |
| 投资收益(损失以"-"号填列) | 31500 | |
| 二、营业利润(亏损以"-"号填列) | 281000 | |
| 加：营业外收入 | 50000 | |
| 减：营业外支出 | 19000 | |
| 三、利润总额(亏损总额以"-"号填列) | 312000 | |
| 减：所得税费用 | 78000 | |
| 四、净利润(净亏损以"-"号填列) | 234000 | |
| 五、每股收益： | | |
| (一)基本每股收益 | | |

## 项目四　综合实训活动

实验任务答案：

### 任务一　原始凭证的填制

业务 1：

正面

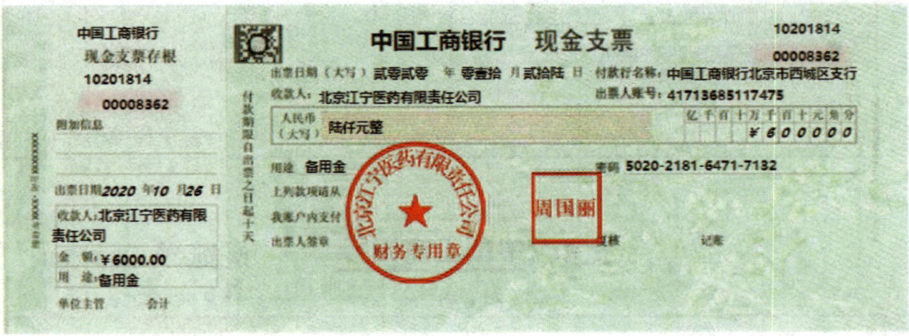
中国工商银行
现金支票存根
10201814
00008362
附加信息
出票日期2020 年10 月26 日
收款人：北京江宁医药有限责任公司
金　额：¥6000.00
用　途：备用金
单位主管　会计

中国工商银行　现金支票
10201814
00008362
出票日期（大写）贰零贰零 年 零壹拾 月贰拾陆 日　付款行名称：中国工商银行北京市西城区支行
收款人：北京江宁医药有限责任公司　出票人账号：41713685117475
人民币（大写）陆仟元整　亿 千 百 十 万 千 百 十 元 角 分　¥ 6 0 0 0 0 0
付款期限自出票之日起十天
用途　备用金　密码 5020-2181-6471-7132
上列款项请从
我账户内支付
出票人签章　复核　记账
北京江宁医药有限责任公司 财务专用章
周国丽

背面

附加信息：
北京江宁医药有限责任公司 财务专用章
周国丽
收款人签章
2020 年 10 月 26 日
身份证件名称：　发证机关：
号码
（粘贴单处）
根据《中华人民共和国票据法》等法律法规的规定，签发空头支票由中国人民银行处以票面金额5%但不低于1000元的罚款。

现金支票备查簿

**现金支票备查簿**

| 开户银行: | | | 中国工商银行北京市西城区支行 | | | 银行账号: | | 41713685117475 | | | | |
|---|---|---|---|---|---|---|---|---|---|---|---|---|
| 日期 | | | 购入 | | | 使用 | | | | 结存数量 | 使用部门 | 领用人签字 |
| 年 | 月 | 日 | 数量 | 支票起始号 | 支票终止号 | 支票号 | 用途 | 收款人 | 金额 | | | 杨秋青 |
| 2020 | 09 | 30 | 25 | 00008363 | 00008387 | | | | | 25 | | |
| 2020 | 10 | 26 | | | | 00008363 | 备用金 | 北京江宁医药有限责任公司 | ¥6000.00 | 24 | 财务部 | |
| | | | | | | | | | | | | |
| | | | | | | | | | | | | |
| | | | | | | | | | | | | |
| | | | | | | | | | | | | |
| | | | | | | | | | | | | |

业务 2：

ICBC 中国工商银行　　进账单（回单）

No 58346060

2020年 10月 26日

| | | | | | |
|---|---|---|---|---|---|
| 出票人 | 全　称 | 北京海河商贸有限公司 | 收款人 | 全　称 | 北京江宁医药有限责任公司 |
| | 账　号 | 41953790030974 | | 账　号 | 41713685117475 |
| | 开户银行 | 中国工商银行北京市东城区支行 | | 开户银行 | 中国工商银行北京市西城区支行 |
| 金额 | 人民币（大写）贰万捌仟贰佰伍拾元整 | | | 亿千百十万千百十元角分 | ¥ 2 8 2 5 0 0 0 |
| 票据种类 | 转账支票 | 票据张数 | 1 | | |
| 票据号码 | 1020182173891212 | | | | |
| | 复核　　记账 | | | 开户银行签章 | |

此联是开户银行交给持（出）票人的回单

ICBC 中国工商银行　　进账单（收账通知）

No 58346060

2020年 10月 26日

| | | | | | |
|---|---|---|---|---|---|
| 出票人 | 全　称 | 北京海河商贸有限公司 | 收款人 | 全　称 | 北京江宁医药有限责任公司 |
| | 账　号 | 41953790030974 | | 账　号 | 41713685117475 |
| | 开户银行 | 中国工商银行北京市东城区支行 | | 开户银行 | 中国工商银行北京市西城区支行 |
| 金额 | 人民币（大写）贰万捌仟贰佰伍拾元整 | | | 亿千百十万千百十元角分 | ¥ 2 8 2 5 0 0 0 |
| 票据种类 | 转账支票 | 票据张数 | 1 | | |
| 票据号码 | 1020182173891212 | | | | |
| | 复核　　记账 | | | 开户银行签章 | |

此联是收款人开户银行交给收款人的收账通知

业务 3：

## 收 料 单

供应单位：大连兴昌医药有限责任公司　　2020 年 10 月 26 日　　编号 SL001

| 材料编号 | 名 称 | 单 位 | 规 格 | 数 量 | | 实际成本 | | | |
|---|---|---|---|---|---|---|---|---|---|
| | | | | 应 收 | 实 收 | 单 价 | 发票价格 | 运杂费 | 总价 |
| 001 | A | 公斤 | | 80000 | 80000 | | | | |
| 001 | B | 公斤 | | 60000 | 60000 | | | | |
| | | | | | | | | | |
| | | | | | | | | | |
| | | | | | | | | | |
| 备注: | | | | | | | | | |

收料人：李明峰　　交料人：唐剑

第一联存根联

记账联

## 收 料 单

供应单位：大连兴昌医药有限责任公司　　2020 年 10 月 26 日　　编号 SL001

| 材料编号 | 名 称 | 单 位 | 规 格 | 数 量 | | 实际成本 | | | |
|---|---|---|---|---|---|---|---|---|---|
| | | | | 应 收 | 实 收 | 单 价 | 发票价格 | 运杂费 | 总价 |
| 001 | A | 公斤 | | 80000 | 80000 | | | | |
| 001 | B | 公斤 | | 60000 | 60000 | | | | |
| | | | | | | | | | |
| | | | | | | | | | |
| | | | | | | | | | |
| 备注: | | | | | | | | | |

收料人：李明峰　　交料人：唐剑

第二联记账联

交料人留存联

## 收 料 单

供应单位：大连兴昌医药有限责任公司　　2020 年 10 月 26 日　　编号 SL001

| 材料编号 | 名 称 | 单 位 | 规 格 | 数 量 | | 实际成本 | | | |
|---|---|---|---|---|---|---|---|---|---|
| | | | | 应 收 | 实 收 | 单 价 | 发票价格 | 运杂费 | 总价 |
| 001 | A | 公斤 | | 80000 | 80000 | | | | |
| 001 | B | 公斤 | | 60000 | 60000 | | | | |
| | | | | | | | | | |
| | | | | | | | | | |
| | | | | | | | | | |
| 备注: | | | | | | | | | |

收料人：李明峰　　交料人：唐剑

第三交料人留存

业务 4：

## 报销申请单

填报日期 2020 年 10 月 26 日

| 姓名 | 陈亮 | 所属部门 | 行政部 | |
|---|---|---|---|---|
| 报 销 项 目 | 摘 要 | 金 额 | 备注： | |
| 董事会费 | 会议笔记本 | 280.00 | | |
| | | | | |
| | | | | |
| | | | | |
| | | | | |
| 合 | 计 | ¥280.00 | | |
| 金额大写： 零 拾 零 万 零 仟 贰 佰 捌 拾 零 元 零 角 零 分 | | | | |

报销人：陈亮　　部门审核：　　财务审核：　　审批：

业务 5：

正面

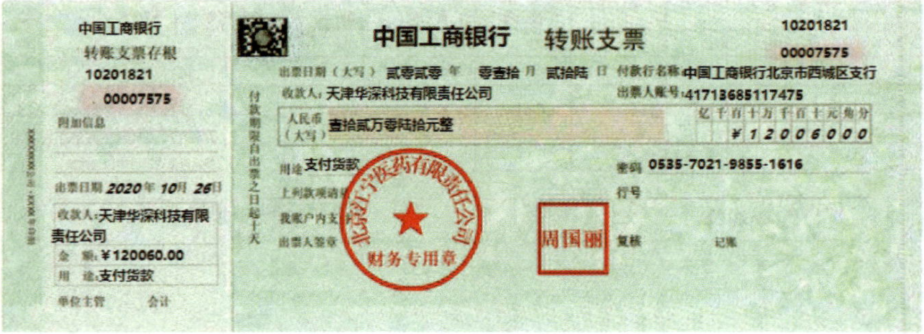

中国工商银行
转账支票存根
10201821
00007575
附加信息
出票日期 2020年 10月 26日
收款人：天津华深科技有限责任公司
金 额：¥120060.00
用 途：支付货款
单位主管　会计

中国工商银行　转账支票　10201821　00007575
出票日期（大写）贰零贰零 年 零壹拾 月 贰拾陆 日　付款行名称：中国工商银行北京市西城区支行
收款人：天津华深科技有限责任公司　出票人账号：41713685117475
付款期限自出票之日起十天
人民币（大写）壹拾贰万零陆拾元整　¥ 1 2 0 0 6 0 0 0
用途 支付货款　密码 0535-7021-9855-1616
上列款项请从　行号
我账户内支付
出票人签章　北京江宁医药有限责任公司 财务专用章　周国丽　复核　记账

背面

| 附加信息： | 被背书人 | 被背书人 |
|---|---|---|
| | 背书人签章<br>年 月 日 | 背书人签章<br>年 月 日 |

××印制有限公司·××年印制

（贴粘单处）

科技伴随 高效学习

根据《中国人民共和国票据法》等法律法规的规定，签发空头支票由中国人民银行处以票面金额5%单不低于1000元的罚款。

转账支票备查簿

**转账支票备查簿**

| 开户银行: | | | 中国工商银行北京市西城区支行 | | | 银行账号: | | 41713685117475 | | | | |
|---|---|---|---|---|---|---|---|---|---|---|---|---|
| 日期 | | | 购入 | | | 使用 | | | | 结存数量 | 使用部门 | 领用人签字 |
| 年 | 月 | 日 | 数量 | 支票起始号 | 支票终止号 | 支票号 | 用途 | 收款人 | 金额 | | | 高宏飞 |
| 2020 | 09 | 30 | 25 | 00007575 | 00007599 | | | | | 25 | | |
| 2020 | 10 | 26 | | | | 00007575 | 支付货款 | 天津华深科技有限责任公司 | ¥120060.00 | 24 | 采购部 | |
| | | | | | | | | | | | | |
| | | | | | | | | | | | | |
| | | | | | | | | | | | | |
| | | | | | | | | | | | | |
| | | | | | | | | | | | | |

业务 6：

**领 料 单**

领料部门：生产车间

用　　途：生产产品　　2020 年 10 月 26 日　　编号 LL001

| 材料编号 | 名 称 | 规 格 | 计量单位 | 请领数量 | 实发数量 | 备注 |
|---|---|---|---|---|---|---|
| 001 | A | | 公斤 | 40000 | 40000 | |
| 002 | B | | 公斤 | 30000 | 30000 | |
| | | | | | | |
| | | | | | | |
| | | | | | | |

第一联存根联

领料人：李辉　　发料人：李明峰

领料人留存联

**领 料 单**

领料部门：生产车间

用　　途：生产产品　　2020 年 10 月 26 日　　编号 LL001

| 材料编号 | 名 称 | 规 格 | 计量单位 | 请领数量 | 实发数量 | 备注 |
|---|---|---|---|---|---|---|
| 001 | A | | 公斤 | 40000 | 40000 | |
| 002 | B | | 公斤 | 30000 | 30000 | |
| | | | | | | |
| | | | | | | |
| | | | | | | |

第二联领料人留存联

领料人：李辉　　发料人：李明峰

记账联

**领 料 单**

领料部门：生产车间

用　　途：生产产品　　2020 年 10 月 26 日　　编号 LL001

| 材料编号 | 名 称 | 规 格 | 计量单位 | 请领数量 | 实发数量 | 备注 |
|---|---|---|---|---|---|---|
| 001 | A | | 公斤 | 40000 | 40000 | |
| 002 | B | | 公斤 | 30000 | 30000 | |
| | | | | | | |
| | | | | | | |
| | | | | | | |

第三联记账联

领料人：李辉　　发料人：李明峰

业务 7：

## 收 料 单

供应单位：天津华深科技有限责任公司　　2020 年 10 月 28 日　　编号 SL002

| 材料编号 | 名称 | 单位 | 规格 | 数量 | | 实际成本 | | | |
|---|---|---|---|---|---|---|---|---|---|
| | | | | 应收 | 实收 | 单价 | 发票价格 | 运杂费 | 总价 |
| 001 | A | 公斤 | | 30000 | 30000 | | | | |
| 002 | B | 公斤 | | 20000 | 20000 | | | | |
| | | | | | | | | | |
| | | | | | | | | | |
| | | | | | | | | | |
| 备注: | | | | | | | | | |

收料人：李明峰　　交料人：金启旺

第一联存根联

记账联

## 收 料 单

供应单位：天津华深科技有限责任公司　　2020 年 10 月 28 日　　编号 SL002

| 材料编号 | 名称 | 单位 | 规格 | 数量 | | 实际成本 | | | |
|---|---|---|---|---|---|---|---|---|---|
| | | | | 应收 | 实收 | 单价 | 发票价格 | 运杂费 | 总价 |
| 001 | A | 公斤 | | 30000 | 30000 | | | | |
| 002 | B | 公斤 | | 20000 | 20000 | | | | |
| | | | | | | | | | |
| | | | | | | | | | |
| | | | | | | | | | |
| 备注: | | | | | | | | | |

收料人：李明峰　　交料人：金启旺

第二联记账联

交料人留存联

## 收 料 单

供应单位：天津华深科技有限责任公司　　2020 年 10 月 28 日　　编号 SL002

| 材料编号 | 名称 | 单位 | 规格 | 数量 | | 实际成本 | | | |
|---|---|---|---|---|---|---|---|---|---|
| | | | | 应收 | 实收 | 单价 | 发票价格 | 运杂费 | 总价 |
| 001 | A | 公斤 | | 30000 | 30000 | | | | |
| 002 | B | 公斤 | | 20000 | 20000 | | | | |
| | | | | | | | | | |
| | | | | | | | | | |
| | | | | | | | | | |
| 备注: | | | | | | | | | |

收料人：李明峰　　交料人：金启旺

第三交料人留存

业务 8：

中国工商银行
转账支票存根
10201821
00007576
附加信息
出票日期 2020 年 10 月 28 日
收款人：天津华深科技有限责任公司
金　额：¥1751500.00
用　途：支付货款
单位主管　　会计

中国工商银行　转账支票　　10201821　00007576

出票日期（大写）贰零贰零 年 零壹拾 月 贰拾捌 日　付款行名称：中国工商银行北京市西城区支行
收款人：天津华深科技有限责任公司　出票人账号：41713685117475

付款期限自出票之日起十天

| 人民币（大写） | 亿 | 千 | 百 | 十 | 万 | 千 | 百 | 十 | 元 | 角 | 分 |
|---|---|---|---|---|---|---|---|---|---|---|---|
| 壹佰柒拾伍万壹仟伍佰元整 | | ¥ | 1 | 7 | 5 | 1 | 5 | 0 | 0 | 0 | 0 |

用途 支付货款　　密码 3119-3786-9685-3489
上列款项请从　　行号
我账户内支付
出票人签章　北京辽宁医药有限责任公司 财务专用章　周国丽　　复核　　记账

背面

| 附加信息： | 被背书人 | 被背书人 |
|---|---|---|
| | 背书人签章<br>年　月　日 | 背书人签章<br>年　月　日 |

××印制有限公司·××年印制

（贴粘单处）

科技伴随 高效学习

根据《中国人民共和国票据法》等法律法规的规定，签发空头支票由中国人民银行处以票面金额5%单不低于1000元的罚款。

转账支票备查簿

转账支票备查簿

| 开户银行： | | | 中国工商银行北京市西城区支行 | | | 银行账号： | | 41713685117475 | | | | |
|---|---|---|---|---|---|---|---|---|---|---|---|---|
| 日期 | | | 购入 | | | 使用 | | | | 结存数量 | 使用部门 | 领用人签字 |
| 年 | 月 | 日 | 数量 | 支票起始号 | 支票终止号 | 支票号 | 用途 | 收款人 | 金额 | | | 高宏飞 |
| 2020 | 09 | 30 | 25 | 00007576 | 00007600 | | | | | 25 | | |
| 2020 | 10 | 28 | | | | 00007576 | 支付货款 | 天津华深科技有限责任公司 | ¥1751500.00 | 24 | 采购部 | |

业务 9：

差旅费报销单

2020 年 10 月 28 日　　附原始单据3 张

| 姓名 | 王欢 | | | | 工作部门 | 行政部 | | | | | 出差事由 | 洽谈公务 | | | | |
|---|---|---|---|---|---|---|---|---|---|---|---|---|---|---|---|---|
| 日期 | | 地点 | | 车船费 | | | 深夜补贴 | 途中补贴 | 住勤费 | | | 旅馆费 | 公交费 | | | 金额合计 |
| 起 | 讫 | 起 | 讫 | 车次或船名 | 时间 | 金额 | | | 地区 | 天数 | 补贴 | | | | | |
| 10-12 | 10-14 | 北京市 | 天津市 | 汽车 | | 180.00 | | | | 3 | 300.00 | 400.00 | | | | 880.00 |
| 报销金额（大写）人民币 | | | | 捌佰捌拾元整 | | | | | | | | 合计（小写）¥880.00 | | | | |
| 补付金额： | | | | | | | 退回金额：¥120.00 | | | | | | | | | |

领导批准　　会计主管　　部门负责人　　审核　　报销人 王欢

业务 10：

借款单

2020 年 10 月 28 日　　NO 72244

| 借款人：陈霞 | 所属部门：专设销售机构 |
|---|---|
| 借款用途：预借差旅费 | |
| 借款金额：人民币(大写) 肆仟元整 | ¥4000.00 |
| 部门负责人审批：陈霞 | 借款人(签章)：陈霞 |
| 财务部门 审核：周景卫 | |
| 单位负责人批示：同意 | 签字：魏敬安 |
| 核销记录： | |

第一联付款联（付款人记账）

结算联

借款单

2020 年 10 月 28 日　　NO 72244

| | |
|---|---|
| 借款人：陈霞 | 所属部门：专设销售机构 |
| 借款用途：预借差旅费 | |
| 借款金额：人民币(大写) 肆仟元整 | ¥4000.00 |
| 部门负责人审批：陈霞 | 借款人(签章)：陈霞 |
| 财务部门 审核：周景卫 | |
| 单位负责人批示：同意 | 签字：魏敬安 |
| 核销记录： | |

第二联结算联（结算后记账）

回执联

借款单

2020 年 10 月 28 日　　NO 72244

| | |
|---|---|
| 借款人：陈霞 | 所属部门：专设销售机构 |
| 借款用途：预借差旅费 | |
| 借款金额：人民币(大写) 肆仟元整 | ¥4000.00 |
| 部门负责人审批：陈霞 | 借款人(签章)：陈霞 |
| 财务部门 审核：周景卫 | |
| 单位负责人批示：同意 | 签字：魏敬安 |
| 核销记录： | |

第三联回执联（结算后交借款人留存）

业务 11：

领 料 单

领料部门：生产车间

用　途：生产产品　　2020 年 10 月 28 日　　编号 LL2936

| 材料编号 | 名称 | 规格 | 计量单位 | 请领数量 | 实发数量 | 备注 |
|---|---|---|---|---|---|---|
| 001 | A | | 公斤 | 30000 | 30000 | |
| 002 | B | | 公斤 | 18000 | 18000 | |
| | | | | | | |
| | | | | | | |
| | | | | | | |

领料人：李辉　　发料人：李明峰

第一联存根联

领料人留存联

## 领　料　单

领料部门：生产车间

用　　途：生产产品　　　　2020 年 10 月 28 日　　　　编号 LL2936

| 材料编号 | 名　称 | 规　格 | 计量单位 | 请领数量 | 实发数量 | 备注 |
| --- | --- | --- | --- | --- | --- | --- |
| 001 | A | | 公斤 | 30000 | 30000 | |
| 002 | B | | 公斤 | 18000 | 18000 | |
| | | | | | | |
| | | | | | | |
| | | | | | | |

第二联领料人留存联

领料人：李辉　　　　发料人：李明峰

记账联

## 领　料　单

领料部门：生产车间

用　　途：生产产品　　　　2020 年 10 月 28 日　　　　编号 LL2936

| 材料编号 | 名　称 | 规　格 | 计量单位 | 请领数量 | 实发数量 | 备注 |
| --- | --- | --- | --- | --- | --- | --- |
| 001 | A | | 公斤 | 30000 | 30000 | |
| 002 | B | | 公斤 | 18000 | 18000 | |
| | | | | | | |
| | | | | | | |
| | | | | | | |

第三联记账联

领料人：李辉　　　　发料人：李明峰

业务 12：

正面

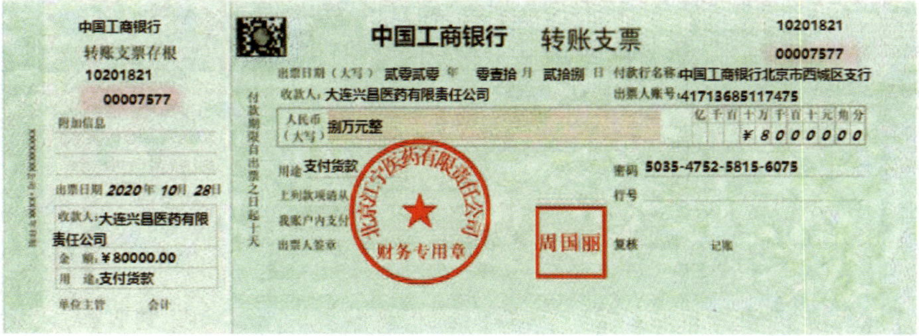
中国工商银行
转账支票存根
10201821
00007577
附加信息
出票日期 2020年 10月 28日
收款人：大连兴昌医药有限责任公司
金　额：¥80000.00
用　途：支付货款
单位主管　　会计

中国工商银行　转账支票　　10201821　00007577
出票日期（大写）贰零贰零 年 零壹拾 月 贰拾捌 日　付款行名称：中国工商银行北京市西城区支行
收款人：大连兴昌医药有限责任公司　　出票人账号：41713685117475
人民币（大写）捌万元整　　亿 千 百 十 万 千 百 十 元 角 分　¥ 8 0 0 0 0 0 0
付款期限自出票之日起十天
用途 支付货款　　密码 5035-4752-5815-6075
上列款项请从　　行号
我账户内支付
出票人签章　　北京江宁医药有限责任公司 财务专用章　周国丽　　复核　　记账

背面

| ××印制有限公司·××年印制 | 附加信息： | 被背书人 | 被背书人 | （贴粘单处） | 科技伴随 高效学习 |
|---|---|---|---|---|---|
| | | 背书人签章<br>年 月 日 | 背书人签章<br>年 月 日 | | 根据《中国人民共和国票据法》等法律法规的规定，签发空头支票由中国人民银行处以票面金额5%单不低于1000元的罚款。 |

转账支票备查簿

| 开户银行: | | | 中国工商银行北京市西城区支行 | | | 银行账号: | | 41713685117475 | | | | |
|---|---|---|---|---|---|---|---|---|---|---|---|---|
| 日期 | | | 购入 | | | 使用 | | | | 结存数量 | 使用部门 | 领用人签字 |
| 年 | 月 | 日 | 数量 | 支票起始号 | 支票终止号 | 支票号 | 用途 | 收款人 | 金额 | | | 高宏飞 |
| 2020 | 09 | 30 | 25 | 00007577 | 00007601 | | | | | 25 | | |
| 2020 | 10 | 28 | | | | 00007577 | 支付货款 | 大连兴昌医药有限责任公司 | ¥80000.00 | 24 | 采购部 | |
| | | | | | | | | | | | | |
| | | | | | | | | | | | | |
| | | | | | | | | | | | | |
| | | | | | | | | | | | | |
| | | | | | | | | | | | | |
| | | | | | | | | | | | | |

业务 13：

工资分配表

2020-10-28　　　　单位：元

| 应借科目 | | 直接计入 | 分配计入 | | | 合计 |
|---|---|---|---|---|---|---|
| | | | 生产工时（小时） | 分配率 | 分配金额 | |
| 管理费用 | | 49600.00 | | | | 49600.00 |
| 销售费用 | | 16000.00 | | | | 16000.00 |
| 制造费用 | | 8000.00 | | | | 8000.00 |
| 生产成本 | 甲 | | 372 | 86.113886 | 32034.37 | 32034.37 |
| 生产成本 | 乙 | | 487 | 86.113886 | 41937.46 | 41937.46 |
| 生产成本 | 丙 | | 142 | 86.113886 | 12228.17 | 12228.17 |
| 合计 | | 73600.00 | 1001 | | 86200.00 | 159800.00 |

制表：赵志伟　　　　审核：周景卫

业务 14：

## 标准入库单

2020年10月28日　　单号：RK3099

| 交来单位及部门 | 生产车间 | 发票号码或生产单号码 | 01434514 | 验收仓库 | 成品库 | 入库日期 | 2020-10-28 |
|---|---|---|---|---|---|---|---|

| 编号 | 名称规格 | 单位 | 数量 | | 实际价格 | | 计划价格 | | 价格差异 |
|---|---|---|---|---|---|---|---|---|---|
| | | | 交库 | 验收 | 单价 | 金额 | 单价 | 金额 | |
| 001 | 甲 | 批 | 6000 | 6000 | | | | | |
| 002 | 乙 | 批 | 4000 | 4000 | | | | | |
| 003 | 丙 | 批 | 2000 | 2000 | | | | | |
| | | | | | | | | | |
| | | | | | | | | | |
| 合计 | | – | – | – | – | | – | | |

部门经理：　会计：　仓库：李明峰　交库人：李辉

业务联

会计联

## 标准入库单

2020年10月28日　　单号：RK3099

| 交来单位及部门 | 生产车间 | 发票号码或生产单号码 | 01434514 | 验收仓库 | 成品库 | 入库日期 | 2020-10-28 |
|---|---|---|---|---|---|---|---|

| 编号 | 名称规格 | 单位 | 数量 | | 实际价格 | | 计划价格 | | 价格差异 |
|---|---|---|---|---|---|---|---|---|---|
| | | | 交库 | 验收 | 单价 | 金额 | 单价 | 金额 | |
| 001 | 甲 | 批 | 6000 | 6000 | | | | | |
| 002 | 乙 | 批 | 4000 | 4000 | | | | | |
| 003 | 丙 | 批 | 2000 | 2000 | | | | | |
| | | | | | | | | | |
| | | | | | | | | | |
| 合计 | | – | – | – | 李明峰 | | 李辉 | | |

部门经理：　会计：　仓库：　交库人：

会计联

仓库联

## 标准入库单

2020年10月28日　　单号：RK3099

| 交来单位及部门 | 生产车间 | 发票号码或生产单号码 | 01434514 | 验收仓库 | 成品库 | 入库日期 | 2020-10-28 |
|---|---|---|---|---|---|---|---|

| 编号 | 名称规格 | 单位 | 数量 | | 实际价格 | | 计划价格 | | 价格差异 |
|---|---|---|---|---|---|---|---|---|---|
| | | | 交库 | 验收 | 单价 | 金额 | 单价 | 金额 | |
| 001 | 甲 | 批 | 6000 | 6000 | | | | | |
| 002 | 乙 | 批 | 4000 | 4000 | | | | | |
| 003 | 丙 | 批 | 2000 | 2000 | | | | | |
| | | | | | | | | | |
| | | | | | | | | | |
| 合计 | | – | – | – | 李明峰 | | 李辉 | | |

部门经理：　会计：　仓库：　交库人：

仓库联

存根联

## 标准入库单

2020年10月28日　　单号：RK3099

| 交来单位及部门 | 生产车间 | 发票号码或生产单号码 | 01434514 | 验收仓库 | 成品库 | 入库日期 | 2020-10-28 |
|---|---|---|---|---|---|---|---|

| 编号 | 名称规格 | 单位 | 数量 | | 实际价格 | | 计划价格 | | 价格差异 |
|---|---|---|---|---|---|---|---|---|---|
| | | | 交库 | 验收 | 单价 | 金额 | 单价 | 金额 | |
| 001 | 甲 | 批 | 6000 | 6000 | | | | | |
| 002 | 乙 | 批 | 4000 | 4000 | | | | | |
| 003 | 丙 | 批 | 2000 | 2000 | | | | | |
| | | | | | | | | | |
| | | | | | | | | | |
| 合计 | | – | – | – | 李明峰 | | 李辉 | | |

部门经理：　会计：　仓库：　交库人：

存根联

## 任务二　通用记账凭证填制

业务 1：

**记账凭证**

2020 年10月26 日　　记 字总号001 分号

| 摘要 | 总账科目 | 明细科目 | 借方金额（亿千百十万千百十元角分） | 贷方金额（亿千百十万千百十元角分） | √ |
|---|---|---|---|---|---|
| 提取备用金 | 库存现金 | | 600000 | | |
| | 银行存款 | 中国工商银行北京市西城区支行-41713685117475 | | 600000 | |
| 合计 | | | ¥600000 | ¥600000 | |

附单据 1 张

会计主管：　记账：　出纳：　复核：　制单：赵志伟

业务 2：

**记账凭证**

2020 年10月26 日　　记 字总号002 分号

| 摘要 | 总账科目 | 明细科目 | 借方金额（亿千百十万千百十元角分） | 贷方金额（亿千百十万千百十元角分） | √ |
|---|---|---|---|---|---|
| 收回应收账款 | 银行存款 | 中国工商银行北京市西城区支行-41713685117475 | 2825000 | | |
| | 应收账款 | 北京海河商贸有限公司 | | 2825000 | |
| 合计 | | | ¥2825000 | ¥2825000 | |

附单据 1 张

会计主管：　记账：　出纳：　复核：　制单：赵志伟

业务 3：

**记账凭证**

2020 年10月26 日　　记 字总号003 分号

| 摘要 | 总账科目 | 明细科目 | 借方金额（亿千百十万千百十元角分） | 贷方金额（亿千百十万千百十元角分） | √ |
|---|---|---|---|---|---|
| 采购材料并入库 | 原材料 | A | 200000000 | | |
| | 原材料 | B | 240000000 | | |
| | 应交税费 | 应交增值税-进项税额 | 57200000 | | |
| | 应付账款 | 大连兴昌医药有限责任公司 | | 497200000 | |
| 合计 | | | ¥497200000 | ¥497200000 | |

附单据 2 张

会计主管：　记账：　出纳：　复核：　制单：赵志伟

业务 4：

**记账凭证**

记 字总号004 分号

2020 年10月26日

| 摘要 | 总账科目 | 明细科目 | 借方金额 | 贷方金额 | √ |
|---|---|---|---|---|---|
| 支付会议笔记本 | 管理费用 | 董事会费 | 24779 | | |
| | 应交税费 | 应交增值税-进项税额 | 3221 | | |
| | 库存现金 | | | 28000 | |
| 合计 | | | ¥28000 | ¥28000 | |

附单据 1 张

会计主管： 记账： 出纳： 复核： 制单：赵志伟

业务 5：

**记账凭证**

记 字总号005 分号

2020 年10月26日

| 摘要 | 总账科目 | 明细科目 | 借方金额 | 贷方金额 | √ |
|---|---|---|---|---|---|
| 支付期初前欠货款 | 应付账款 | 天津华深科技有限责任公司 | 12006000 | | |
| | 银行存款 | 中国工商银行北京市西城区支行-41713685117475 | | 12006000 | |
| 合计 | | | ¥12006000 | ¥12006000 | |

附单据 1 张

会计主管： 记账： 出纳： 复核： 制单：赵志伟

业务 6：

**记账凭证**

记 字总号006 分号

2020 年10月28日

| 摘要 | 总账科目 | 明细科目 | 借方金额 | 贷方金额 | √ |
|---|---|---|---|---|---|
| 采购材料并入库 | 原材料 | A | 75000000 | | |
| | 原材料 | B | 80000000 | | |
| | 应交税费 | 应交增值税-进项税额 | 20150000 | | |
| | 银行存款 | 中国工商银行北京市西城区支行-41713685117475 | | 175150000 | |
| 合计 | | | ¥175150000 | ¥175150000 | |

附单据 3 张

会计主管： 记账： 出纳： 复核： 制单：赵志伟

业务 7：

**记账凭证**

2020 年10月28 日　　　记 字总号007 分号

| 摘要 | 总账科目 | 明细科目 | 借方金额 | 贷方金额 | √ |
| --- | --- | --- | --- | --- | --- |
| 报销差旅费 | 管理费用 | 差旅费 | 85212 | | |
| | 应交税费 | 应交增值税-进项税额 | 2788 | | |
| | 库存现金 | | 12000 | | |
| | 其他应收款 | 王欢 | | 100000 | |
| | | | | | |
| | | | | | |
| 合计 | | | ¥100000 | ¥100000 | |

附单据 3 张

会计主管：　　记账：　　出纳：　　复核：　　制单：赵志伟

业务 8：

**记账凭证**

2020 年10月28 日　　　记 字总号008 分号

| 摘要 | 总账科目 | 明细科目 | 借方金额 | 贷方金额 | √ |
| --- | --- | --- | --- | --- | --- |
| 支付员工借款 | 其他应收款 | 陈霞 | 400000 | | |
| | 库存现金 | | | 400000 | |
| | | | | | |
| | | | | | |
| | | | | | |
| | | | | | |
| 合计 | | | ¥400000 | ¥400000 | |

附单据 1 张

会计主管：　　记账：　　出纳：　　复核：　　制单：赵志伟

业务 9：

**记账凭证**

2020 年10月28 日　　　记 字总号009 分号

| 摘要 | 总账科目 | 明细科目 | 借方金额 | 贷方金额 | √ |
| --- | --- | --- | --- | --- | --- |
| 结转发出材料成本 | 生产成本 | 基本生产成本-甲-直接材料 | 247000000 | | |
| | 生产成本 | 基本生产成本-乙-直接材料 | 120000000 | | |
| | 原材料 | A | | 175000000 | |
| | 原材料 | B | | 192000000 | |
| | | | | | |
| | | | | | |
| 合计 | | | ¥367000000 | ¥367000000 | |

附单据 2 张

会计主管：　　记账：　　出纳：　　复核：　　制单：赵志伟

业务 10：

**记账凭证**

2020 年10月28 日

记 字总号010 分号

| 摘要 | 总账科目 | 明细科目 | 借方金额（亿千百十万千百十元角分） | 贷方金额（亿千百十万千百十元角分） | √ |
|---|---|---|---|---|---|
| 支付本月前欠货款 | 应付账款 | 大连兴昌医药有限责任公司 | 8000000 | | ☐ |
| | 银行存款 | 中国工商银行北京市西城区支行-41713685117475 | | 8000000 | ☐ |
| | | | | | ☐ |
| | | | | | ☐ |
| | | | | | ☐ |
| | | | | | ☐ |
| 合计 | | | ¥8000000 | ¥8000000 | ☐ |

附单据 1 张

会计主管： 记账： 出纳： 复核： 制单：赵志伟

业务 11：

**记账凭证**

2020 年10月28 日

记 字总号011 分号1/2

| 摘要 | 总账科目 | 明细科目 | 借方金额（亿千百十万千百十元角分） | 贷方金额（亿千百十万千百十元角分） | √ |
|---|---|---|---|---|---|
| 计提工资 | 管理费用 | 工资 | 4960000 | | ☐ |
| | 销售费用 | 工资 | 1600000 | | ☐ |
| | 制造费用 | 工资 | 800000 | | ☐ |
| | 生产成本 | 基本生产成本-甲-直接人工 | 3203437 | | ☐ |
| | 生产成本 | 基本生产成本-乙-直接人工 | 4193746 | | ☐ |
| | 生产成本 | 基本生产成本-丙-直接人工 | 1222817 | | ☐ |
| 合计 | | | | | ☐ |

附单据 3 张

会计主管： 记账： 出纳： 复核： 制单：赵志伟

**记账凭证**

2020 年10月28 日

记 字总号011 分号2/2

| 摘要 | 总账科目 | 明细科目 | 借方金额（亿千百十万千百十元角分） | 贷方金额（亿千百十万千百十元角分） | √ |
|---|---|---|---|---|---|
| 计提工资 | 应付职工薪酬 | 工资 | | 15980000 | ☐ |
| | | | | | ☐ |
| | | | | | ☐ |
| | | | | | ☐ |
| | | | | | ☐ |
| | | | | | ☐ |
| 合计 | | | ¥15980000 | ¥15980000 | ☐ |

附单据 同记0111/2 张

会计主管： 记账： 出纳： 复核： 制单：赵志伟

业务 12：

## 记账凭证

2020 年10月28 日　　记 字总号012 分号1/2

| 摘要 | 总账科目 | 明细科目 | 借方金额 | 贷方金额 | √ |
|---|---|---|---|---|---|
| 完工产品入库 | 库存商品 | 甲 | 1963112.82 | | □ |
| | 库存商品 | 乙 | 1147004.86 | | □ |
| | 库存商品 | 丙 | 46261.60 | | □ |
| | 生产成本 | 基本生产成本-甲-直接材料 | | 1929615.38 | □ |
| | 生产成本 | 基本生产成本-甲-直接人工 | | 31048.46 | □ |
| | 生产成本 | 基本生产成本-甲-制造费用 | | 2448.98 | □ |
| 合计 | | | | | □ |

附单据 2 张

会计主管：　记账：　出纳：　复核：　制单：赵志伟

## 记账凭证

2020 年10月28 日　　记 字总号012 分号2/2

| 摘要 | 总账科目 | 明细科目 | 借方金额 | 贷方金额 | √ |
|---|---|---|---|---|---|
| 完工产品入库 | 生产成本 | 基本生产成本-乙-直接材料 | | 1102044.44 | □ |
| | 生产成本 | 基本生产成本-乙-直接人工 | | 43152.51 | □ |
| | 生产成本 | 基本生产成本-乙-制造费用 | | 1807.91 | □ |
| | 生产成本 | 基本生产成本-丙-直接材料 | | 28285.71 | □ |
| | 生产成本 | 基本生产成本-丙-直接人工 | | 13809.22 | □ |
| | 生产成本 | 基本生产成本-丙-制造费用 | | 4166.67 | □ |
| 合计 | | | ¥3156379.28 | ¥3156379.28 | □ |

附单据 同记0121/2 张

会计主管：　记账：　出纳：　复核：　制单：赵志伟

业务 13：

## 记账凭证

2020 年10月31 日　　记 字总号013 分号

| 摘要 | 总账科目 | 明细科目 | 借方金额 | 贷方金额 | √ |
|---|---|---|---|---|---|
| 月末结转损益类账户 | 本年利润 | | 66705.15 | | □ |
| | 销售费用 | 工资 | | 16000.00 | □ |
| | 管理费用 | 工资 | | 49600.00 | □ |
| | 管理费用 | 差旅费 | | 857.36 | □ |
| | 管理费用 | 董事会费 | | 247.79 | □ |
| | | | | | □ |
| 合计 | | | ¥66705.15 | ¥66705.15 | □ |

附单据 1 张

会计主管：　记账：　出纳：　复核：　制单：赵志伟

## 任务三　会计账簿的启用

**账簿启用及接交表**

| | | | | | | | | | | |
|---|---|---|---|---|---|---|---|---|---|---|
| 单位名称 | | 北京江宁医药有限责任公司 | | | | | | | | 印花黏贴处 |
| 账簿名称 | | 库存现金日记账 | | | | | | | | |
| 账簿编号 | | 字第　号第　册共　册 | | | | | | | | |
| 账簿页数 | | 本账簿共计200　页 | | | | | | | | |
| 启用日期 | | 2020　年11　月01　日 | | | | | | | | |
| 经管人员 | | 接管 | | | 移交 | | | 会计负责人 | | 单位公章 |
| 姓名 | 盖章 | 年 | 月 | 日 | 年 | 月 | 日 | 姓名 | 盖章 | |
| 杨秋青 | 杨秋青 | | | | | | | 周景卫 | 周景卫 | |
| | | | | | | | | | | |
| | | | | | | | | | | |

## 任务四　账簿的登记

业务 1. 登记库存现金日记账，并进行月度结账。

**库存现金日记账**　　第 14 页

| 2020年 月 | 日 | 凭证 种类 | 号数 | 摘要 | 收入（借方金额） | 支出（贷方金额） | 余额（结存余额） | 核对 |
|---|---|---|---|---|---|---|---|---|
| 09 | 30 | | | 承前页 | 567000 | 472500 | 945000 | |
| 09 | 30 | | | 本月合计及余额 | 567000 | 472500 | 945000 | |
| 10 | 26 | 记 | 001 | 提取备用金 | 600000 | | 1545000 | |
| 10 | 26 | 记 | 004 | 支付会议笔记本 | | 28000 | 1517000 | |
| 10 | 28 | 记 | 007 | 报销差旅费 | 12000 | | 1529000 | |
| 10 | 28 | 记 | 008 | 支付员工借款 | | 400000 | 1129000 | |
| 10 | 31 | | | 本月合计及余额 | 612000 | 428000 | 1129000 | |

业务 2. 登记银行存款日记账

第 13 页

**银行存款日记账**

开户行：中国工商银行北京市西城区支行

账 号：41713685117475

| 2020年 月 | 日 | 凭证 种类 | 号数 | 支票号码 | 摘要 | 对方科目 | 收入（借方金额） | 支出（贷方金额） | 余额（结存余额） | 核对 |
|---|---|---|---|---|---|---|---|---|---|---|
| 09 | 30 | | | | 承前页 | | 322300531 | 268583776 | 537167551 | |
| 09 | 30 | | | | 本月合计及余额 | | 322300531 | 268583776 | 537167551 | |
| 10 | 26 | 记 | 001 | 00008362 | 提取备用金 | 库存现金 | | 600000 | 536567551 | |
| 10 | 26 | 记 | 002 | | 收回应收账款 | 应收账款 | 2825000 | | 539392551 | |
| 10 | 26 | 记 | 005 | 00007575 | 支付期初前欠货款 | 应付账款 | | 12006000 | 527386551 | |
| 10 | 28 | 记 | 006 | 00007576 | 采购材料并入库 | 原材料等 | | 175150000 | 352236551 | |
| 10 | 28 | 记 | 010 | 00007577 | 支付本月前欠货款 | 应付账款 | | 8000000 | 344236551 | |
| 10 | 31 | | | | 本月合计及余额 | | 2825000 | 195756000 | 344236551 | |

业务 3. 登记应付账款明细分类账簿，并进行月度结账。

分页：……总页：……

**应付账款明细账**

二级科目：天津华深科技有限责任公司　　……级科目：……

| 2020年 月 | 日 | 凭证 种类 | 号数 | 摘要 | 借方 | 贷方 | 借或贷 | 余额 | 核对 |
|---|---|---|---|---|---|---|---|---|---|
| 09 | 30 | | | 承前页 | 30015000 | 31215600 | 贷 | 12006000 | |
| 09 | 30 | | | 本月合计及余额 | 30015000 | 31215600 | 贷 | 12006000 | |
| 10 | 26 | 记 | 005 | 支付期初前欠货款 | 12006000 | | 平 | 0 | |
| 10 | 31 | | | 本月合计及余额 | 12006000 | | 平 | 0 | |

分页：…… 总页：……

## 应付账款明细账

二级科目：大连兴昌医药有限责任公司　　　　级科目：……

| 2020年 月 | 日 | 凭证 种类 | 号数 | 摘要 | 借方 | 贷方 | 借或贷 | 余额 | 核对 |
| --- | --- | --- | --- | --- | --- | --- | --- | --- | --- |
| 09 | 30 | | | 承前页 | 120261750 | 123763020 | 平 | 0 | ☐ |
| 09 | 30 | | | 本月合计及余额 | 120261750 | 123763020 | 平 | 0 | ☐ |
| 10 | 26 | 记 | 003 | 采购材料并入库 | | 497200000 | 贷 | 497200000 | ☐ |
| 10 | 28 | 记 | 010 | 支付本月前欠货款 | 8000000 | | 贷 | 489200000 | ☐ |
| 10 | 31 | | | 本月合计及余额 | 8000000 | 497200000 | 贷 | 489200000 | ☐ |

业务 4. 登记应付账款总账

6 页

## 总分类账

科目：应付账款

| 2020年 月 | 日 | 凭证 字 | 号 | 摘要 | √ | 借方 | 贷方 | 借或贷 | 余额 |
| --- | --- | --- | --- | --- | --- | --- | --- | --- | --- |
| 09 | 30 | | | 承前页 | ☐ | 150276750 | 156978620 | 贷 | 12006000 |
| 09 | 30 | | | 本月合计及余额 | ☐ | 150276750 | 156978620 | 贷 | 12006000 |
| 10 | 31 | 科汇 | 03 | 21-31汇总 | ☐ | 20006000 | 497200000 | 贷 | 489200000 |
| 10 | 31 | | | 本月合计及余额 | ☐ | 20006000 | 497200000 | 贷 | 489200000 |

业务 5. 登记原材料明细分类账，并进行月度结账

## 原材料明细账

分页：____ 总页：____

最高存量________ 编号、名称 A

最低存量________ 储备天数________ 存放地点________ 计量单位________ 规格 类别

| 2020年 月 | 日 | 凭证字号 | 摘要 | 收入 数量 | 收入 单价 | 收入 金额 | 发出 数量 | 发出 单价 | 发出 金额 | 结存 数量 | 结存 单价 | 结存 金额 | 核对 |
|---|---|---|---|---|---|---|---|---|---|---|---|---|---|
| 09 | 30 | | 承前页 | 6780.00 | | 16950000 | 3780 | 25.00 | 9450000 | 1500.00 | 25.00 | 3750000 | |
| 09 | 30 | | 本月合计及余额 | 6780.00 | | 16950000 | 3780 | 25.00 | 9450000 | 1500.00 | 25.00 | 3750000 | |
| 10 | 26 | 003 | 采购材料并入库 | 80000 | 25.00 | 200000000 | | | | 81500 | | 203750000 | |
| 10 | 28 | 006 | 采购材料并入库 | 30000 | 25.00 | 75000000 | | | | 111500 | | 278750000 | |
| 10 | 28 | 009 | 结转发出材料成本 | | | | 70000 | 25.00 | 175000000 | 41500 | 25.00 | 103750000 | |
| 10 | 31 | | 本月合计及余额 | 110000 | | 275000000 | 70000 | 25.00 | 175000000 | 41500 | 25.00 | 103750000 | |

## 原材料明细账

分页：____ 总页：____

最高存量________ 编号、名称 B

最低存量________ 储备天数________ 存放地点________ 计量单位________ 规格 类别

| 2020年 月 | 日 | 凭证字号 | 摘要 | 收入 数量 | 收入 单价 | 收入 金额 | 发出 数量 | 发出 单价 | 发出 金额 | 结存 数量 | 结存 单价 | 结存 金额 | 核对 |
|---|---|---|---|---|---|---|---|---|---|---|---|---|---|
| 09 | 20 | | 承前页 | 6280.00 | | 25120000 | 3880.00 | 40.00 | 15520000 | 1500.00 | 40.00 | 6000000 | |
| 09 | 30 | | 本月合计及余额 | 6280.00 | | 25120000 | 3880.00 | 40.00 | 15520000 | 1500.00 | 40.00 | 6000000 | |
| 10 | 26 | 003 | 采购材料并入库 | 60000 | 40.00 | 240000000 | | | | 61500 | | 246000000 | |
| 10 | 28 | 006 | 采购材料并入库 | 20000 | 40.00 | 80000000 | | | | 81500 | | 326000000 | |
| 10 | 28 | 009 | 结转发出材料成本 | | | | 48000 | 40.00 | 192000000 | 33500 | 40.00 | 134000000 | |
| 10 | 31 | | 本月合计及余额 | 80000 | | 320000000 | 48000 | 40.00 | 192000000 | 33500 | 40.00 | 134000000 | |

业务 6. 登记原材料总分类账簿，并进行月度结账。

16 页

## 总分类账

科目：原材料

| 2020年 月 | 日 | 凭证 字 | 号 | 摘要 | √ | 借方 | 贷方 | 借或贷 | 余额 |
|---|---|---|---|---|---|---|---|---|---|
| 09 | 30 | | | 承前页 | □ | 420700.00 | 249700.00 | 借 | 97500.00 |
| 09 | 30 | | | 本月合计及余额 | □ | 420700.00 | 249700.00 | 借 | 97500.00 |
| 10 | 31 | 科汇 | 03 | 21-31汇总 | □ | 5950000.00 | 3670000.00 | 借 | 2377500.00 |
| 10 | 31 | | | 本月合计及余额 | □ | 5950000.00 | 3670000.00 | 借 | 2377500.00 |

业务 7. 登记管理费用明细分类账，并进行月度结账。

## 管理费用明细账

分页：　　总页：

级科目：

级科目：

| 2020年 月 | 日 | 凭证号数 | 摘要 | 借方 | 贷方 | 借或贷 | 余额 | 工资 | 差旅费 | 董事会费 |
|---|---|---|---|---|---|---|---|---|---|---|
| 09 | 30 | | 承前页 | 481477.10 | 481477.10 | 平 | 0 | 0 | 0 | 0 |
| 09 | 30 | | 本月合计及余额 | 55497.46 | 55497.46 | 平 | 0 | 0 | 0 | 0 |
| 09 | 30 | | 本年累计及余额 | 481477.10 | 481477.10 | 平 | 0 | 0 | 0 | 0 |
| 10 | 26 | 记004 | 支付会议笔记本 | 247.79 | | 借 | 247.79 | | | 247.79 |
| 10 | 28 | 记007 | 报销差旅费 | 852.12 | | 借 | 1099.91 | | 852.12 | |
| 10 | 28 | 记011 | 计提工资 | 49600.00 | | 借 | 50699.91 | 49600.00 | | |
| 10 | 31 | 记013 | 月末结转收入类账户 | | 50699.91 | 平 | 0 | 49600.00 | 852.12 | 247.79 |
| 10 | 31 | | 本月合计及余额 | 50699.91 | 50699.91 | 平 | 0 | 0 | 0 | 0 |
| 10 | 31 | | 本年累计及余额 | 552177.01 | 552177.01 | 平 | 0 | 0 | 0 | 0 |

业务 8. 登记管理费用总分类账，并进行月度结账。

17 页

**总分类账**

科目：管理费用

| 2020年 月 | 日 | 凭证 字 | 号 | 摘要 | √ | 借方 | 贷方 | 借或贷 | 余额 |
|---|---|---|---|---|---|---|---|---|---|
| 09 | 30 | | | 承前页 | | 48147710 | 48147710 | 平 | 0 |
| 09 | 30 | | | 本月合计及余额 | | 5349746 | 5349746 | 平 | 0 |
| 09 | 30 | | | 本年累计及余额 | | 48147710 | 48147710 | 平 | 0 |
| 10 | 31 | 科汇 | 03 | 21-31汇总 | | 5069991 | 5069991 | 平 | 0 |
| 10 | 31 | | | 本月合计及余额 | | 5069991 | 5069991 | 平 | 0 |
| 10 | 31 | | | 本年累计及余额 | | 53217701 | 53217701 | 平 | 0 |

## 任务五 科目汇总表的编制

编制 10 月的科目汇总表。

**科目汇总表**

2020 年 10 月 01 日至 10 月 31 日

| | | | | |
|---|---|---|---|---|
| 编号：1 | | 附件共 22 张 | | |
| 凭证号数 | 记 | 第 001 号至 013 号 | 共 15 张 | |
| | | 第 号至 号 | 共 张 | |
| | | 第 号至 号 | 共 张 | |

| 会计科目 | 记账√ | 借方金额 | 贷方金额 | 会计科目 | 记账√ | 借方金额 | 贷方金额 |
|---|---|---|---|---|---|---|---|
| 库存现金 | | 612000 | 428000 | | | | |
| 银行存款 | | 2825000 | 195756000 | | | | |
| 应收账款 | | | 2825000 | | | | |
| 其他应收款 | | 400000 | 100000 | | | | |
| 原材料 | | 595000000 | 367000000 | | | | |
| 库存商品 | | 315637928 | | | | | |
| 应付账款 | | 20006000 | 497200000 | | | | |
| 应付职工薪酬 | | | 15980000 | | | | |
| 应交税费 | | 7735600 9 | | | | | |
| 本年利润 | | 6669991 | | | | | |
| 生产成本 | | 375620000 | 315637928 | | | | |
| 制造费用 | | 800000 | | | | | |
| 销售费用 | | 1600000 | 1600000 | | | | |
| 管理费用 | | 5069991 | 5069991 | | | | |
| 合计 | | ¥1401596919 | ¥1401596919 | 合计 | | | |

财会主管：　　记账：　　复核：　　制表：赵志伟

## 任务六　财务报表的编制

业务 1. 请根据本套试卷编制的记账凭证和科目汇总表等部分的资料，编制本月资产负债表。

**第1题** 请根据本套试卷编制记账凭证等部分的资料，编制本月资产负债表。

资产负债表

### 资产负债表

会企 01 表

编制单位：　北京江宁医药有限责任公司　　　2020 年　10 月　31 日　　　单位：元

| 资产 | 期末余额 | 上年年末余额 | 负债和所有者权益（或股东权益） | 期末余额 | 上年年末余额 |
|---|---|---|---|---|---|
| 流动资产： | | | 流动负债： | | |
| 货币资金 | 3507816.11 | 略 | 短期借款 | | 略 |
| 交易性金融资产 | | | 交易性金融负债 | | |
| 衍生金融资产 | | | 衍生金融负债 | | |
| 应收票据 | | | 应付票据 | | |
| 应收账款 | | | 应付账款 | 4892000.00 | |
| 应收款项融资 | | | 预收款项 | | |
| 预付款项 | 11800.00 | | 合同负债 | | |
| 其他应收款 | 3000.00 | | 应付职工薪酬 | 288414.40 | |
| 存货 | 7571300.00 | | 应交税费 | 67596.57 | |
| 合同资产 | | | 其他应付款 | | |
| 持有待售资产 | | | 持有待售负债 | | |
| 一年内到期的非流动资产 | | | 一年内到期的非流动负债 | | |
| 其他流动资产 | 773560.09 | | 其他流动负债 | | |
| 流动资产合计 | 11867476.20 | | 流动负债合计 | 5248010.97 | |
| 非流动资产： | | | 非流动负债： | | |
| 债权投资 | | | 长期借款 | | |
| 其他债权投资 | | | 应付债券 | | |
| 长期应收款 | | | 其中：优先股 | | |
| 长期股权投资 | | | 永续债 | | |
| 其他权益工具投资 | | | 租赁负债 | | |
| 其他非流动金融资产 | | | 长期应付款 | | |
| 投资性房地产 | | | 预计负债 | | |
| 固定资产 | | | 递延收益 | | |
| 在建工程 | | | 递延所得税负债 | | |
| 生产性生物资产 | | | 其他非流动负债 | | |
| 油气资产 | | | 非流动负债合计 | | |
| 使用权资产 | | | 负债合计 | 5248010.97 | |
| 无形资产 | | | 所有者权益（或股东权益）： | | |
| 开发支出 | | | 实收资本（或股本） | 4000000.00 | |
| 商誉 | | | 其他权益工具 | | |
| 长期待摊费用 | | | 其中：优先股 | | |
| 递延所得税资产 | | | 永续债 | | |
| 其他非流动资产 | | | 资本公积 | 300000.00 | |
| 非流动资产合计 | | | 减：库存股 | | |
| | | | 其他综合收益 | | |
| | | | 专项储备 | | |
| | | | 盈余公积 | 133900.67 | |
| | | | 未分配利润 | 2185564.56 | |
| | | | 所有者权益（或股东权益）合计 | 6619465.23 | |
| 资产总计 | 11867476.20 | | 负债和所有者权益（或股东权益）总计 | 11867476.20 | |

单位负责人：**周国丽**　　　主管会计工作负责人：**魏敬安**　　　会计机构负责人：**周景卫**

业务 2. 请根据本套试卷编制的记账凭证和科目汇总表等部分的资料，编制月利润表。

利润表

# 利润表

会企 02 表

编制单位：　北京江宁医药有限责任公司　　　　2020 年 10 月　　　　单位：元

| 项目 | 本期金额 | 上期金额 |
|---|---|---|
| 一、营业收入 | | 略 |
| 减：营业成本 | | |
| 税金及附加 | | |
| 销售费用 | 16000.00 | |
| 管理费用 | 50699.91 | |
| 研发费用 | | |
| 财务费用 | | |
| 其中：利息费用 | | |
| 利息收入 | | |
| 加：其他收益 | | |
| 投资收益（损失以"-"号填列） | | |
| 其中：对联营企业和合营企业的投资收益 | | |
| 以摊余成本计量的金融资产终止确认收益（损失以"-"号填列） | | |
| 净敞口套期收益（损失以"-"号填列） | | |
| 公允价值变动收益（损失以"-"号填列） | | |
| 信用减值损失（损失以"-"号填列） | | |
| 资产减值损失（损失以"-"号填列） | | |
| 资产处置收益（损失以"-"号填列） | | |
| 二、营业利润（亏损以"-"号填列） | -66699.91 | |
| 加：营业外收入 | | |
| 减：营业外支出 | | |
| 三、利润总额（亏损总额以"-"号填列） | -66699.91 | |
| 减：所得税费用 | | |
| 四、净利润（净亏损以"-"号填列） | -66699.91 | |
| （一）持续经营净利润（净亏损以"-"号填列） | -66699.91 | |
| （二）终止经营净利润（净亏损以"-"号填列） | | |
| 五、其他综合收益的税后净额 | | |
| （一）不能重分类进损益的其他综合收益 | | |
| 1. 重新计量设定受益计划变动额 | | |
| 2. 权益法下不能转损益的其他综合收益 | | |
| 3. 其他权益工具投资公允价值变动 | | |
| 4. 企业自身信用风险公允价值变动 | | |
| …… | | |
| （二）将重分类进损益的其他综合收益 | | |
| 1. 权益法下可转损益的其他综合收益 | | |
| 2. 其他债权投资公允价值变动 | | |
| 3. 金融资产重分类计入其他综合收益的金额 | | |
| 4. 其他债权投资信用减值准备 | | |
| 5. 现金流量套期储备 | | |
| 6. 外币财务报表折算差额 | | |
| …… | | |
| 六、综合收益总额 | -66699.91 | |
| 七、每股收益： | | |
| （一）基本每股收益 | | |
| （二）稀释每股收益 | | |

单位负责人：周国丽　　　　主管会计工作负责人：魏敬安　　　　会计机构负责人：周景卫

## 任务七 对账

现金清查：

1. 编制原始凭证

### 库存现金盘点表

2020 年 11 月 24日　　编号0159

| 账存金额 | 实存金额 | 盘盈 | 盘亏 | 备注 |
|---|---|---|---|---|
| 8326.50 | 8026.50 | | 300.00 | |
| | | | | |
| | | | | |

监盘人（签章）：周景卫　　盘点人（签章）：杨秋青

2. 编制记账凭证

### 记账凭证

2020 年11月24 日　　记 字总号129 分号

| 摘要 | 总账科目 | 明细科目 | 借方金额（亿千百十万千百十元角分） | 贷方金额（亿千百十万千百十元角分） | √ |
|---|---|---|---|---|---|
| 发现现金盘亏 | 待处理财产损溢 | 待处理流动资产损溢 | 30000 | | |
| | 库存现金 | | | 30000 | |
| | | | | | |
| | | | | | |
| | | | | | |
| | | | | | |
| 合计 | | | ¥30000 | ¥30000 | |

附单据 1 张

会计主管：　记账：　出纳：　复核：　制单：赵志伟

### 记账凭证

2020 年11月26 日　　记 字总号130 分号

| 摘要 | 总账科目 | 明细科目 | 借方金额（亿千百十万千百十元角分） | 贷方金额（亿千百十万千百十元角分） | √ |
|---|---|---|---|---|---|
| 核销现金盘亏 | 库存现金 | | 30000 | | |
| | 待处理财产损溢 | 待处理流动资产损溢 | | 30000 | |
| | | | | | |
| | | | | | |
| | | | | | |
| | | | | | |
| 合计 | | | ¥30000 | ¥30000 | |

附单据 2 张

会计主管：　记账：　出纳：　复核：　制单：赵志伟

银行存款对账：

### 银行存款余额调节表

账户：中国建设银行北京市朝阳区支行-41671586964791　　2020 年　11 月　30 日　　单位：元

| 项目 | 金额 | 项目 | 金额 |
|---|---|---|---|
| 企业银行存款日记账余额 | 2882652.19 | 银行对账单余额 | 2837452.19 |
| 加：银行已收企业未收款项 许莲 | 160000.00 | 加：企业已收银行未收款项 | 潘红 205000.00 |
| 减：银行已付企业未付款项 | 100200.00 | 减：企业已付银行未付款项 | 100000.00 |
| 调节后的存款余额 | 2942452.19 | 调节后的存款余额 | 2942452.19 |

制单：　　审核：